中国经济文库
应用经济学精品系列

国家社会科学基金项目（12BYJ125）资助

中国海洋文化旅游本土化模式创新研究

新时代海洋旅游经济高质量发展战略

郑玉香◎著

RESEARCH ON THE INNOVATION OF CHINA'S LOCALIZATION MODE OF MARITIME CULTURE TOURISM

High Quality Development Strategy of Maritime Tourism Economy in the New Era

中国经济出版社
CHINA ECONOMIC PUBLISHING HOUSE
·北 京·

图书在版编目（CIP）数据

中国海洋文化旅游本土化模式创新研究：新时代海洋旅游经济高质量发展战略 / 郑玉香著．--北京：中国经济出版社，2023. 1
ISBN 978-7-5136-6980-1

Ⅰ．①中… Ⅱ．①郑… Ⅲ．①海洋-旅游业发展-研究-中国 Ⅳ．①F592. 68

中国版本图书馆 CIP 数据核字（2022）第 117101 号

组稿编辑 崔姜薇
责任编辑 焦晓云
责任印制 马小宾
封面设计 任燕飞

出版发行 中国经济出版社
印 刷 者 河北宝昌佳彩印刷有限公司
经 销 者 各地新华书店
开 本 710mm×1000mm 1/16
印 张 19
字 数 321 千字
版 次 2023 年 1 月第 1 版
印 次 2023 年 1 月第 1 次
定 价 98. 00 元
广告经营许可证 京西工商广字第 8179 号

中国经济出版社 **网址** www. economyph. com **社址** 北京市东城区安定门外大街 58 号 **邮编** 100011
本版图书如存在印装质量问题，请与本社销售中心联系调换（联系电话：010-57512564）

序言

preface

为实现2035年远景目标，推进新时代海洋强国建设，我们要大力发展海洋旅游。我国海洋旅游资源丰富，海岸线漫长，海岛众多，海洋旅游业持续蓬勃发展，新型海洋旅游正引领当前及未来旅游市场需求。在我国海洋旅游发展的过程中，文化要素逐渐成为热点，从中国本土视角出发的海洋文化旅游研究日益引起关注。海洋文化旅游的本土化有助于传承本地文化，发挥资源优势，促进沿海地区海洋旅游业与海洋经济的发展。但是，我国海洋文化旅游本土化理论与实践的发展尚处于起步阶段，基于传统文化、本土经验的深入探索较为缺乏，对驱动海洋文化旅游本土化模式发展和演化的要素及其作用机理的研究亟待开展。本书创新性地提出中国海洋文化旅游本土化模式及其动力机制这一主题，综合运用多学科理论与研究方法，力求探索适合我国国情的海洋文化旅游本土化模式，以丰富该领域的理论研究成果，为推动海洋文化旅游本土化的实践提供有益的参考。

本书是在我主持完成的国家社会科学基金项目“海洋文化旅游本土化模式的动力机制研究”基础上完成的一项创新成果。在大量理论与文献研究基础上，历时几年，深入调研了我国海洋文化旅游开发现状，深刻剖析海洋文化旅游发展中存在的问题，创新性地提出并系统构建了符合我国国情与旅游发展实际的海洋文化旅游本土化模式动力机制整体模型及海洋文化旅游本土化模式的四维内涵模型；从特征、形成机理、演进阶段、元素构成等方面，对海洋文化旅游本土化模式进行了全方位的论证和解析，结合多种开发模式阐述全球化语境下海洋文化旅游本土化模式的民族话语；基于系统动力学、旅游地生命周期、产业融合等前沿理论，构建了不同时空维度、不同地域文化背景、不同发展阶段、不同层面，包括主体、客体、载体，以及核心源、内源、中源及外源动力机制的海洋文化旅游本土化模式动力机制系统，进而发挥其对本土化模式发展的推动作用，助力新时代我国海洋文化旅游核心竞争力的提升。

本书为我国海洋文化旅游本土化模式动力机制提出了创新驱动路径，并以舟山、青岛、上海、海南、盘锦等地为例，进行了案例研究。结果表明，中国海洋文化旅游本土化模式是一种具有独特优势的新型旅游开发模式，不仅对双循环新发展格局下我国海洋文化旅游发展具有积极的价值，也有助于提升文化自信与海洋强国背景下我国本土海洋文化旅游的国际影响力。本书还通过实证调研检验了海洋文化旅游本土化模式下服务质量对游客满意度的影响，进而提出大力提升海洋文化旅游目的地服务质量的对策建议。在此基础上，提出对海洋文化旅游本土化模式动力机制的多渠道建设与实施保障，以促进海洋旅游与海洋文化的深度融合，实现“人海和谐”理念下海洋文化旅游本土化模式的可持续发展，并为海洋文化旅游本土化发展提供有价值的理论支持和决策参考。

本书立足中国国情，对本土海洋文化旅游发展前沿问题进行了深入的实证研究，有助于丰富相关领域的研究成果，为政府部门决策及相关行业的企业经营管理者提供有益的参考，更可为广大读者、研究者和学生提供研究素材。本书的出版得到国家社会科学基金项目“海洋文化旅游本土化模式的动力机制研究”（12BYJ125）的资助，在此表示感谢。我在南开大学、上海交通大学、清华大学及欧美留学的多年学习和工作经历中，得到很多营销管理、旅游经济与创新领域专家学者的指导和帮助，对他们表示感谢。在国家社会科学基金项目研究和本书撰写过程中，我的研究生胡岩、蔡晨晨、原文杰、王杭琪、陈秀等承担了案例调查和数据收集等工作，在此表示感谢。中国经济出版社崔姜薇社长和焦晓云编辑对本书的出版给予了大力支持，一并表示感谢。

由于时间、精力和水平所限，书中难免有疏漏和不足，恳请读者朋友批评指正。

郑玉香

2022 年秋于上海

目 录

contents

第一章 绪 论

一、研究背景

海洋是我国国土资源的重要组成部分，我国内海和边海的水域面积达 470 多万平方千米。随着社会经济的发展和人民生活水平的提高，海洋旅游越来越成为国民闲暇出行的选择之一，其中蕴藏的海洋文化也越来越多地被挖掘与传播。近几年，随着“一带一路”倡议的全面落实，海洋旅游扮演着越来越重要的角色。我国早在“十二五”期间就出台了全国海洋经济发展规划、国家海洋事业发展规划，制定了海洋战略；2013 年被国家旅游局确定为“中国海洋旅游年”；2016 年，首次提出“全域旅游”的概念；2017 年，党的十九大提出加快“美丽中国”的建设步伐，不断推进旅游市场平衡、充分、可持续发展，解决旅行者对美好生活的追求与现实旅游资源不能很好地满足需求的矛盾；2018 年，《国务院办公厅关于促进全域旅游发展的指导意见》印发，“旅游+”模式逐渐完善，该指导意见也成为“旅游+文化”及海洋文化旅游发展的强大保障，同时，2018 年被国家旅游局办公室确定为“美丽中国——2018 全域旅游年”；2021 年 3 月，《中华人民共和国国民经济和社会发展第十四个五年规划和 2035 年远景目标纲要》明确提出，推动文化和旅游融合发展。海洋文化旅游逐渐引起国内外学者的高度重视，但是结合中国文化背景的本土化模式构建和相关动力机制的研究鲜有人涉猎。2022 年 10 月 16 日，习近平总书记在党的二十大报告中提出，“发展海洋经济，保护海洋生态环境，加快建设海洋强国”。习近平总书记高度重视海洋强国建设，围绕海洋事业多次发表重要讲话、作出重要指示，强调“建设海洋强国是实现中华民族伟大复兴的重大战略任务”。

（一）海洋文化旅游发展前景广阔

海洋资源是大自然带给人类社会的宝贵财富，其广阔性、动态性、多样性吸引人类关注海洋、发展海洋旅游。生物多样性促进了海洋渔业的发展，辽阔的海域为生产活动和服务活动提供了强大的资源基础，使海洋交通运输和海洋旅游产业蓬勃发展。据统计，2021 年全球海岸带约占地球表面的 8%，却可以实现 26%的有机物生产量，并且提供世界海洋渔业捕捞量 90%以上的渔业资源。在欧盟地区，大概有 50%的人口居住在沿海或近海地区，他们利用海洋资源创造了大量财富。在这种环境下，我国海洋产业发展势头良好。图 1-1 展示了 2015—2020 年我国滨海旅游业的发展状况。其中，2019 年我国实现了 1.8 万亿元的滨海旅游产值，比上年同期增长 12.49%。随着“一带一路”倡议的持续推进，海洋旅游将为国内海洋产业与海洋经济稳定、健康发展做出更加重要的贡献。合理利用海洋资源、开发海洋旅游、发展海洋经济成为沿海地区的发展目标，推广海洋文化旅游也成为这些地区实现目标的必要手段。

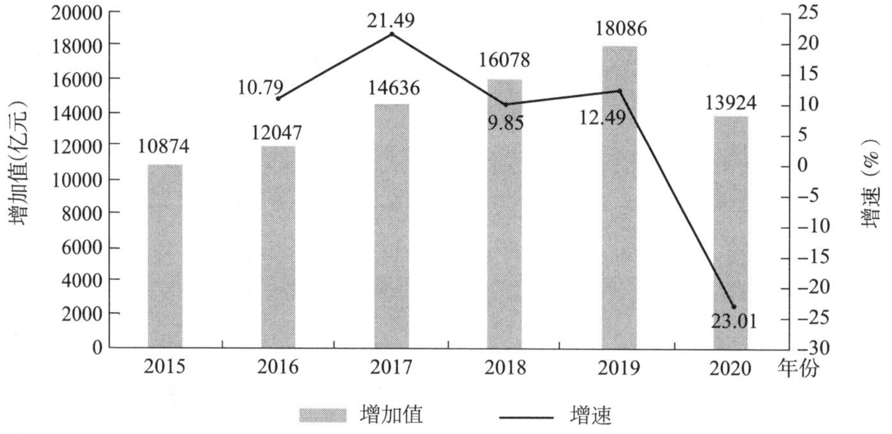

图 1-1　2015—2020 年我国滨海旅游业的发展状况

近年来，海洋文化旅游不断朝故事化、科技化、可视化方向发展，内涵越来越丰富，广大旅行者可以通过多种形式学习和理解海洋文化。在这样的时代背景下，海洋文化旅游本土化模式不断被接受和改良，其动力机制的研究也得以顺利进行。

（二）文化与海洋旅游业融合发展趋势明显

随着经济的发展和人们生活水平的提高，人们对美好生活有了更高以及更深层次的追求，海洋文化旅游成为实现方式之一。我国海洋旅游业持续快速发展，我国已成功跻身旅游大国行列。

海洋旅游与文化产业的融合发展日趋明显。一方面，我国国民各方面素养和文化水平不断提高，开始关注地域文化差异，追求对旅游资源文化内涵的体验。另一方面，“十三五”以来，旅游产业和文化产业在我国经济发展中扮演着越来越重要的角色，“绿色朝阳产业”地位不断凸显。《“十四五”文化和旅游市场发展规划》（2021）强调，我国文化和旅游市场发展仍处于重要战略机遇期，应着力推进文化铸魂、发挥文化赋能作用，着力推进旅游为民、发挥旅游带动作用，着力推进文旅融合、努力实现创新发展。可见，海洋旅游产业与文化的结合顺应了国家的旅游发展趋势和游客的需求变化。

以海南省为例。海南省政府通过深挖文化内核，依据当地优势打造特色旅游文化，将海南发展成为国际知名海洋文化旅游目的地。例如，2016 年海南南山景区举办太极拳活动传播中国传统文化、知名的天涯海角景区推出满足年青一代的婚庆文化等。海南省政府在《海南省旅游发展总体规划（2017—2030）》中要求大力发展沿海边境旅游、海南岛屿观光，建立国内旅游经济合作圈和国际旅游经济合作带，致力于将海南建成世界一流的国际旅游目的地。文化与海洋旅游的融合为海南省旅游业注入了新的活力。

（三）多个沿海发展规划上升到国家战略层面

为推动国家科学发展，更快促进经济健康发展及其实现方式的转换，更好地实施区域发展总体战略，我国出台了一系列沿海区域发展规划，设定了近期、中期、远期目标，并计划在全面建成小康社会之际，提升我国区域发展水平，提高地区竞争力，增强区域综合实力。董震（2017）指出，沿海区域降水量充沛，交通方便，气候适宜，因而人口较为聚集，区域经济发展迅速。我国沿海区域包括 14 个沿海省级行政单位所辖的地区和海域。2011—2021 年，我国沿海区域纷纷出台各自的发展规划。在跨省区域规划层面，国家发展改革委在 2008—2015 年先后颁布珠三角地区、长三角地区、环渤海地区发展规划或发展纲要；在省内区域规划层面，福建、江苏、辽宁、河北、海南等地先后出台针对海洋经济发展或沿海旅游的区域发展规划。

国家战略投入巨大，体现了总目标的重要意义。在我国的国家战略中，长三角、珠三角、黄三角、南海开发等十多个国家战略均与沿海地区发展有关。2021 年是江苏沿海发展上升为国家战略的 12 周年。江苏沿海地区具有明显的地理优势，富足的海洋资源有利于发展相关产业，同时该地区是国内与国际海洋文化交流的交通要道，处于全省最具发展潜力和发展空间的位置。实施沿海开发国家战略以来，江苏沿海地区的社会经济状况明显改善，人均GDP同比增长了12.4%；转型升级取得极大进展，海洋经济发展速度明显加快，海洋生产总值占全省GDP比重提高到9.1%；对外开放合作不断深化，国家级开发区由2个增加到9个；居民生活满意度不断上升，区域发展取得成果。沿海发展规划上升为国家战略，为推动海洋文化旅游发展、转变海洋经济发展方式提供了良好的政策条件。

（四）国内海洋旅游开发仍存在粗放式发展问题

我国在海洋旅游整体开发方面规划性不足，许多地方仍处于粗放式发展阶段，海洋旅游资源开发利用程度偏低，追求经济利益而忽视海洋环境保护，不利于海洋文化旅游的健康协调发展。很多景区一经开发开放，立即人潮涌动，游客关注景区热度而非旅游感受，景区关注客流量而非海洋旅游资源保护，这种现象对海洋旅游目的地的保护与海洋文化的传播提出挑战。暨南大学旅游研究所梁明珠教授（2014）在某论坛举例：广东汕尾的沙舌、南澳岛的青澳湾、海陵岛三地环境基础良好，海洋旅游资源丰富，适合开发海洋文化旅游。但是，开发操作不当导致沙舌沙滩退化严重，沙带大量消失，酒店等机械设施的建设又给旅游资源带来更严重的伤害。当地政府急于开发海陵岛，将沙滩卖给地产开发商，导致公共空间缩小。

中国过度开垦沿海湿地也对海洋生态造成了破坏。湿地流失是海洋生态面临的巨大威胁之一，其所造成的社会影响与经济损失难以估计。中国湿地总面积达580万公顷，在保障渔业资源、抵御极端天气方面发挥着重要作用。中国开垦沿海湿地的速度从21世纪前的每年平均2.4万公顷增长至现在的每年4万公顷。根据《科学》杂志的统计，截至2014年，中国沿海湿地过度开垦所造成的生态损失高达每年310亿美元。港口及工业项目等的侵占使湿地成为海洋污染源，生物多样性和渔业受到严重影响。

除此之外，部分海洋旅游目的地的营销观念与手段比较落后，导致其海洋旅游名片与品牌形象推广不足，客流量相对较少，竞争力较低，难以快速实施和完成海洋经济转型升级战略。

（五）我国海洋文化旅游本土化模式缺失

我国海洋文化旅游的发展与研究比发达国家略晚一些，部分沿海地区最初开展海洋文化旅游活动时会借鉴西方模式。随着时代的进步，人们开始关注传统文化与民族文化、地方文化的保护和传承，海洋文化旅游目的地逐渐朝特色化方向发展，人们在旅行过程中也越来越追求个性化。现阶段，我国海洋文化旅游产业本土化模型仍然缺失。例如，我国福建省海洋旅游存在同质化问题：产品同构、布局趋同、差异化和特色化程度较低。因此，如何在借鉴他人优秀成果的同时，结合我国民族与地方特色实现本土化，如何利用我国海洋文化资源优势发展本土化，在哪些海洋相关行业与领域发展本土化，以及采取哪些措施创新本土化等一系列问题的解决显得尤为重要。

基于以上背景，对结合中国文化情境的海洋文化旅游本土化模式进行探索和研究就显得非常重要，对海洋文化旅游、特定类型旅游资源的开发以及从文化学、旅游学、海洋学角度的跨学科研究亟待展开。为促进海洋文化旅游业的长足发展，我国应构建人海和谐、具有本土特色的海洋旅游系统。本书创新性地提出海洋文化旅游本土化模式的动力机制，并探索其运行规则，以促进本土化模式结构体系的不断完善。

二、研究意义

党的十八大报告提出“海洋强国”战略，对于促进海洋经济快速发展具有重要的时代意义。海洋文化旅游产业本土化模式的探索与动力机制的研究，肩负着传播海洋文化、发展海洋文化旅游、转变国人海洋意识和文化旅游意识的重要使命。海洋及其文化资源因其带来的经济效益与影响力，已成为沿海地区重要的竞争领域，也成为不少沿海国家经济发展的战略选择。本书将文化旅游和物质与非物质文化遗产相结合，探索海洋文化旅游本土化模式的动力机制，对于我国海洋文化旅游发展具有重要的现实意义和理论意义。

（一）现实意义

1. 有助于提高我国海洋文化旅游产业在国际旅游市场的影响力

本书提出海洋文化旅游本土化模式的四维内涵模型，有助于形成具有中国特色的海洋旅游形式，从而提高我国海洋文化旅游产业在国际旅游市场的竞争力。国际旅游市场（international tourism market）是指在旅游产品生产和交换过程中所反映出来的旅游者与经营者之间各种经济行为和经济关系的总和。国际海洋旅游已经进入高速发展阶段，海洋旅游成为旅游产业发展的新趋势。近年来，国际旅游业发展势头良好。2019 年，全球旅游总人次达 123.1 亿，比 2018 年增长 4.6 个百分点，全球旅游总收入达到 5.8 万亿美元，占全球 GDP 的 6.7%。同时，国际数字旅游消费覆盖广泛，2015 年销售额达 4962 亿美元。“旅游+互联网”模式在 2020 年实现 1 万亿美元的经济增长，旅游活动表现出很高的活跃度。“旅游时代”已经到来，各个国家也提出了具有自身特色的旅游发展战略，“旅游+互联网”模式为拉动旅游消费需求注入了新鲜力量。全世界 40 个规模较大且较为著名的旅游目的地中，大部分是沿海城市或地区，其收益之和达到世界旅游总收入的 4/5。海洋旅游的独特性和开放的环境使其具有巨大的开发潜力，发展空间广阔。

结合国际海洋旅游发展形势及我国政府对海洋旅游业的大力扶持，我国海洋旅游业发展模式日益丰富。中国文化旅游产业评论（2014）认为，我国海洋旅游业主要有六种发展模式：本土特色显著的特色风情渔村模式；融合文化、体育、金融、科研等众多行业和众多海洋主题功能的海洋旅游产业园模式；提供吃、住、行、游、购、娱服务与设施的海洋主题公园集群模式；包含与海洋旅游相关的餐饮、住宿、交通以及购物等基础配套设施的滨海旅游度假区模式；包括高级消费旅游的邮轮游艇基地模式；集购物休闲、观光度假、健康养生等于一体的综合海岛开发模式。在我国海洋旅游业快速成长的“黄金期”，本土化模式必将为其高质量发展注入活力。

越来越多的国际海洋旅游博览会在我国召开。倒如：2016 年 11 月，海南举行了 21 世纪海上丝绸之路海洋旅游产业发展大会的高峰论坛；2018 年 6 月，平潭国际海洋旅游与休闲运动博览会顺利举办。国际海洋旅游博览会的成功举办，必将推动我国知名海洋旅游目的地的建设，提高我国海洋文化旅游在国际市场的份额，使我国在国际文化交流与合作中更具话语权。

2. 有助于解决海洋旅游开发中的文化缺失问题

在坚定文化自信的时代背景下，挖掘和开发海洋资源与文化，有助于中国传统海洋物质遗产与非物质遗产的传承与保护，实现海洋旅游中的文化吁求，形成具有中国特色和民族特色的新型海洋旅游模式，解决海洋旅游开发中的文化缺失问题。

海洋资源独有的开放性为国家海洋战略的实施提供了助力空间。根据《中国海洋经济发展报告 2020》，我国 2019 年海洋生产总值超 8 万亿元（如图 1-2所示）；2020 年海洋产业中的三大支柱产业——滨海旅游业、海洋交通运输业和海洋渔业增加值分别占主要海洋产业增加值的 47.0%、19.3% 和 15.9%（如图 1-3 所示）。可见，海洋旅游业在我国海洋经济发展中占据重要地位。

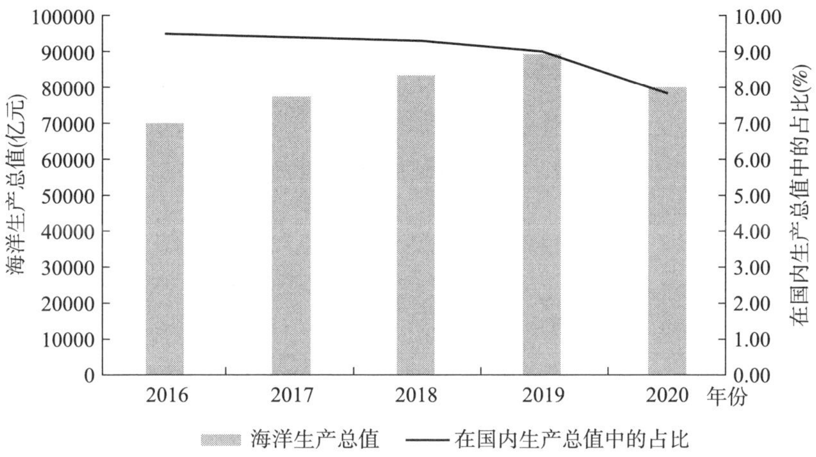

图 1-2　2016—2020 年我国海洋生产总值及其在国内生产总值中的占比

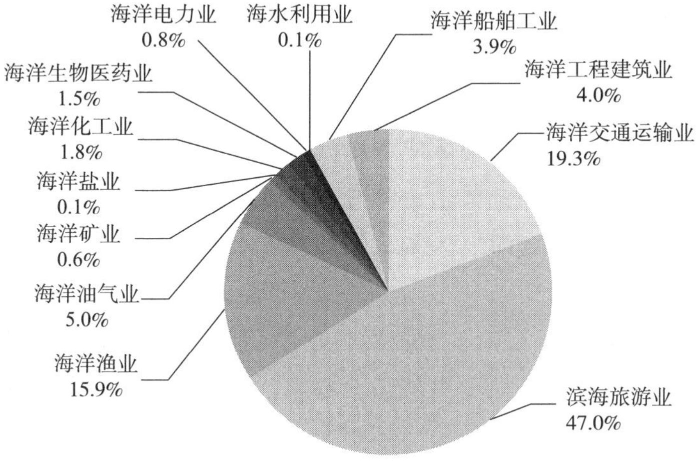

图 1-3　2020 年主要海洋产业增加值构成

海洋旅游开发过程中的文化缺失会直接导致海洋资源的低水平利用或过度商业化问题。海南热带海洋世界大型主题公园的休业事件曾轰动一时。该公园地处海口黄金海岸线，投资 4 亿多元，最初计划建成海口真正有特色的主题公园。该项目分两期工程，第一期建成后便对外开放，当时具有海洋特色的重点部分还未建成，园内缺乏特色景点，“海洋世界难见海洋”导致游客逐渐减少，最终休业。可见，如果海洋文化旅游目的地的开发在规划上缺乏对文化的挖掘，景区就会缺乏核心竞争力和吸引力，同时也难以实现对海洋资源的高水平利用。

要提升我国海洋文化旅游发展水平，必须触及本质地挖掘海洋文化资源的潜在价值，并对其进行合理利用。相较于其他形式的海洋旅游，文化旅游不仅破坏力较小，而且能够推动已有资源的保存和传播。探索海洋文化旅游本土化模式的动力机制，构建人海和谐的海洋旅游系统，有利于促进我国海洋文化旅游产业走向更高水平，也是实现海洋旅游多元化开发的内在需要。

3. 有助于促进海洋文化旅游结构优化

我国幅员辽阔，博大精深的大陆文化与海洋文化源远流长，传统海洋文化始终是我国海洋总体建设的巨大支持力量。宋正海（1995）在《东方蓝色文化》一书中第一次提出并确认东方也有蓝色海洋文化，并指出中国海洋农业文化模式与西方海洋商业文化模式都可称为“世界海洋文化的基本模式”。陈国灿、王涛（2016）以海商群体的兴起和家谱编修为起点介绍家族演变情况，研究家谱中的海商社会及其观念，从侧面分析陆海统筹下沿海社会的发展并总结传统海洋文化的特点，展示其丰富内涵和运作形态。于营（2016）基于传统海洋文化视角分析中国南海传统海洋文化的形成过程，以及我国南海传统海洋文化特征，并具体阐述其海洋渔业、海洋制盐业及海上贸易的相关情况。东南亚地区地处海上丝绸之路的咽喉要道，而中国南海与东南亚地区直接接触，这无疑为中国和东南亚的文化交流提供了便利条件。我国南海传统海洋文化吸收和改造东南亚的宗教文化、移民文化，同时东南亚文化因融合南海文化、海上贸易等而更加丰富多彩，这极大地促进了海上丝绸之路经济带的跨国经济合作。

海洋文化遗产是海洋文化的重要组成成分。文化遗产保护已经成为一项世界性的文化行动。现代化建设导致沿海区域传统与历史文化遗产破坏较为严重，因而对海洋文化遗产的抢救与保护需求较为迫切。李伟、高艳波（2016）对欧盟保护海洋文化遗产的实践进行研究后发现，有的国家发行海岸带文化遗产管理指南，为海岸和水下历史文化遗产保护提供保护准则和具体实施办法；西班牙发现沿海历史遗迹归类的管理框架问题，政府及时作出宏观调整；英国借鉴基于生态系统的管理方法，将社会、文化和经济等非自然因素纳入自然生态系统，对海洋文化遗产加以开发和保护；葡萄牙对保护海洋文化遗产重要性的认知较弱，保护力度有待加强，并且指出应该从自然环境、社会、经济和政治四个维度对海洋文化遗产进行评估。

我国海洋文化遗产历史悠久，积厚流光，遍布沿海地区、海岸带及周边内陆区域，甚至以不同形式零星散落在其他国家。根据曲金良（2015）的研究，我国海洋文化遗产大体分为海洋历史文化遗产、海洋自然文化遗产及口头与非物质文化遗产（无形文化遗产）三类。随着沿海地区的过度建设与开发，生态与文化因素被忽视，部分海洋文化遗产正遭受着不可逆的破坏。人类活动频繁和沿海工业发展导致海洋海域遭受不同程度的污染，海洋文化遗产保护也受到严重影响。

海洋文化旅游本土化模式动力机制的提出和相关研究，有助于唤起政府和社会对海洋文化遗产的保护意识，将我国传统海洋文化发扬光大，激发海洋资源库的潜在力量，修复和保护海洋文化遗产，促进海洋文化旅游体系的结构优化，发挥海洋文化旅游对海洋文化传播的重要促进作用。

4. 有助于增强海洋文化旅游民族品牌的核心竞争力

海洋文化旅游本土化模式的构建与动力机制的提出，为各海洋文化旅游目的地结合当地特色发展海洋旅游提供了强有力的支撑，有助于打造个性化的民族品牌。

海洋旅游是传承和发扬海洋文化的一种有效形式。随着海洋旅游的发展，游客需求逐渐转向多样化和对精神文化的诉求，地方特色、文化与风俗、体验方式等字眼被人们越来越多地提及。海洋旅游目的地需要紧跟时代步伐，建设特色海洋文化。1999 年浙江舟山举办的首届中国舟山国际沙雕节，将自然景观、人文景观、艺术景观和谐统一，首开中国沙雕先河。沙雕节无疑已经成为舟山的一张海洋旅游名片。在沙雕节形式基本趋同、生命力和竞争力减弱的情况下，浙江省相关负责人（2017）指出，舟山沙雕节要确保主题翻新，不能脱离本土元素，且要与内陆沙雕节不同。舟山沙雕节应努力打造自己的海洋特色，展现本土的佛教文化和耕海牧渔、勇敢拼搏的海洋文化精神，焕发出本土的和民族的生命力。

历届舟山国际沙雕节的主题（见表 1-1）都与当年的热点事件或国家背景相契合，如第十九届沙雕节以“一带一路·中国梦”为主题，展示“一带一路”沿线各国的风土人情和特色建筑，发挥舟山海上丝绸之路重要节点的作用，传递中国正能量，演绎伟大中国梦。2017 年舟山国际沙雕节还开展了体验活动，提高了游客参与度，如设置可穿梭于沙雕作品间的轨道，增设滑沙、沙滩跑车等体验项目。

表 1-1 历届舟山国际沙雕节主题

年份	届数	主题
1999	第一届	和平与友谊
2000	第二届	世纪奇观
2001	第三届	欧洲文明起源
2002	第四届	世界古代八大奇观
2003	第五届	丝绸之路
2004	第六届	至爱永恒
2005	第七届	走向海洋
2006	第八届	动漫 Party——让海滨度假更浪漫
2007	第九届	奥运史话
2008	第十届	世界海岛公园
2009	第十一届	未来海洋之城
2010	第十二届	非洲之旅
2011	第十三届	沙雕迪士尼
2012	第十四届	沙雕电影梦幻之旅
2013	第十五届	蓝色海洋梦
2014	第十六届	欢乐海洋
2015	第十七届	一沙一世界
2016	第十八届	沙绘 G20
2017	第十九届	一带一路·中国梦
2018	第二十届	情系沙雕二十年
2019	第二十一届	漫游南沙
2021	第二十二届	百年华诞　光辉历程

为了把舟山国际沙雕节打造成民族品牌，浙江舟山旅游集团有限公司董事长毛剑涛提出，舟山国际沙雕节要从节庆化走向产业化，做成系列品牌形式，可以尝试开发海洋温泉，打造旅游全季产品，做好产品营销，提升景区信息化程度，给游客带来差异化感受，增强自身的核心竞争力。

5. 有助于扎实推进海洋旅游脱贫攻坚

2018 年 3 月，李克强总理在十三届全国人大一次会议中作出工作报告，在总结过去工作的同时，也对 2018 年的工作提出了建议。报告指出，在过去 5 年中，海洋保护和开发有序推进，加强了重点流域海域水污染防治，有效实行海上维权、坚定维护国家主权和海洋权益。在接下来的工作中，同样要注重生态环境保护与可持续发展，发展海洋经济。各位全国人大代表也对促进海洋经济提升、共建“一带一路”发表自己的看法。海南省代表指出，下一步应积极发展海洋经济，在保护传统海洋产业的基础上加大转型升级创新力度，大力推动海洋高新技术产业等新兴行业的进步。辽宁省代表认为，开放是大连振兴发展的必由之路，今后应以更高水平的开放推动更高质量的发展，以更大力度参与“一带一路”建设。同时，为促进“一带一路”建设的推进，应继续加强海洋测绘与地理信息资源建设，为推进海上丝绸之路提供数据服务，为维护海洋权益提供有力支撑，助力国家在保护海洋生态、保护海洋资源、维护海洋权益、培养海洋人才等方面走向世界前列，实现海洋强国梦，助力脱贫攻坚战的胜利。

海洋文化旅游业的发展离不开众多行业的配合，文化产业与海洋产业的融合会延长其产业链，有效提高综合效益，因而海洋文化旅游业扶贫是一条投资少、见效快、返贫率低的造血式扶贫道路，加强海洋旅游扶贫，是实现脱贫攻坚强有力的方式之一。

综上所述，建设海洋强国，开发和保护海洋，推动海洋经济和海洋生态文明发展，实现“一带一路”美好愿景，必须以中国的海洋传统为民族文化资源，发展符合时代背景的海洋文化旅游。党的十八大以来，习近平总书记多次强调文化自信，传承和发扬海洋历史文化就是对建设海洋强国的自信，新的时代背景也要求对海洋文化进行新的解读。在海洋文化旅游本土化模式动力机制的驱动下，传承和发扬传统海洋文化，研究并创新海洋文化价值观，对于丰富我国海洋文化旅游的内涵具有重要的现实意义。

（二）理论意义

1. 有助于丰富和深入拓展海洋文化旅游本土化的相关研究成果

近年来，随着海洋文化旅游的兴起，国内外海洋旅游相关研究越来越多，但主要集中在海洋旅游、海洋管理、海洋旅游产业、海洋旅游市场等领域，对海洋文化旅游、海洋文化旅游理论、海洋文化旅游本土化，以及本土化机制等的研究不够深入。在中国知网（CNKI）上以“海洋”和“本土化”为关键词进行检索，检索结果中与本土化发展相关的很少。许照成（2016）以海洋文化旅游相关企业为研究对象，分析海洋文化旅游企业的本土化发展路径，提出我国目前存在海洋旅游产品层次较低和相关项目匮乏、海洋旅游区域基础设施建设滞后、相关部门管理体系不完善等问题，建议促进各类海洋文化旅游企业的深度融合发展；以“旅游”和“本土化”为关键词进行检索，发现相关研究主要集中于生态旅游本土化、乡村旅游本土化、旅游教育本土化、旅游英语教学等方面，而关于海洋文化旅游本土化的研究较少且主要为国内外相关研究综述；在旅游动力机制研究领域，有城市发展驱动论、需求驱动论、协同动力机制等观点，缺少相关理论研究。蔡礼彬、王晨琳（2017）从滨海旅游、海洋旅游影响、海洋旅游文化等方面分析国外海洋旅游研究，指出国外相关研究比较全面，涵盖范围较广，在应用方面给出了很多指导，但在理论方面，尤其是基础理论方面，许多海洋领域的概念没有明确或概念模糊。

本书在研究海洋旅游、文化旅游、海洋文化旅游的基础上，创新性地提出了海洋文化旅游本土化模式，研究海洋文化旅游范围、特征、结构等内容，关注海洋生态和海洋文化。与关注海洋旅游危机、海洋可持续发展等国际海洋旅游热点问题不同，本书研究海洋旅游的演变历程、价值、形式与内涵，以拓宽海洋旅游的文化研究范畴，弥补相关研究的不足。世界范围内的海洋旅游探索丰富，对国际著名海洋旅游目的地如马尔代夫、巴厘岛等热门景点的研究较多，但关于我国海洋文化旅游的本土化研究较少。

本书以国内海滨城市海南、大连、青岛、上海等为样本，探索其开发模式和本土化特征，建构动力机制系统。研究涉及范围广泛，从古代海洋文化到现代模式开发，探寻海洋文化旅游发展历程，增加了海洋文化旅游研究的深度；参考西方海洋旅游开发模式，取其精华，并提出适合我国的发展模式，增加了本土化研究的广度；基于不同地域文化背景、“五带一区”旅游格局和主体、客体、载体基础，提出动力机制系统，增加了系统研究的厚度，对打破我国海洋文化旅游本土化模式动力机制系统的研究局限具有重要的理论和指导意义。

2. 有助于促进海洋文化旅游本土化模式动力机制系统的多学科交叉整合研究

有关海洋文化旅游的研究，涉及管理学、生态学、社会学等多个领域和学科。在区域社会变革方面，奥利维耶·拉萨罗帝（2014）以法国布罗涅海滨为例，以海滨旅游的城市时代和自然时代为时间轴，探讨其或富足或匮乏的地理学模式、经济学模式和政治模式的区域价值开发，介绍了海滨这一自然区域如何从不受重视的“边缘地带”演变为人类活动的“中心地带”，以及究竟应选择“开放”还是“封闭”。“开放”意味着及时跟进并发展创新活动，产生社会变革，改变社会格局；“封闭”意味着找出引起改变的因子，同时将可能引发的政治政策问题中立化。本书试图阐述如何通过对游客实行开放或封闭，达到限制并保护环境的目的，并且从区域社会变革角度，为相关学者提供研究和探讨思路。在生态环境方面，可持续发展是当前海洋文化旅游研究的热点问题之一。自然灾害、气候变化、全球变暖等给海洋文化旅游资源保护和海洋旅游产业发展带来极大挑战。楼筱环（2008）指出，海洋产业在发展海洋旅游和海洋经济的同时，也在产生生态环境问题。例如：海洋船舶工业、海洋运输业在货物运输过程中可能出现货油泄漏、噪声污染，以及对生物的有形或无形伤害；海洋渔业会产生养殖污染，休闲渔业旅游会产生生活垃圾；港口建设存在潜在风险等。此外，政府部门对于海洋文化旅游的政绩化、功利化等低层次追求也不利于海洋文化旅游的可持续发展。绿色GDP 战略将自然资源与环境要素考虑在经济活动内，也是海洋文化旅游在生态学方面实行的战略之一，在保证经济增长的同时关注环境问题。

从总体上看，国内外学术界对海洋文化旅游的研究多集中于单一学科，理论研究还不够深入，对海洋文化旅游本土化模式的实证研究非常少，相关动力机制系统的提出也没有体现出多学科的交叉应用。本书旨在结合旅游学、文化学、海洋学、生态学、系统学等跨学科知识进行综合分析，探讨海洋文化旅游的本土化模式；通过文献调研分析相关理论，通过大量问卷调查掌握上海、青岛、厦门等城市海洋文化旅游本土化的实地数据，并在此基础上提出海洋文化旅游本土化模式的动力机制系统，对运用多学科知识研究我国本土海洋文化旅游具有理论意义与实践指导价值。

三、研究目的与研究内容

（一）研究目的

在以往研究的基础上，以中国文化情境为背景，提出海洋文化旅游本土化模式的中国化表达，建立完整的海洋文化旅游本土化模式动力机制，为海洋文化传播提供路径，为动力机制的理论和实践服务，为与海洋文化旅游相关的政府和企业管理提供决策参考，是本书的出发点和目的所在。

自20世纪60年代提出“本土化”的概念，旅游本土化理论的构建逐渐成为国内外学者的研究热点。与西方国家相比，中国在这方面的研究起步较晚，且环境问题突出，所以有关中国语境下的生态旅游本土化研究较多。鉴于中国与西方国家在生态旅游方面的差异，学者们认为中国必须探索生态旅游本土化道路。苏萤雪（2014）指出，一方面，我国旅游业发展的目的之一是发展经济，提高人民收入；另一方面，中华民族五千多年的文明为许多名胜古迹注入了文化内涵，人与自然的和谐发展也应包含在我国生态旅游文化范畴。张宏梅（2011）通过对比西方社会科学哲学和研究范式，指出我国旅游本土化研究方法存在的不足，提出优化的本土化旅游研究方法和策略，为后续提出系统性理论提供指导。但是，我国关于海洋文化旅游本土化的研究较少。许照成（2016）对我国海洋文化旅游企业的本土化发展作了必要性分析。本书的目的之一就是提出海洋文化旅游本土化模式并分析其要素和动力机制，对相关理论进行必要的补充。

关于旅游动力机制，国内主要有系统驱动论、驱动阶段论、需求驱动论、协同动力机制理论等观点，但研究对象多集中于县域、城镇、传统村落村寨等小范围区域，研究类型主要有红色旅游、旅游教育、消费者行为、信息化发展、产业集聚发展等。年四锋、李东和（2011）对国内外旅游发展动力机制作了大量理论研究后指出，国外学者如Laws、室谷正裕、Butler等，大多仅从某一角度进行阐述，如动力产生现象、景区魅力度、旅游地“S”形曲线的生命周期理论等；我国学者则大多从系统角度出发，研究供给和需求。但总体而言，相关研究都没有形成相对完善的理论体系，关于海洋文化旅游本土化模式动力机制的研究更是少之又少。

综上所述，本书的研究目的在于在我国原有海洋传统文化和逐渐发展创新的海洋文化基础上，结合文化学、海洋学、旅游学等跨学科知识对我国海洋文化旅游开展广泛研究，提出中国语境下的本土化模式动力机制系统，并探索驱动其发展和演化的力量结构体系及运行规则。从微观层面看，本书研究有助于海洋旅游目的地找准角色定位，更有效地开发海洋旅游资源，提高旅游产品层次，提升消费者满意度，更有助于展现景区资源与文化的融合，增加客流量，提高景区知名度；从宏观层面看，本书研究有助于政府和旅游管理部门完善管理体系，修补管理漏洞，运用动力机制系统理论，解决经营与管理脱节的问题，同时有利于将当地文化融于旅游者和海洋文化旅游企业经营者的旅行行程或日常生活，实现人海和谐，传播我国优秀的海洋文化。我们希望建立一个较典型的海洋文化旅游本土化动力机制系统，形成完整的理论框架和统一的研究范式，以丰富本土化模式和旅游动力机制的相关研究成果。

（二）研究内容

本书以系统动力学、旅游吸引物理论、产业融合理论、旅游地生命周期理论和可持续发展理论等为支撑，探究海洋文化旅游的发展现状，提出海洋文化旅游四维本土化模式，阐释本土化模式的核心及意义，探究各要素的形成机理、总体演进阶段和相互作用机制，重点建构海洋文化旅游本土化模式的动力机制系统。该系统细分不同时空维度、不同地域文化背景、不同发展阶段，细分主体、客体及载体等实体对象，是一个从核心源、内源、中源、外源等方面构建的完整的系统。我们进行了大量实证研究并提出创新驱动，以保证系统的不断完善与顺利实施，进而分析其对企业、政府和社会的影响，并提出相应的建议。

本书具体包含以下几方面的研究内容：

第一，文献和理论研究。通过图书馆、CNKI、ScienceDirect 和 EBSCO 等语料库收集大量国内外海洋旅游、文化旅游、海洋文化旅游、本土化及动力机制相关书籍与文献，进行文献研究，以梳理海洋文化旅游发展脉络，明确现阶段的研究程度，为后续本土化模式与动力机制的建构奠定基础。

第二，海洋文化旅游本土化模式的提出与内涵模型的构建。现阶段我国关于海洋文化旅游的研究大多从海洋旅游、文化旅游等方面展开，缺乏对海洋文化旅游整体性内涵和特征的研究，以及对旅游本土化模式的界定，这在一定程度上阻碍了海洋文化旅游本土化模式动力机制的提出和建构。因此，我们首先分析国内外海洋文化旅游的开发现状和研究范式，通过中外比较拓宽研究视角，借鉴西方经验和发展模式，尝试提出海洋文化旅游本土化模式的中国化表达，为后续研究奠定理论基础。

第三，透彻分析海洋文化旅游本土化模式的要素和作用机制。以海南、青岛、上海、舟山、福建、广东等国内热门海滨省市作为海洋文化旅游开发的典型样本，开展问卷调查，以海洋民风民俗、海洋文化物质与非物质文化遗产、海洋旅游产业集群等海洋文化旅游资源和发展模式为考察对象进行实证研究，总结其开发模式并进行比较分析，清楚识别其不同类型，分析其形成机理，揭示海洋文化旅游本土化模式的演进规律。

第四，深入阐述全球化语境下海洋文化旅游本土化模式的民族话语。海洋文化旅游的不断发展和本土化动力机制研究的不断深入，使我国在旅游全球化背景下拥有更多话语权。我国传统海洋文化资源积淀深厚，基于地域民生和中国海文化圈的开发模式及范畴不断优化，创新驱动下的民族品牌相继崛起，为我国海洋文化旅游发展提供了广阔的平台，为本土化模式及动力机制系统研究提供了强大的支撑，为海洋文化旅游本土化模式动力机制的建设、实施与完善提供了重要保障。

第五，构建海洋文化旅游本土化模式的动力机制系统。基于以上多层次的研究成果，本书构建了海洋文化旅游本土化模式的动力机制系统。人海和谐的价值观是该动力机制系统的核心。人海和谐的理念渗透于系统内的各构成要素，如东西协调、陆海统筹，以及经济与文化、传统与当代、主体客体和载体媒介等的协调统一与相辅相成，以保障本土海洋旅游系统的和谐。对海洋旅游文化的价值评估和系统核心价值观的内涵解析，有利于高效利用海洋文化资源，传播海洋文化，增强民族自尊心和自豪感。海洋文化旅游者、旅游产业利益相关者和景区当地的居民渔民等海洋文化旅游主体，构成了系统的内源推力机制，要充分发挥这些主体的驱动作用；而海洋文化旅游资源本身的吸引力要素如物质及非物质文化遗产等，则构成了内源拉力机制。政府宏观调控和区域整合发展对海洋文化旅游的促进作用、同质竞争或西化影响的压力等作为外源激发性动力，显然也发挥着作用。中源渠道性动力机制为本土海洋文化旅游提供了多种载体和形式，包括海洋主题公园、海洋文化旅游特色节事活动、景区智能解说等多种营销传播形式。

第六，海洋文化旅游本土化模式动力机制的案例研究与实证研究。本书选择舟山、青岛、上海、海南、盘锦等典型海洋文化旅游目的地，分别从特点、发展优势及相应的本土化模式三个方面进行案例研究，验证动力机制的应用效果；同时，从旅游服务质量和游客满意度两个方面进行实证研究，为系统的完善与全面发展作出铺垫。

第七，海洋文化旅游本土化模式动力机制的创新与实施保障。在案例与实证分析的基础上，分别对本土化模式与动力机制进行创新研究，进而从政府、产业、企业及消费者层面为其发展提出管理策略与实施建议。

四、研究方法与技术路线

（一）研究方法

本书采用了以下六种研究方法：

第一，文献研究法。通过查阅大量海洋旅游、文化旅游、海洋文化旅游相关文献，详述我国历代海洋文化资源基础，整理其发展过程，选择相关性较高的文献进行综述，为研究模型的构建及问卷的设计提供理论支撑。

第二，问卷调查法。为获取旅游目的地居民、游客、旅游企业、相关政府部门对海洋文化旅游本土化的真实反馈，收集需求方关于服务质量和游客满意度的一手数据，本书编制了具体文化旅游问题，并制作问卷调查表，选择性地对上海、舟山、厦门等代表性海滨城市进行问卷调研。

第三，田野调查法。选取适量典型海洋文化旅游目的地开展旅游人类学田野调查，参与观察，了解当地社会与文化，感受其本土化的旅游特色活动，撰写调研报告，总结分析其本土化模式与机制。

第四，案例研究法。选择青岛、上海、海南等代表性海洋文化旅游目的地，全面了解其海洋文化与民俗，从不同角度进行验证，层层递进，结合实践对模型和系统的完善作出指导。

第五，数理统计分析法。基于调研数据和对各种海洋文化旅游信息的研究，归纳本土化的一般模式和普遍规律并进行演绎。借助统计分析工具 SPSS 22.0 对所得数据进行回归分析与因子分析，检验归纳的规律中各变量的置信度与有效性及变量之间的相关性，将所得结果与原有规律进行比较，分析得出优化的最终规律。

第六，跨学科综合分析法。综合运用和借鉴旅游学、营销学、经济学、管理学、消费行为学、生态学、旅游经济学等学科的知识和理论，理清整个系统中各要素之间的依存关系，开展对本土化模式发展和演化的运行规则及力量结构体系的全面研究。

（二）技术路线

本书的技术路线如图 1-4 所示。

在技术路线与结构安排上，分为四个层次：第一个层次包括第一章至第三章。首先，介绍海洋文化旅游本土化模式动力机制研究的背景、意义和目的等，对国内外相关研究和理论进行分析，并提炼其研究范式。其次，分别

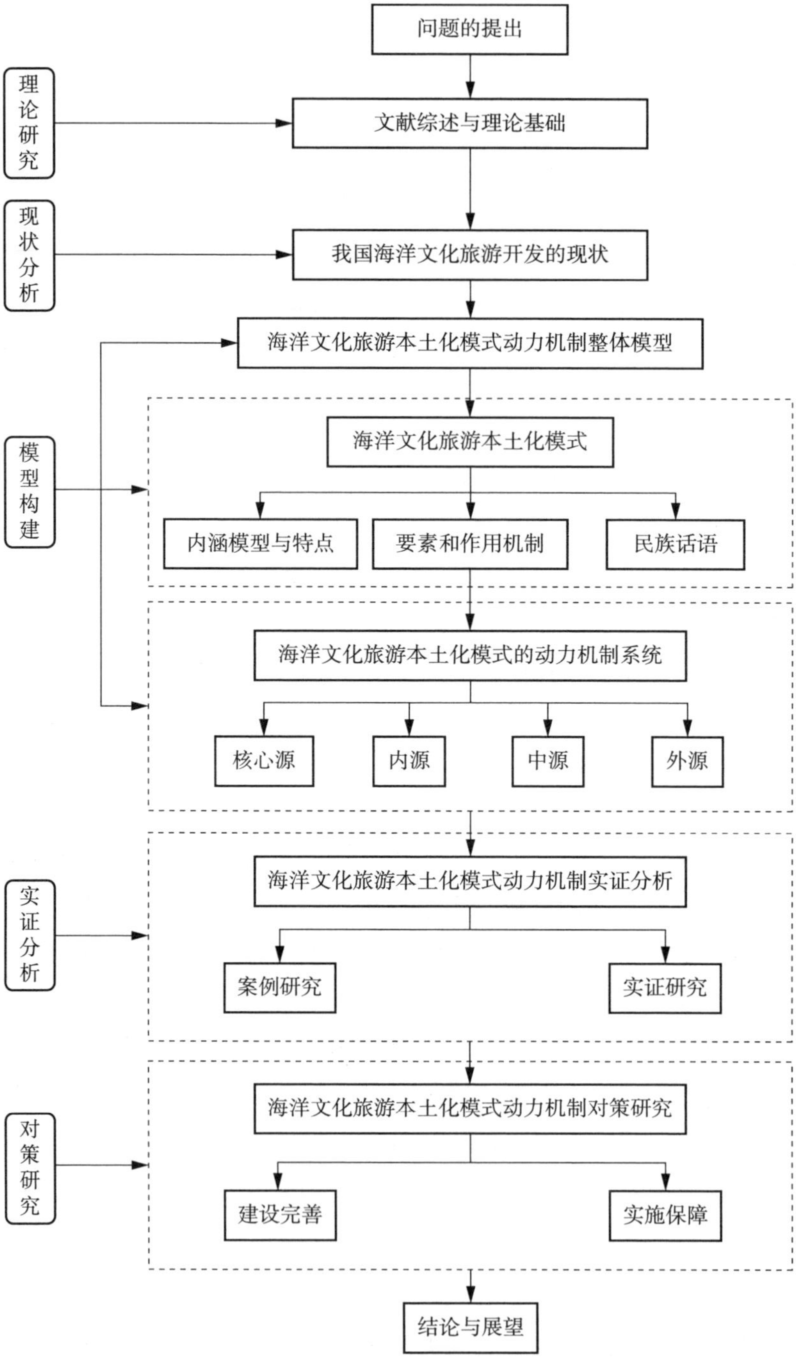
问题的提出
理论研究
文献综述与理论基础
现状分析
我国海洋文化旅游开发的现状
海洋文化旅游本土化模式动力机制整体模型
模型构建
海洋文化旅游本土化模式
内涵模型与特点
要素和作用机制
民族话语
海洋文化旅游本土化模式的动力机制系统
核心源
内源
中源
外源
实证分析
海洋文化旅游本土化模式动力机制实证分析
案例研究
实证研究
对策研究
海洋文化旅游本土化模式动力机制对策研究
建设完善
实施保障
结论与展望

图 1-4　本书的技术路线

阐述我国海洋旅游开发、文化旅游开发、海洋文化旅游开发的背景与现状，提出我国存在本土化模式缺乏、动力机制建设滞后和薄弱等问题。第二个层次包括第四章至第六章，创新性地提出四维海洋文化旅游本土化模式并对其进行解析，阐释全球化语境下本土化模式的民族话语，并分析其要素关系与作用机制。第三个层次包括第七章至第九章，在第七章重点提出建构包括核心源、内源、中源、外源的海洋文化旅游本土化模式动力机制系统。该层次对海洋文化旅游本土化模式动力机制及其作用机理进行了深入的案例分析与实证研究。第四个层次包括第十章至第十二章，主要论述如何建设与完善动力机制系统，关注全球海洋文化旅游发展趋势及社会发展背景，紧跟时代步伐，不断以创新驱动动力机制的优化与更新，从政府、产业、企业、消费者等层面提出实施保障，同时为后续研究提出策略建议。

五、研究的创新点

本书研究的创新点体现在以下三个方面：

第一，研究视角新颖。打破了以往对海洋旅游、文化旅游等单一对象过于宽泛的研究，有针对性地研究海洋文化旅游，创新性地提出本土化模式和动力机制的中国化表达。

第二，研究方法的创新。综合采用文献研究、问卷调查、田野研究、案例研究、数理统计分析等方法，定量研究与定性研究相结合，理论与实证相结合，使研究结论更具科学性、有效性和可靠性。

第三，理论研究的创新。一是将系统动力学、旅游吸引物理论、产业融合理论、旅游地生命周期及可持续发展等理论成果与海洋文化旅游相结合，为动力机制的构建提供理论指导与支撑。二是创新性地提出海洋文化旅游本土化模式的四维内涵模型，包括基于民族品牌的创新模式、基于人海和谐的可持续发展模式、全球化视角下的中国本土化模式及基于地域民生的本土化模式，分析其构成要素和作用机理，在此基础上，不断创新和拓展，形成结合国情的、具有地域及民族特色的新型海洋文化旅游开发模式。三是构建海洋文化旅游本土化模式的动力机制系统模型，以人海和谐的价值观为核心源，同时包含内源推拉性动力机制、中源渠道性动力机制及外源激发性动力机制，保障本土模式的完善与发展。四是创新性地构建动力机制的整体模型。该模型包含海洋文化旅游本土化模式动力机制、海洋文化旅游四维本土化模式及海洋文化旅游竞争力三个要素，其中动力机制能够推动本土化模式的发展，进而提升我国海洋文化旅游的整体竞争力。

综上所述，本书研究对于丰富海洋文化旅游相关领域的研究成果及完善本土化模式动力机制具有重要的理论和实践意义。

第二章 文献综述与理论基础

一、文献综述

随着经济全球化与经济一体化的提出，海洋与海洋资源成为世界各国政治经济秩序和国家战略发展的重要影响因素，也成为社会发展的主要拓展领域与竞争领域。海洋旅游业正逐渐成为世界海洋经济的重要支柱产业，其国际发展趋势与特征也逐渐凸显出来。首先，海洋旅游在世界各类旅游业中的地位有明显的提升趋势。例如，在 40 个世界知名海洋旅游地中，有 37 个属于沿海国家或有较大面积的沿海区域和较大规模的海洋产业。其次，海洋旅游经济在国民经济中的占比明显提高，海洋旅游收益已成为部分国家国民经济的主要来源。此外，一些沿海国家和地区充分发挥自身独特的自然资源优势和文化背景优势，建成了一批世界级海洋旅游目的地。国际学术界对海洋文化旅游的研究层出不穷，国内学者也逐渐关注海洋文化旅游本土化模式，与之相关的研究不断深入。

20 世纪 80 年代以前，欧洲和北美洲这两大传统旅游地区几乎掌握着国际旅游市场的命脉与发展方向；80 年代以后，随着东亚、拉丁美洲、太平洋地区等新兴旅游市场的崛起，世界各地在国际旅游业中的市场份额发生了变化，国际旅游重心也向东转移，海洋、滨海及海岛旅游越来越受到人们的青睐。1977 年，中国首次出现海洋旅游主题的研究，中国海滨旅游掀起了一阵开发热潮，海洋旅游地区建设热情空前高涨，海洋旅游业快速发展起来。但与之对应的是，中国关于海洋旅游的研究少之又少，理论研究稍显薄弱（刘欢等，2016）。随着经济与社会的不断进步，世界旅游业进入稳定发展阶段。21 世纪成为海洋旅游的第二个黄金时代，海洋旅游业多元化、生态化、休闲化、创新化的发展趋势日益明显，“休闲时代”已经到来。为抢占新优势，美国、澳大利亚、加拿大、韩国等相继推出国家海洋发展战略，国际社会对海洋寄予巨大期望。为深入了解国内外对海洋旅游、文化旅游、海洋文化旅游、本土化的研究，我们对相关文献进行了梳理。

为获取国外相关文献，我们以 ScienceDirect 为主，以 EBSCO 为辅，以“marine tourism”“oceanic tourism”“coastal tourism”“cultural tourism”“marine cultural tourism”“localization”“indigenization”为关键词，分别按照“abstract”“keywords”等类别在数据库中进行查找，自动选取年代区间为 1994—2018 年，分别得到 13793 条、30297 条、5353 条、1542968 条、672 条检索结果。由于文献数量基数较大，且部分文章不符合学术研究要求，可通过进一步筛选缩小文献选取范围，从而得到符合要求的研究所需语料库。为获取国内相关研究成果，在 CNKI 上以“海洋旅游”“文化旅游”“海洋文化旅游”“本土化”为关键词，分别按照主题、关键词、摘要、全文四个类别进行检索，分别得到 1290 篇、76651 篇、218 篇、25628 篇相关文献，根据筛选标准进一步选取满足文献要求且具有代表性的论文与文献作为研究综述的材料。

（一）国内外文献述评

1. 海洋旅游研究综述

（1）国外海洋旅游研究综述

在 ScienceDirect 数据库以“marine tourism”为关键词的检索结果中，排除百科全书、会议摘要、讨论、短评等非规范学术论文，以文献综述（review articles）、学术论文（research articles）、书刊篇章（book chapters）、书评（book reviews）、案例报告（case reports）等类别为筛选条件（以文献综述和学术论文为主），选择年代区间为 2008—2018 年，得到 7968 篇符合要求的文献，主要涉及海洋与海岸管理（Ocean & Coastal Management）、海洋政策（Marine Policy）、海洋污染（Marine Pollution Bulletin）、河口和海岸科学（Estuarine, Coastal and Shelf science）、整体环境科学（Science of The Total Environment）、环境管理（Journal of Environmental Management）、旅游管理（Tourism Management）、生态指数（Ecological Indicators）、生态系统服务（EcosystemServices）、生物保护（Biological Conservation）等多种杂志，相对应的文献数量如图 2-1 所示。

由图 2-1 可知，近年来国外关于海洋旅游的学术研究成果主要集中在海洋与海岸管理、海洋政策、海洋污染三个领域，部分原因是《联合国海洋法公约》和《21 世纪议程》的提出与实施，掀起了一场开发海洋、利用海洋、保护海洋的蓝色革命，各国政府越来越重视海洋的综合管理与政策支持。一些仍采用分散管理模式的国家，如日本、澳大利亚等开始认识到分散型海洋管理体制的弊端，认为相对集中型或集中统一型的管理体制更有利于海洋开发活动的综合管理。各国都期望促进海洋旅游发展，巩固海洋旅游产业的地位。随着海洋资源的过度开发、过度捕捞等，海洋生态环境面临巨大威胁，海洋生态系统、生物保护等成为学者们的重要研究领域。

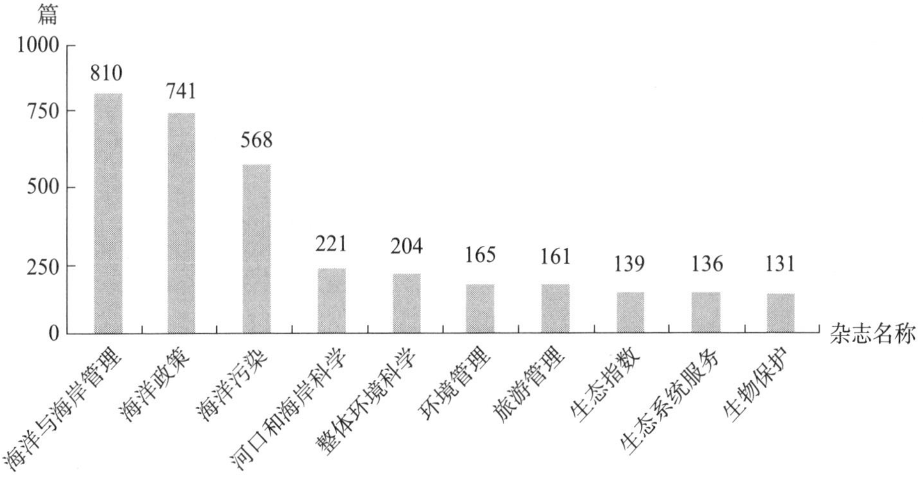

图 2-1　2008—2018 年国外海洋旅游相关文献数量

有学者从海洋保护区（MPAs）、海洋空间管理（MSP）等方面进行研究。Papageorgiou M.（2016）认为海洋空间管理（MSP）是解决与海洋有关的空间、设施、发展、管理问题的有效程序，并用定性研究的方法论证了海洋空间管理在组织和规划海洋旅游活动中发挥的重要作用，即确保旅游业拥有蓬勃发展的良好条件、确保沿海景观和其他资源的质量达标、提高应对气候变化影响的灵活性、合理安排利用旅游设施以外的空间、使沿海居民参与海洋旅游管理、建立协作部门等。Garces R. L. 等（2013）为评估海洋保护区（MPAs）的管理有效性，以菲律宾 Palawan 省 Calamianes 岛的三个海洋保护区为研究对象，在学术机构、地方政府、外部资助机构的参与配合下，最终选定 23 个指标，用定量研究方法评估规划效果，具体包括 6 个生物物理指标

（用于衡量海洋生物的沿海栖息地状况）、8个社会经济指标（用于评估经济状况和沿海社区的意见表达）及9个衡量MPAs管理各个方面的指标。Biggs D.等（2015）认为海洋旅游部门应对全球政治经济形势快速变化的能力至关重要，相关私营企业也扮演着重要角色。他们以泰国普吉岛的正式和非正式旅游部门以及澳大利亚的大堡礁企业为研究对象，以对珊瑚礁状况的感知程度为标准，采用定量研究方法，收集分析数据，最后得出结论：三类企业的复原能力、抵御能力及相关措施具有广泛的相似性，38%的企业表示，在面临50%的低迷情境时会退出珊瑚礁旅游业。

有些学者将研究视角放在海洋野生动物旅游方面。Inman A.等（2016）以海洋保护区内海洋野生动物观赏产业的管理作为出发点，以苏格兰地区的海洋哺乳动物姥鲨为保护目标，现场收集数据，发放调查问卷并对结果进行研究，建立了野生动物观赏和保护网络，以提高MPAs的有效性，为国际海洋计划的新兴进程作出贡献。Nazimi L.等（2018）认为尽管野生动物旅游在全球范围内越来越受欢迎，但该产业对其目标动物群有潜在影响。他们以南澳大利亚海域为研究区域，以强制性日志报告和拍摄识别个体鲨鱼的能力作为两个基于行业的数据来源，以定量分析来监测潜水旅游对白鲨生物种群的影响。研究结果表明，以上两种方法都可评估白鲨种群并检测其丰富度的季节性变化。Catlin J.和Jones R.（2010）运用野生动物旅游体系框架，论证了野生动物旅游产业成熟过程中所发生的变化。他们以Ningaloo海洋公园为例，将十多年前的数据与当下调查进行比较，探究行业由边缘到主流的转变。研究发现，具有不同偏好的游客逐渐被吸引，与以往相比，有更大的年龄群分布，对拥挤的容忍度更高，也更加关注非野生动物体验。

有些学者从可持续发展的角度进行了研究。Dedeke N. A.（2017）指出，可持续旅游业是全球旅游业的一个重要增长部分，研究其创造、维持和成长具有重要意义，应运用行动者网络理论（ANT）调查主要行动者如何在亚马孙雨林中创建可持续旅游业务。研究发现，行动者通过使用所谓编配方式而非ANT研究中广为人知的统一方法来创建自己的网络，并指出主要行动者学习新事物、适应变化以及为全球创造空间等行为对企业的成功具有重要作用。Lucrezi S.等（2017）认为潜水旅游业的可持续发展受到多种因素的影响，水肺潜水旅游周围的环境、社会、经济、治理等方面因素扮演着复杂的动态角色，它们之间的相互作用能够在一定程度上影响海洋保护区（MPAs）的规划。运营商通过调查了解到水肺潜水业与其他行业之间的异质性，认识到其对自身、海洋保护区和居民社区的重要性，并使行业可持续性的总体措施和临时措施得到推进。Siew I. N. 等（2017）以马来西亚 Tioman 岛为例，收集政府官员、当地社区、游客三类利益相关者群体的看法并进行评估，产生 “community on resources” “tourism on resources” “resources on community” “tourism on community” “community on tourism” “resources on tourism” 六种可持续关系。研究结果表明，Tioman 岛以 58.89%的比例被分类为“潜在可持续性”海洋旅游目的地。Doiron S. 和 Weissenberger S.（2014）意识到迅速扩大的珊瑚潜水旅游与相关的住宅和商业发展会给洪都拉斯 Roatan 岛的生态和社会结构，特别是珊瑚礁和红树林带来很大的生长压力，因此通过考察该岛过去和现在的发展路径和管理状况，提出同时保护生态系统质量和实现旅游部门可持续发展的系统方法，以促进海洋保护区管理的成功发展。MacNeill T. 和 Wozniak D.（2018）采用自然实验和多种方法相结合的独特研究方法测量邮轮旅游对当地社区的经济影响、社会影响和环境影响，包括收入、就业、生活基本需求的满足、治安、犯罪率、负面环境影响等方面。研究结果表明，在低税率和低调节环境中，缺乏社区发展和主动参与举措，大型邮轮旅游项目可能无法为当地居民提供帮助。

有些学者对海洋生态系统进行了研究。Roques G. K. 和 Jacobson K. S.（2018）以 Swaziland 大草原保护区和 Mozambique 海洋保护区为研究对象进行生物多样性和生态系统功能研究，发现志愿者旅游专注于保护生态、产生社会效益、获得特殊经验及促进文化交流等方面，并且能带来一定的效益。Anneboina R. L. 和 Kumar K. S.（2017）对印度的红树林与海洋渔业的联系进行经济分析，进而阐释人类与渔业的联系，通过定量分析探究红树林作为海洋生物的繁殖地和栖息地在增加海鱼产量方面的作用。结果表明，红树林提高了印度沿海地区的鱼类产量，实现了 23%的总增加量。Lopes P. F. M. 等（2015）对渔业、旅游业、海洋保护区（MPAs）之间属于冲突关系还是协同关系进行探究，调查了巴西的渔业和旅游业与生态保护之间的相互作用，以评估其潜在协同效应。研究发现，虽然海洋保护区（MPAs）对渔业和海洋旅游业具有潜在威胁，但却是保护生态系统服务业的一个有效方案。国外海洋旅游相关文献见表 2-1。

表 2-1　国外海洋旅游相关文献

研究领域	研究方向	关键词	研究方法	案例	作者
海洋保护区（MPAs）海洋空间管理（MSP）	MSP	海洋旅游 海洋空间规划	定性研究	无具体案例	Papageorgiou M.
	MPAs	评估效果 规划和管理	定量研究	菲律宾 Calamianes 岛	Garces R. L. 等
	企业危机 抵御能力	全球变化 适应能力	定量研究	泰国普吉岛 澳大利亚大堡礁	Biggs D. 等
海洋野生动物旅游	野生动物 监测保护	海洋保护区 海洋哺乳动物	定量研究	苏格兰地区 姥鲨	Inman A. 等
	检测潜水旅游 如何影响白鲨	鲨鱼旅游 潜水旅游	定量研究	南澳大利亚 白鲨种群	Nazimi L. 等
	野生动物 旅游体系	鲸鲨旅游 纵向研究	定性研究	澳大利亚 Ningaloo 海洋公园	Catlin J. 和 Jones R.
可持续旅游业	可持续 旅游业务	企业/行动者 网络理论（ANT）	定量研究	亚马孙雨林	Dedeke N. A.
	可持续 旅游/MPAs	水肺潜水旅游 MPAs	定性研究	意大利 MPA 莫桑比克 MPA	Lucrezi S. 等
	海岛旅游 可持续性	可持续生态旅游 指标系统	定量研究	马来西亚 Tioman 岛	Siew I. N. 等
	潜水旅游 可持续性	珊瑚礁潜水社会 环境影响整体 生态系统方法	定性研究	洪都拉斯 Roatan 岛	Doiron S. 和 Weissenberger S.
	经济、社会、 环境影响	邮轮旅游 社区影响	定量研究	洪都拉斯 特鲁希略	MacNeill T. 和 Wozniak D.
海洋生态系统	生态系统 研究和保护	志愿旅游 生态影响	定量研究	Swaziland 大草原保护区 Mozambique 海洋保护区	Roques G. K. 和 Jacobson K. S.
	海洋渔业 的经济增长	海洋渔业 生态系统服务	定量研究	印度红树林与 海洋渔业的联系	Anneboina R. L. 和 Kumar K. S.
	MPAs 与其他 产业之间的 冲突或协同	MPAs 小规模渔业 资源利用	定量研究	澳大利亚村庄 Trindade 和 Praia Grande	Lopes P. F. M. 等

（2）国内海洋旅游研究综述

国内海洋旅游研究主要从理论、模型、区域分布、战略等方面展开。陈文捷、王坤（2015）以共生理论、共享思想和包容性增长理论为理论基础，在分析我国西部地区海洋旅游资源的基础性特征和现有开发模式后，构建适合北部湾地区的新型资源整合开发模式，以达到品牌共享、信息共享和利益相关者的包容性增长，促进区域利益体系的公平、协调、可持续发展。张佑印、马耀峰（2015）等采用市场倒推法和因子倒推法对海洋文化旅游市场规模进行测算，构建潜在旅游市场规模计算模型、目的地接待规模测算模型以及旅游市场繁荣度测算模型，利用模糊综合评价、聚类分析等方法对以上三种因素进行实证分析。研究结果表明：我国海洋文化旅游市场潜力呈现出由东向西递减、由长三角地区向西北地区递减的趋势；我国海洋旅游市场处于中期发展阶段，尚未形成规模化和效益化海洋旅游产业；在繁荣度方面，热点城市高度繁荣，冷门地区则过冷。周国忠（2006）从海洋旅游产品的调整优化方面，分析海洋旅游产品开发现状、开发类型及开发中存在的问题，提出适合浙江海洋旅游产品的优化构想，构建海洋旅游产品新格局，结合精品化与多元化，加强区域合作，增强海陆联动，并建议发展邮轮旅游等高端市场，力求增强浙江海洋文化旅游产品的市场竞争力。

20世纪末期，关于海洋旅游的定义众说纷纭。贾跃千、李平（2005）分析已有海洋旅游的定义，基于范围界定，提出了海洋旅游的新定义，并根据UNWTO的旅游资源分类原则，将海洋旅游资源分别按海洋旅游资源本身属性和海洋活动属性分类，形成海洋旅游资源禀赋谱和海洋游憩活动谱。在可持续发展方面，张广海、董志文（2004）重点研究海洋资源生态可承受力基础上的海洋旅游开发，主张非消耗性利用，提出海洋旅游应遵循生态经济、社会效益、“科技兴海”、市场导向、特色发展、海陆一体化等原则。陈娟（2003）研究了中国海洋旅游资源可持续发展问题，通过分析我国海洋旅游资源的特点、类型和开发现状，指出我国海洋旅游资源开发与利用水平不高，仍处于初级阶段，提出因地制宜、以法治海、建立管理体系、科教兴海、提高全民意识等本土化可持续发展战略。

我国台湾地区的海洋海岛旅游业同样发展迅速，但研究的重点却略有不同。Chen T. C. 等（2012）认为由于缺乏过程管理和高效的信息系统，海洋旅游业往往会忽视游客文化和海洋生态。他们以我国台湾绿岛为例，运用过程管理方法和面向对象的海洋旅游信息系统分析海洋旅游过程，还应用虚拟现实全景技术（VR）为潜水者拓展海洋生态旅游视野，为相关旅游业和政府提供参考模型和更高端的海洋旅游进程，以期减少对海洋生态的破坏，最终提高旅游价值。国内海洋旅游相关文献见表2-2。

表 2-2 国内海洋旅游相关文献

研究领域	研究方向	关键词	研究方法	案例	作者
海洋旅游资源	资源整合模式	旅游资源整合模式 共生、共享以及包容性增长理论	定性研究（模型）	北部湾	陈文捷、王坤
	海洋旅游资源分类	海洋空间 旅游资源 海洋游憩活动	定性研究	无具体案例	贾跃千、李平
海洋旅游市场规模	潜在规模、现实规模	潜在市场 接待规模 繁荣度指数	定量研究	沿海 31 个省份和地区	张佑印、马耀峰
海洋旅游信息系统	海洋旅游信息系统	游客文化 海洋生态 面向对象分析	定性研究（模型）	我国台湾绿岛	Chen T. C. 等
海洋旅游产品	旅游产品开发与优化	旅游产品 调整优化	定性研究	浙江省	周国忠
海洋旅游可持续发展	海洋旅游开发	海洋旅游业 可持续发展 原则	定性研究	无具体案例	张广海、董志文
	海洋旅游资源管理策略	海洋旅游资源 可持续发展	定性研究	无具体案例	陈娟

对比国外海洋旅游相关文献（见表 2-1）和国内海洋旅游相关文献（见表 2-2），可以发现国内外研究的差异以及国内研究存在的不足。首先，从直观上来看，国内研究集中于较发达的沿海城市，如上海、青岛、舟山等地，而其他小型滨海城市鲜有涉及，这有可能导致热门城市发展更加迅速而其他地区发展更为缓慢，发展不均衡现象难以改善；其次，研究内容大多集中于海洋旅游产业发展与现状，以及一系列海洋旅游带动的周边产业经济等，关于其潜在问题如本土化特色、资源开发与维护的研究并不多（如图 2-2所示）。国外学者多采用数理统计方法进行定量研究，而国内学者则注重定性研究以提供理论支持，未来可考虑多因素的定量研究，以增加研究深度。

2. 文化旅游研究综述

旅游中的文化因素带有浓厚的地域特色，游客可以某种形式参与和体验传统习俗，因此各国均越来越重视文化旅游。除此之外，文化旅游在保护和传承传统文化、重塑文化形象方面发挥着重要作用，承担着重要的使命与责

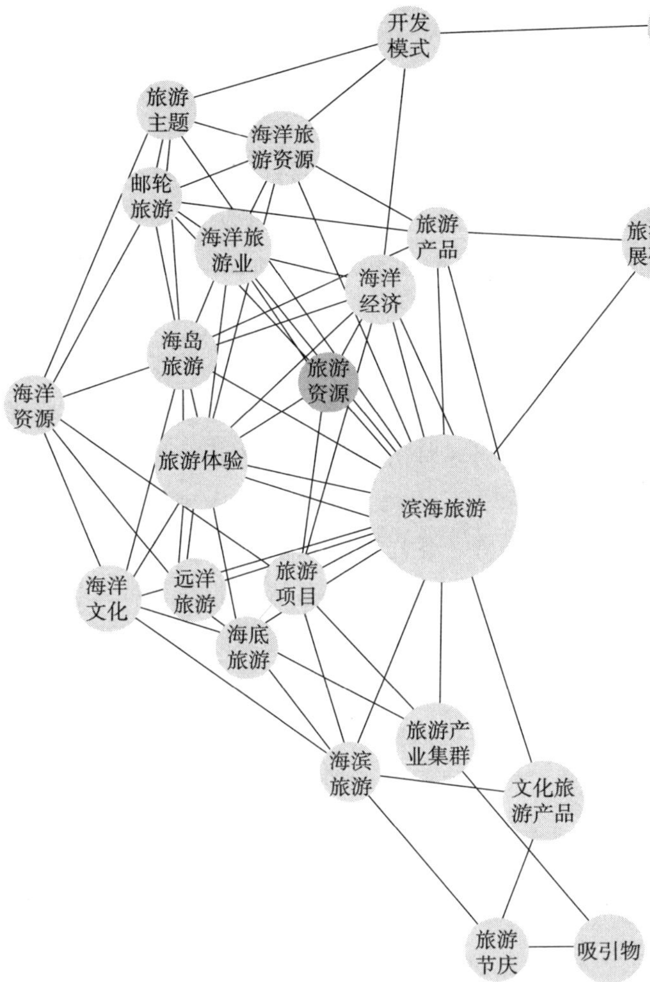

图 2-2 国内海洋旅游研究内容

任。调查显示，在西方国家的旅游形式中，文化旅游名列前茅，且其重要性持续增长（Wang 等，2011）。文化产业与旅游产业共同具有的地域性与传承性使其能够融合发展，共同促进旅游目的地的经济增长。

（1）国外文化旅游研究综述

在外文数据库 ScienceDirect 中以“cultural tourism”（文化旅游）为关键词可搜索到 30470 条结果，2008—2018 年的相关文献多达 18883 篇，以综述类（review articles）、学术论文类（research articles）、百科全书类（encyclopedia）及书刊篇章（book chapters）为筛选条件，可得到 17275 篇符合研究范

围的文献，主要发布在旅游管理学刊（Tourism Management）、社会和行为科学（Procedia-Social and Behavioral Sciences）、旅游研究年鉴（Annals of Tourism Research）、海洋与滨海旅游管理（Ocean & Coastal Management）、土地利用政策（Land Use Policy）、海洋政策（Marine Policy）、国际营销管理杂志（International Journal of Hospitality Management）、旅游管理视角（Tourism Management Perspective）、农业研究杂志（Journal of Rural Studies）、生态系统服务（Ecosystem Services）等学术期刊上，这些期刊中分别有1106篇、1046篇、556篇、532篇、474篇、434篇、387篇、302篇、294篇、277篇相关文献。

在海洋与滨海文化旅游研究方面，Guo Zhimei等以密西西比河和阿拉巴马海湾沿岸旅游为例，研究了海洋旅游业对区域经济的影响。沿海经济对自然灾害、人类破坏活动及经济条件的变化高度敏感。他们结合2013年的海岸游客支出分析密西西比河和阿拉巴马海湾本地和区域的经济影响，旨在为未来的区域规划和管理提供指导；建立IMPLAN输入-输出模型，以捕捉墨西哥湾沿岸两地的经济变化状况；以全国代表性人口为总体样本范围，对游客进行了网上国际抽样调查（SSI），最终响应率为26.2%。研究结果表明，沿海旅游业为当地提供销售收入、劳动收入及兼职或全职就业；同时，沿海旅游业也促进了内陆经济的发展，但对内陆地区的溢出效应及对沿海地区的反馈效应并不大；许多沿海经济体已经开始改变传统的海上工业经营，当地利益相关群体在制定战略时应考虑环境与文化特征，以实现资源的可持续管理。他们考察了旅游业对其他水产业的影响及其他地区经济的发展，以帮助决策者加强对社区的规划和管理。Habib Alipour H. 等以伊朗里海地区（Caspian Sea region）为例，研究第二家园旅游模式（Second home tourism mode）的影响和治理问题。该地区独特的空间特征不断吸引国内外游客，特别是在过去30年里，该地区的第二故乡旅游业发展迅速。然而，在现代政治背景下，具有前瞻性的战略计划和发展政策的缺失导致这个独特而原始的地区出现许多环境问题。他们采用基于深度访谈的定性研究方法，探索里海地区旅游模式对该地区发展进程的潜在影响。调查结果显示，第二家园旅游模式基于自由的发展方式，主要由房地产公司的既得利益集团主导，也接受当地政府的支持。研究还表明，此模式的发展会破坏当地环境质量、社会和文化认同以及可持续经济繁荣。

关于如何定义和解决自然资源管理中不同观点与看法的冲突，是有关学者长期争论的焦点，因此，更好地了解公众文化认知尤为重要。近几十年来，有关海洋保护和管理的公众认知研究逐渐增多。然而，由社会文化结构或“文化偏见”支撑的研究则少之又少。Halik A. 和 Verweij M. 以珊瑚礁保护为例，在人类学家 Mary Douglas 所倡导的文化理论的帮助下，揭示大多数人关于文化偏见的看法。他们提出一种多理性政策解决方案，即创造性结合和适应人们感知社会环境互动的不同方式，以实现其可持续发展。

海洋生态系统一直是海洋研究的重要领域，且大多数以整体方式进行探索，海洋生态系统与社会文化的相互关系与相关动力学研究已逐渐出现。Ignatius S. 和 Haapasaari P. 以波罗的海的鲑鱼为例，验证渔业社会文化价值分析的辩证理论，并指出渔业资源对社会具有多重意义，决策参与者应认识到人类与渔业相联系这一现象的社会文化价值。这意味着人类的关注点从对立利益逐渐转向共同利益，而多方共同利益达成一致对政府治理至关重要。珊瑚礁是海洋生态系统中的重要一员，全球珊瑚礁相关旅游业是基于单一生态系统的自然旅游业中最重要的板块，全球 100 多个国家和地区也因此吸引国内外游客，收入不断增加，其中包括外汇收入的增长。由此可见，全面了解珊瑚礁对旅游业的价值以及这些价值的空间分布，可以对可持续的珊瑚礁管理提供重要激励。Spalding M. 等收集来自社交媒体、众包数据集等的全球数据，测算并绘制两个不同的礁值成分，“reef-adjacent” value 与“on-reef” value 分别表示从珊瑚礁旅游业中获取的一系列间接利益与直接利益，从而使珊瑚礁的旅游价值数据化和直观化。潜水业是海洋文化旅游典型项目，也是人类与海洋自然资源和海洋生态系统互动的重要代表项目。国际上，越来越多的游客愿意花费大量资金潜水观赏珊瑚礁或鲨鱼等大型动物，水肺潜水旅游有潜力成为发展中国家的可持续收入来源。Brauwer D. M. 和 Harveya S. E. 等选定东南亚区域，研究一种专注于寻找罕见、神秘物种的新型潜水——淤泥潜水业（muck dive industry）对旅游业的经济贡献。结果表明，与其他海洋文化旅游模式相比，淤泥潜水的旅游经济价值较高，不仅能为当地居民提供就业机会，还能吸引世界范围的游客，拉动本土旅游快速发展，这在印度尼西亚和菲律宾表现得尤为明显。虽然淤泥潜水者大部分受过良好教育，收入可观，且愿意为保护海洋生态和海洋文化付出代价，但资源污染和与当地居民的冲突仍是其所面临的潜在威胁。总的来说，潜水旅游与淤泥潜水对发展中国家来说是基于自然旅游的可持续发展形式。

（2）国内文化旅游研究综述

国内关于文化旅游的研究主要集中在概念辨析、系统集聚、空间形态、区域发展等方面。关于文化旅游的概念，因为文化的范围广泛，被用于旅游业的文化因素多种多样，不同学者从不同角度有不同的定义与理解。任冠文（2009）对文化旅游的相关概念作出辨析。杨春宇、邢洋等（2016）指出，虽然文化旅游融合发展与产业集聚模式已经出现，但学界对其探讨还停留在初级阶段，实质性的研究成果寥寥无几，其内涵绝非文化与旅游的简单叠加。他们基于文化产业系统和旅游产业系统构建文化旅游产业创新系统，包含内核系统与调控系统，形成立体网络，运用矢量平行四边形法则、熵值权重法及模糊隶属度函数模型构建指标体系，对国内31个省（自治区、直辖市）的文化旅游产业进行实证研究，对综合、内核、调控系统进行排名，分析其系统差异度与均衡度，并针对不同分类提出发展路径，以提升文化旅游目的地产业集聚模式的竞争优势。

文化包含多种社会、经济和生活要素，不同的社会心理对其意识形态的认识大有不同。不少学者基于空间形态研究文化旅游的立体性与全方位性。侯兵、黄震方等（2011）从地理学概念角度出发研究文化空间，指出与人文地理学不同，文化地理学侧重于文化相对论和多元文化论视角，产物为时间和空间共同作用的结果，不同文化要素间存在关联特质，同时也阐述了其非物质特性。他们构建了包含人、活动、场所的立体文化空间机制系统，以及文化、空间、旅游的动力关系系统，为文化旅游的分析提供新型研究结构。侯兵、黄震方等（2013）对文化旅游空间细分区域进行研究后指出，传统的自上而下的单一区域发展已经难以巩固文化旅游目的地的发展成效，文化旅游是推进区域旅游进程的又一新鲜动力。他们以南京都市圈为实地研究区域，发放问卷调查并统计数据，进而分析城市发展文化旅游的要素与基本条件，对当地旅游资源和文化作出评价，并划分指标体系分析受访者对旅游中文化要素的感知程度，总结分异规律，对不同区域尤其是城市区域发展文化旅游起到了推动和导向作用。

文化旅游不同于旅游文化。徐菊凤（2005）从理论与实践两个方面探讨了二者的不同。国内对于旅游文化的研究自20世纪末期旅游兴起时就已开始，强调其中的文化属性，而文化旅游研究开始较晚且相关文献较少，强调旅游过程中的文化学习与文化感知。有关学者从内涵、需求、研究方向等方面深入探讨二者的易混淆之处。文化旅游涉及文化与旅游两大产业，二者之间的互动发展已成为一种趋势。罗明义（2009）通过分析文化产业与旅游产业都有的地域性、经济性、传承性、创造性特征，阐释了文化与旅游之间的关系，为促进文化旅游的创新与改革提供了理论前提，对突出旅游地本土化特色和营销与宣传提出对策。

Su Ming Ming 和 Wall G. 等基于山东省长岛的旅游业和渔业发展状况分析岛屿居民的生计问题。海岛产业已经不仅限于渔业，旅游业为岛屿居民提供生计选择，减轻了捕鱼压力，但对有限的资源又提出了新的要求，同时有可能破坏当地的生计系统和社会文化传统。他们用可持续生计框架对山东省长岛的两个渔村进行比较，以评估渔家乐这一特殊类型滨海旅游产物所引起的生计变化。研究发现，渔家乐模式合理运用现有渔业资源和海洋生物繁殖资源，同时提供就业机会与收入补给，对海岛居民的生计大有益处。然而，由于财务限制，贫困地区旅游业所得利益的不平等分布逐渐显现出来。两个渔村的对比表明，当地政府的领导能力会影响渔家乐旅游业及传统生计模式的发展。社区与家庭层面的讨论，对推动海岛居民生计的可持续发展具有实际意义。

3. 海洋文化旅游研究综述

（1）国外海洋文化旅游研究综述

在外文数据库 ScienceDirect 中以“marine cultural tourism”为关键词进行搜索，可得到 5411 条结果，经分析可以发现，所得文献大多为“marine tourism”（海洋旅游）、“cultural tourism”（文化旅游）的分别展示，而非“海洋文化旅游”的整体研究，但在海洋空间规划（Marine Spatial Planning，MSP）、生态系统服务（ecosystem services）和以海岛（island）为研究对象的海岛旅游中，文化因素的研究居多。

海岛旅游是当代旅游者尤其是年轻人选择的一种海洋休闲旅游方式，大多数人倾向于国外海岛旅行，普吉岛、斐济、马尔代夫等成为热门旅行地。Sroypetch S.（2016）以斐济 Yasawa 群岛为例，主要利用调查问卷和采访收集数据与信息，从东道主与旅行者两个角度定量研究背包客旅行方式对当地海洋文化旅游的社会文化影响。研究发现，背包客通常对自己对目的地的影响持中立态度，而东道主认为有利有弊，比起背包客帮助宣传当地海洋文化或者其他负面影响，当地居民更关注旅游所带来的社会文化影响。

海洋空间区域研究划分细致，文化资源分类众多，海洋历史文化在其中占有重要地位。海洋考古学是海洋文化资源开发的一个重要工具，水下考古公园（Underwater Archaeological Parks，UAP）会对海洋文化遗产管理和海洋生物多样性产生巨大的促进作用，但它是否会给海洋系统带来威胁则有待考察。Garcia C. A. 和 Barreiros P. （2017）以水下考古公园对鱼类是否有好处为出发点，以 Azores 群岛为例研究文化遗产保护与海洋保护之间的共生关系。他们首次将海洋生物群数据与考古数据结合，以文化因素为强制性要求建立共生关系。学者们根据经验判断，生物会随着保护措施的增加而增加。研究结果表明，UAP 对保护自然和文化遗产具有积极作用。海洋资源非物质文化价值逐渐凸显，但其在 MSP 方面的研究仍有被忽略的倾向，不能完全正确有效地定义和激发文化价值，形成了社会文化的实证差距。另外，连接文化价值与具体海洋旅游目的地方面的难题刺激了基于区域的海洋文化旅游管理方法。Gee K. 和 Kannen A. 等（2016）从定义文化价值、识别重要文化地点、建立文化目的地三个方面阐述海洋文化价值的重要性，并提出一种用五个标准来定义文化意义地区的叙事（narrative）方法，旨在帮助规划者精确定位与海洋文化的联系。

人类活动与生态系统紧密相连。文化生态系统服务（Cultural Ecosystem Services，CES）是从生态系统中获得的非物质利益，在某种形式上为大多数生态系统服务研究提供框架模型，但在相关研究中，由于其无形属性难以识别和评估，可能导致 CES 框架不能完全实现其价值。Martin L. C. 和 Momtaz S. 等（2016）通过对沿海和海洋资源研究的系统梳理，制定衡量与跟踪 CES 的指标，采用定量研究方法，确定评估 CES 的有效方法并明确知识缺口。研究发现，现有文献多集中于 CES 的效用与理论，需要更多的研究来说明 CES 理论与数据是如何被沿海和海洋资源管理人员实际使用的，以及这些数据在现实世界中的价值。Fletcher R. 和 Baulcomb C. 等（2014）结合在土耳其进行的关于海洋问题的问卷调查分析人类与生态系统的联系。他们的研究创新性地将无形因素如对海洋环境的强烈依赖纳入考虑范围，以了解土耳其人民与黑海（Black Sea）之间的文化联系，为制定政策和生态系统管理措施提供有效机制，激励个人和社区致力于保护生态系统，并为自然环境下的文化体验提供有效支持。随着休闲旅游时代的到来，社会开始高度重视海洋娱乐生态系统服务。Stephen Hynes S. 和 Ghermandi A. 等（2018）在考虑文化因素的背景下，广泛收集全球海洋娱乐生态系统服务价值数据并建立数据集，通过 Meta 分析对海洋休闲生态系统服务进行价值评估，研究文化差异在娱乐价值评估中是不是一个重要因素。研究发现，文化维度差异对海洋旅游娱乐价值评估产生了重大影响。

（2）国内海洋文化旅游研究综述

海洋旅游与文化旅游的结合是近年来相关学者的研究热点。在 CNKI 上以“海洋文化旅游”为主题对 2007—2018 年的文献进行检索，可得到 195 条结果，其中约有 80 篇为海洋文化旅游的整体研究，且文献数量有逐年上升的趋势，可见海洋旅游中的文化因素得到越来越多的关注。综观 80 篇相关文献可以发现，国内海洋文化旅游研究主要集中在开发策略、产业发展、资源整合三个方面，且大多数选择具体区域或城市展开研究，主要有舟山、上海、宁波、大连、海南、广西北部湾等地区。

早在 21 世纪初，我国学者就提出海洋文化是海洋旅游开发的必要条件。董志文、张广海（2004）基于曲金良对海洋文化的研究，认为海洋文化旅游资源包括海洋民俗、艺术、科技、历史等六个方面，并对海洋文化旅游资源的开发提出建议，如海洋旅游目的地需从文化导向上形成区域差异、开发要在保护的基础上进行、建设海洋文化名城、培育相关人才等。有些学者认为海洋文化资源是海洋文化旅游的载体（高怡、袁书琪，2008），旅游者对海洋文化旅游的感知要求实现人海互动，通过对海洋文化资源建立体系与分类，明确不同资源的地位、属性和价值等，为后续的资源开发与发展奠定基础。

舟山、上海等沿海城市得天独厚的自然条件为其海洋文化旅游发展带来了优势，也使其成为学者们的重点研究区域。王大悟（2005）以舟山为例，解读海洋文化与海洋旅游概念的异同，提出我国海洋文化旅游资源开发的成败关键在于两个“认识”，即对国内先进海洋文化的认识和对海洋文化市场价值的认识，并在此基础上提出协调发展观光与休闲旅游、协调传统文化元素与现代文化元素、提高海洋文化旅游服务质量、适当开拓高端市场等适合舟山的海洋文化旅游发展策略。胡卫伟和王湖滨（2006）、李守华（2017）均针对舟山群岛现有开发模式存在的问题，提出建议与策略。孙晓玮（2014）将海洋文化旅游产业的具体实践与科技融合，重点研究海洋文化旅游科技化发展，加快其数字化进程，有利于立体化、品牌化发展海洋文化旅游产业。上海的海洋文化旅游资源优势突出。刘玉梅（2013）通过分析交通情况、港口经济、军事文化资源、航运资源等，对发展上海海洋文化旅游提出建议。

4. 本土化研究综述

在提倡国际化、全球化发展的时代背景下，各个领域为与世界接轨，西化特征逐渐凸显，本土化特征则相对弱化，不利于中国文化的保护与传承。在这样的背景下，国内学界逐渐产生民族文化危机意识，“逆全球化”与本土化成为学者们的研究热点。值得一提的是，本书所指的本土化并非完全拘泥于国内海洋文化旅游资源、特点、形式等的研究而不与外界交流，闭门造车只会限制本土化模式的研究范式、研究内容，不会促进其全面发展。本书基于“全球本土化”（glocalization）概念进行研究，该概念由社会学家 Roland Robertson（2017）提出，包含三个层次的内容：首先，要达到国际化与本土化的平衡；其次，在平衡与符合全球发展趋势的基础上，凸显中国化特征；最后，该概念指出全球本土化在全球化产品或服务与当地文化结合时更有可能实现，因为此时普遍化与特殊化更能相互融合、相互促进。吴巧红（2017）指出，在旅游研究方面，虽然现阶段西方话语体系占据主要位置，但我国在积累多年国际化与本土化研究经验后，已经进入更加成熟的阶段。我国拥有优越的自然资源基础和大量有中国特色的典型案例，为旅游及海洋文化旅游的全球本土化研究带来优势。许照成（2016）通过对我国海洋旅游现状的分析与研究，指出走本土化发展道路对海洋文化旅游相关利益者，尤其是旅游企业的经济盈利至关重要。

巨鹏（2011）指出，由于地方旅游市场具有差异，其主体也必然不同。在设计旅游产品时，应该更注重消费主体的消费水平与消费特征，只有这样，才能更好地满足消费者的需求。就算是异地商品，也必然需要一定程度的本土化，而这不仅是对商品的需要，由于游览目的地的文化与消费者的差异，旅游产品也是需要本土化的，更贴切地说，是要贴合该景点主要消费群体的文化认知度。Alicia Turner、Laurence Cox 和 Brian Bocking（2010）指出，本土化的对象不是旅游景点而是旅游路线，以满足此旅游产品在当地的接受度。Carlos A. Jáuregui（2016）指出，消费者会更倾向于自己所熟悉的文化，如我国的红色旅游路线是经久不衰的经典旅游产品，可将此民族情延伸到国际旅游产品上，有一部分熟知甚至完全掌握各国民族情甚至是了解战争时期英雄事迹的消费者就会选择此类产品。Wang Ruoxu 和 Yan Huang（2017）提出社交媒体的本土性，表明可用亲密感、专业性和匿名性正向预测消费者对本土广告的态度、对广告赞助商的信任和对赞助商的满意程度。

张宏梅（2011）研究指出，对我国旅游研究者而言，与其盲目复制西方研究，不如在熟悉的社会文化背景下进行研究。根据数据分析，我国本土化概念从 20 世纪末期开始在学术界崭露头角，进入 21 世纪以后，如同文化旅游一般发展迅速，受到了业界的广泛关注。

海洋文化旅游近几年才兴起，与之相关的文献占比较小。笔者在 CNKI 的论文库（2008—2021 年）中输入关键词“本土化”“海洋旅游本土化”“文化旅游本土化”“海洋文化旅游本土化”，共搜索到 21993 篇论文（见表 2-3）。

表 2-3 2008—2021 年本土化文献数量及占比

分类	数量（篇）	占比（%）
海洋旅游本土化	1	0.005
文化旅游本土化	7	0.032
海洋文化旅游本土化	4	0.018
本土化	21981	99.950

在少数与旅游相关的本土化文献中，张宏梅（2011）系统分析了西方社会科学的研究范式和我国的海洋文化旅游现状，认为国内学者可形成中国化的旅游理论和研究范式。许照成（2016）认为，本土化模式的发展与中国传统海洋文化的结合是我国建设完整海洋文化旅游体系的重要途径。

5. 动力机制研究综述

所谓经济基础决定上层建筑，随着海洋文化旅游动力机制的加强带来的经济效益，学术界对于“动力机制”这一课题的研究日益增多。我国学术界对动力机制的研究数量庞大且涉猎范围广泛。从笔者在 CNKI 搜索的数据来看，2014—2016 年是动力机制研究的高峰期，CNKI 数据库中的论文数量达到 1000 篇以上。然而，同本土化相似的是，研究动力机制的学者不少，但是对海洋文化旅游本土化动力机制进行研究的寥寥无几。学者们对动力机制的研究形式多样，其中企业管理占了很大比例。例如：孔令池（2018）提出中国经济增长的动力机制需在新时代以供给侧结构性改革重塑，以新发展理念为基础，阐明了新时代推动中国经济持续增长的发展战略。

经过数据统计，在 CNKI 数据库中主题包含“动力机制”的文献中，包含企业管理的高达 9.79%，与海洋旅游相关的文献却屈指可数。

在少数将动力机制与海洋文化旅游结合起来进行研究的文献中，学者多数是对区域旅游的动力机制进行深度剖析。例如：金丽（2010）认为，国内旅游界的理论研究远少于旅游实践，且这些研究主要借鉴系统动力学理论，构建国际旅游城市动力机制系统，并建立数据库对其进行检验，着重分析环境驱动、区位驱动、资源驱动和综合发展驱动四种模式。宋子千（2008）指出，政府调控与企业合作对旅游产业发展具有促进作用，其他类别的动力因素如空间生长力和市场驱动力等对旅游活动与区域旅游合作也会产生正向影响。

综上所述，国内学术界关于海洋旅游、文化旅游两方面的单一研究较多，而对海洋文化旅游的整体研究较少，关于旅游本土化的研究已经出现，但大多集中于对乡村旅游本土化发展模式进行研究，对海洋文化旅游本土化模式的研究则少之又少。动力机制在工业、科技、新兴产业等领域应用较多，但很少有学者构建海洋文化旅游本土化的动力机制，在 CNKI 的资料库中检索“海洋文化旅游本土化模式的动力机制研究”，得到 0 条结果，显然国内针对此课题的研究尚处于起步阶段。本书对海洋文化旅游本土化模式的动力机制进行了较为具体而深入的分析，以提供更为严谨的研究结果，为中国特色海洋文化旅游研究贡献力量，为后续相关研究提供理论指导，为中国海洋文化旅游相关政府部门与旅游企业提供决策参考。

（二）海洋文化旅游基本概念界定

党的十九大以来，我国对文化旅游的研究进一步深入，与此同时，海洋文化旅游方面的研究也逐渐进入人们的视线，但这方面的研究还处于起步阶段。要想理解海洋文化旅游，需要追根溯源，了解海洋文化旅游是如何产生的。本书通过对相关概念的研究来阐释海洋文化旅游这一概念。

1. 海洋

海洋（SEA）是地球上最广阔的水体的总称。海洋的中心部分称作洋（ocean），边缘部分称作海（sea）。从中西方对海的认识来看，海是能容纳百川的存在。Salamer、Gulsunl（2013）认为海洋作为能孕育杰出人物的环境，为哲学、艺术、音乐、文学、科学技术的发展作出了卓越的贡献。海洋是人类贸易、旅游、采矿和发电等的一个重要资源来源，人类开发海洋资源为自己服务。在海洋的资源利用和开发基础上，出现了海洋产业。海洋产业的种类有很多，几乎涵盖了从人文地理到科技生物各个方面。党的十八大报告中提出，海洋强国战略具有重要的现实和战略意义。我国将海洋产业相关产品分为直接从海洋获取的产品和再加工的产品。

2. 海洋旅游

国内一般将海洋旅游（marine tourism）称为滨海旅游（costal tourism）或者海岛旅游（island tourism）。国外海岛地形较多，在海洋旅游方面的研究也多集中在海岛旅游方面。

中国的海洋旅游最初是军事扩展或者人们迁徙，国家经济繁荣、国民生活稳定之后才逐渐改变出海的目的。郑和下西洋使中国以海洋为基础的经济、军事、文化得以发展，但更多是出于政治上的目的。我国海洋旅游的正式形成是在改革开放以后，海洋旅游的研究也随之增多。

董玉明（2001）认为，海洋旅游是指基于海洋环境带给人们的感官享受形成的旅游消费模式。海洋旅游的发展对经济发展有很大的推动作用。Tyrrell和Timothy（1999）认为，旅游收入和海洋旅游在自然旅游业发展中的资源利用率有相关性。Norina和Popovici1（2017）指出，旅游和旅游业以及滨海生态系统是经济增长的重要因素，它们对世界GDP的贡献超过10%。Romero-Padilla和Yolanda1（2016）研究发现，滨海旅游目的地拥有更强的资本创造力和创新能力。Clavé和Salvador Anton（2017）以地中海沿海西班牙的加泰罗尼亚为例，研究滨海城市旅游目的地的城市化进程。Viana和Daniel F.（2017）认为，海洋保护区的主要经济收入来源于旅游业，并且获得的旅游收入可以用于海洋保护，形成海洋可持续发展模式。赵一平（2005）认为，海洋旅游业是以海洋文化为主，能为当地经济发展做出巨大贡献的产业。海洋旅游产业包含关于海洋文化的旅游产业。

3. 海洋文化

"海洋文化"一词最初由黑格尔在《历史哲学》一书中提出，曾被视为区别东西方文明的一道界限。海洋文化（marine culture）最早出现在人类历史上是在西方以艺术和宗教结合的方式呈现，东方早期更加注重陆地文化。其实，海洋与人的生活息息相关，海洋文化在人类出现时就形成了。广义的海洋文化包括关于海洋的一切活动。

不同学者对于海洋文化有不同的认识。范家驹（1996）认为，海洋文化是人类与海洋在相互交流活动中形成的。曲金良（1999）提出，海洋文化是人类基于海洋资源进行的器物和精神上的文化创造，人类文化历史上与海洋相关的事件或人物就是海洋文化的组成元素。MacCarthy和Michelle（2012）研究了特罗布里恩群岛海洋文化遗产在吸引游客的同时，是如何维持文化性、独特性和现实性的。李思屈等（2015）认为，在历史发展过程中，人类创造的物质与精神财富中有很大一部分与海洋相关，海洋文明对人类实践产生了巨大影响，对于人类规范生活习惯、形成海洋习俗有很大帮助。海洋文化主要是在人类与海洋的互动中所产生的文化，是“人海互动”的结果。李国强（2016）提出，中国海洋文化既是历史发展的缩影，也是社会现实的反映。张纾舒（2016）认为，海洋文化能促进海洋强国建设，同时推动沿海地区经济发展。

沿海城市由于地理位置的独特性，在发展中孕育了海洋文化，丰富的海洋文化资源又使得沿海城市在经济发展方面比内陆地区更加全面、更加迅速。海洋文化资源的种类众多，许多研究者在研究海洋文化时对海洋文化资源进行了分类。表 2-4 列示了一些比较有代表性的海洋文化资源的分类方式。

表 2-4　学术界对海洋文化资源的分类

学者	分类方式	海洋文化资源类型
郑贵斌	按地区现有海洋文化资源	①海洋历史文化；②海洋民俗文化；③海洋旅游文化；④海洋节庆文化；⑤海洋科技知识文化
范家驹		①海洋宗教文化旅游；②海洋民俗风情文化旅游；③海洋渔业文化旅游；④海洋农业文化旅游；⑤海洋盐业文化旅游；⑥海洋历史文化旅游；⑦海洋夜生活文化旅游；⑧海洋体育竞技文化旅游；⑨海洋美食文化旅游
韩兴勇		①海洋旅游文化资源；②海洋历史文化资源；③海洋民俗文化资源；④建筑海塘的历史文化；⑤海洋节庆文化资源；⑥海洋科技文化资源和海洋教育文化资源
张开城	按产业结构	①滨海旅游业；②涉海休闲渔业；③涉海休闲体育业；④涉海庆典会展；⑤涉海历史文化和民俗文化业；⑥涉海工艺品业；⑦涉海对策研究与新闻业（广播电视、书报刊、网络、咨询服务）；⑧涉海艺术业（文学、艺术、音乐、戏剧曲艺、电影电视剧）
高乐华	按资源类型	①海洋景观资源（城市滨海风光、农村滨海风光、海港码头风光、路桥工程风光）；②海洋遗迹资源（海洋商贸遗迹遗址、航海遗迹遗址、海防军事遗迹遗址、海洋原始部落、古海城、涉海建筑遗址）；③海洋文艺资源（涉海文学、涉海艺术、涉海传统工艺品）；④海洋民俗资源（涉海宗教信仰、涉海祭祀仪式、涉海节庆、涉海生产生活风俗与技艺、涉海民俗区）；⑤海洋娱教资源（涉海体育活动、海洋休闲度假区、海洋馆、海水浴场、滨海广场、涉海创意园区、涉海博物馆）；⑥海洋科技资源（海洋研究院所、涉海科技园区）

续表

学者	分类方式	海洋文化资源类型
胡念望	按实体形态	①海洋物质文化旅游（海洋文化遗址遗迹、海洋建筑、海洋设施、沿海聚落、海洋旅游商品、海洋文化旅游景观、海洋动植物与鸟类文化资源）；②海洋非物质文化旅游（海洋人事记录、海洋艺术、海洋民间习俗、海洋节庆、海洋产业技能）

4. *海洋文化旅游*

基于对以往研究的总结，本书认为，海洋文化和海洋旅游融合的基础在于二者都是以人为主体、以海洋为依托，海洋文化主要是挖掘文化资源，而海洋旅游则主要利用旅游资源来创造经济利润，二者结合之后，就是本书的重要内容——海洋文化旅游。

王大悟（2005）提出，海洋文化并不直接产生旅游产品，而是通过与海洋旅游结合，组成海洋文化旅游产品，所以海洋文化旅游是海洋文化与旅游二者结合形成的产业。胡念望（2014）在研究温州海洋文化旅游时提出，海洋文化还有一个代名词，就是蓝色文明，蓝色文明旅游是基于游客对海洋的体验和感受而形成的旅游体验方式，并且以海洋文化景观和海洋文化节事为主。苏勇军（2016）指出，海洋文化与海洋旅游的高度融合和一体化发展，是区域海洋旅游产业发展的必由之路。Johnson 和 Henry（2016）以日本西南部群岛为研究对象，指出独特的海洋自然文化可以作为旅游的主题。高怡（2008）认为，游客在海洋文化旅游过程中会对海洋文化产生共鸣，在满足求知欲望的同时，也能得到视觉上的享受。

通过综合研究国内外学者的观点，本书认为，海洋文化旅游的概念由海洋文化中“旅游”的部分和海洋旅游中“文化”的部分组成，也就是说，海洋文化与海洋旅游元素的交集即为海洋文化旅游。海洋文化旅游以海洋文化资源为基础，通过旅游的方式向游客传达海洋文化思想，同时会促进当地海洋文化的发展。由此可知，海洋文化旅游不是单一的存在，而是多业融合的，是海洋产业、文化产业和旅游产业多方位交流合作形成的旅游新业态。随着人们收入水平的不断提高，人们对旅游文化内涵的需求也在逐步增加。海洋文化充满了神秘感，它与旅游的结合能够很好地提升游客在旅游过程中的文化体验。海洋节庆、海洋饮食、海洋宗教和海洋军事中蕴含着大量的历史、艺术文化，同时对滨海居民的生活、文化传统和行为模式产生了深远的影响。

海洋文化旅游以海洋文化资源为载体，能够丰富游客的旅游体验，使海洋旅游产品传达出人文属性，是一种可持续发展的新型旅游模式。

二、相关理论基础

（一）系统动力学理论

系统动力学（System Dynamics，SD）理论是美国麻省理工学院的Forrester教授于20世纪50年代创立的，该理论结合了信息论、控制论、协同论、系统论与结构论的观点，将结构、功能、历史的方法融为一体。与从外部或随机干扰解释行为性质的方式不同，该理论从内部结构发现系统中存在的问题并解决问题，是一种探究系统内在机制因果反馈的计算机系统仿真方法。系统动力学理论强调群体性与整体性，注重信息的实际性与系统的动态性，并能与开放系统理论、协同论和控制论共同作用，探究一个系统在与外部系统有能量或物质交换时，如何通过内部要素的协同控制，保证系统整体平衡有序。

系统动力学理论最早应用于工业领域并解决生产管理或库存管理等企业问题。经过几十年的发展，该理论已被用于解决各种社会经济问题。马国丰、陆居一（2013）通过文献梳理，对国内外关于系统动力学的研究进行综述，分析国外系统动力学在社会经济与产业、区域与城市发展、可持续发展和企业管理与项目管理四个方面的应用，指出现有研究主要集中在建模方法与应用上，而在大型工程项目中应用很少。张波、虞朝晖等（2010）对系统动力学的建模流程进行梳理，分析该理论与数据库、GIS、专家系统等系统的融合，介绍DYNAMO、Stella、Ithink、Vensim等系统动力学软件并进行了比较。陈国卫、金家善等（2012）介绍了系统动力学从创立到被广泛应用50多年的发展历程与应用领域，并展望其未来研究与应用方向。

旅游学是一门多学科交叉的综合学科，包含生态环境系统、海洋生态系统、海洋服务系统等多种复杂系统，具有上下级反馈、非线性等活动特征，因而可以广泛借鉴其他学科的优势与研究成果来拓展自身研究的深度与广度。国外学者比国内学者更早地将系统动力学及其建模分析方法应用于旅游研究中。Schianetz K.（2007）以系统动力学理论中的建模方法为工具，为促进旅游目的地可持续发展，提出学习型组织方法与战略规划，将定量与定性方法相结合进行案例研究。结果表明，系统动力学能够有效促进利益相关者对双方组织系统的认知并促进沟通。国内相关研究起步较晚，但也已取得一些成果。王妙妙、章锦河等（2010）通过分析现有文献，阐述系统动力学目前的应用领域与研究进展，预测未来系统动力学可能在生态旅游、旅行社研究、旅游经济、城市旅游研究四个方面被广泛运用并对实践起到指导作用。徐正罡、保继刚（2003）认为，运用系统动力学理论可以有效解决旅游规划中复杂的非线性问题，比如，如何保证客流量、如何保证旅游经济稳定增长等，从而有助于制定合理有效的规划与战略，提高旅游管理能力。他们细致讲解了在旅游战略制定中以何种程序运用系统动力学，并以桂林为实例验证模型。肖岚（2015）关注旅游活动的碳排放量，运用系统动力学这一系统仿真方法，建立低碳旅游系统模型，以张家界永定区为例进行碳排放量的仿真预测，为后续的实证研究提供理论基础。

海洋生态系统动力学是在系统动力学基础上发展起来的。该学科研究在海洋动力条件驱动下，海洋生态系统如何动态变化。管玉平、高会旺等（1997）指出，在解决海洋生态学问题的迫切需要与科技发展的背景下，海洋生态系统动力学应运而生，为处理海洋环境与海洋系统关系提供指导，虽然构建理论模型面临大量问题，但可以为海洋学科研究提供一个“实验室”，并对模型进行跨学科模拟，提出具有影响力的自然科学概念也指日可待。任湘湘、李海等（2012）梳理了20世纪40年代末至今的海洋生态系统动力学模型的发展历程并分析其发展趋势，从研究范围、研究对象、空间结构三个方面对数值模型进行分类，详细介绍COHERENS这一典型三维模型，提出面临的问题并进行了展望。

本书借鉴系统动力学与海洋生态系统动力学的思想，构建海洋文化旅游本土化模式的动力机制系统。动力机制的核心源、内源、外源、中源共同作用，使系统具有群体性、动态性与开放性，主体、客体、载体之间的交流形成了互为因果的反馈效果。选择舟山、青岛、上海等地对本土化模式进行有效性检验，既解决了部分现存的海洋文化旅游生态与管理问题，又提出了新的适用于国内旅游目的地的本土化模式，形成了完整的系统动力机制。

（二）旅游吸引物理论

关于旅游吸引物理论，国内外已有大量研究，且国外研究比国内早，也相对成熟。旅游吸引物是旅游业发展的基础与依托，是旅游业存在的必要条件。虽然没有形成统一的定义，但学术界对于旅游吸引物绝不仅限于景区、景点等旅游资源这一点已达成共识，它包含经营、服务、信息、资源等多方面内容。胡抚生（2008）梳理了国外研究对旅游吸引物概念与理论内涵的探讨，分别介绍了文化类与非文化类吸引物的开发模式与经营方式，提出应学习其高效管理技巧，注重游客与当地居民对旅游吸引物的情感认知与评价。杨晓婷、俞金国（2014）采用文献分析法，统计分析国内外关于旅游吸引物理论的研究趋势，发现文献内容大多集中于吸引物的开发与利用。他们介绍了旅游吸引物系统这一概念，采用多种方法对旅游吸引物进行分类并评估其要素，指出国内旅游业可借鉴国际成功案例，更加合理有效地利用旅游吸引物。陈岗（2013）主要研究旅游吸引物的标志符号、文化符号、群体符号三种形态，并从符号学角度将研究引向旅游目的地的历史事件、饮食、习俗、服装等文化现象，侧面支撑文化旅游范围的拓展，通过对吸引物符号三种形态的研究与展望，指出学者可以更多关注除标志符号以外的另外两种文化和群体符号。丁雨莲、赵媛（2011）重点研究了文化旅游符号。文化通过旅游吸引物得到更好的传播，如游客去北京则向往故宫，去上海则向往东方明珠，在此过程中，旅游目的地的历史底蕴与城市风貌等文化因素展现得淋漓尽致。他们梳理了文化旅游吸引物的相关研究成果并构建物质、制度、精神多层次符号理论体系，透彻分析历史文化、现代文化、民俗文化、道德文化等表征符号的载体作用，对景区文化景观建设具有很大的参考价值。

海洋文化旅游同样包含多种旅游吸引物，且研究涉及除自然旅游资源之外的方方面面。海洋旅游吸引物的空间结构形态对旅游地的布局规划与资源开发有重要影响。赵明（2011）以莆田市不同区县的185处旅游吸引物为实际案例，按照人文、自然、人工娱乐和运动休闲分为四类，并分析其空间分布、空间形态、密度分布、距离变化等结构特征，提出适于本地的未来旅游吸引物开发战略与区域布局设计。申涛、田良（2010）也对吸引物的空间结构与演化进行了研究，以海南岛41家大型高级旅游景区为代表性样本，运用地理计量分析法对旅游吸引物的空间结构作出分析。他们对吸引物集中指数、行政区内分布比较、区位分布差异三个指数进行定量分析，从不同角度总结海南岛在不同历史时期的发展情况，突出目前“凝聚+扩展”模式与东、中、西旅游带格局的定位优势与未来发展优势。亓元、王水卿（2009）以海南文昌航天发射场为契机，提出整合文昌航天技术与旅游资源，实现旅游业与航天科技的结合，不断注入科技文化因素，打造新型航天旅游经济区，与初具规模的三亚、海口旅游经济区联合，构建黄金海洋文化旅游经济圈，以达到结构优化的目的。

在分析现有海洋文化旅游吸引物及其开发现状的基础上，本书更加注重本土化模式的吸引作用，例如：基于地域民生，有回归真实的海洋民宿旅游吸引物开发；基于“中国海”文化圈，有特色旅游线路、蓝色文化遗产廊道开发；基于民族品牌，有商品创新和产业集聚模式开发。这些资源与服务为海洋文化旅游本土化模式的动力机制研究奠定了良好的物质基础。

（三）产业融合理论

随着全球化与信息化的发展，依靠产业自身单一力量取得行业进步与经济发展逐渐受到制约，产业融合成为新的发展趋势。产业融合理论起源于 20 世纪 70 年代，最初用于技术领域，现已扩展至金融、物流、服务、能源等领域，特别是信息产业，几乎渗透至不同产业的各个角落。张建刚、王新华等（2010）梳理了国内外学者对产业融合理论的定义，以识别其在不同产业的存在度与融合程度，并分析其演进过程及在企业战略与经济效益方面的影响。研究表明，产业融合理论在实践中的应用具有“1+1>2”的效果。张功让、陈敏珠（2011）从技术、产品、企业、市场视角分析产业融合理论的内涵与分类，指出技术创新和管制放松是该理论发展的主要动力，技术为企业和产品发展提供基础，而制度提供实施保障，市场的供求关系调节着产业融合进程，并且循环往复。他们认为，学术界还可进行定量与定性相结合的研究，使理论追赶上该领域实践的步伐，提供更多指导。

旅游产业与文化产业、信息产业的融合使文化旅游、智慧旅游等新型旅游形式成为热点，引起国内外学者的广泛关注。闫秦勤（2011）对国内外旅游与文化的关系、融合途径、融合效应、融合模式进行了理论与实证研究，指出研究侧重双方面的相互影响，应当加强对旅游需求的关注。李智、马丽卿（2018）以舟山为例，阐述了产业融合理论对海洋文化产业与海洋旅游产业发展的重要意义，通过分析海洋文化旅游业现存的文化资源转化效果差、市场规模小、表现手法过于传统等问题，从技术、产品、企业、市场等多个层面对两大产业的融合发展提出对策，以期实现产业规模效应。郑少济、马丽卿（2017）从全域旅游视角，以舟山为例探析海洋文化旅游的融合发展，分析了舟山优越的自然资源与区位条件、旅游产品的空间特征与布局特征，提出蓝色生态、“旅游+”模式与旅游服务的融合创新发展对策以及“四位一体”新范式。

本书将海洋文化产业与海洋旅游两大产业相融合，运用信息产业的技术，在旅游产品与旅游品牌上实现跨文化融合，在海洋旅游目的地大力推行智慧旅游，在政府、企业、社会提供实施保障的基础上，运用营销学、社会学、文化学等多学科知识进行理论指导，构建动力机制，推动本土化旅游发展模式的实施。

（四）旅游地生命周期理论

旅游地生命周期理论是旅游地发展状况动态演化过程的表达。该理论在20世纪末期形成于西方国家。随着不同地区出现旅游业衰退以及旅游经济下滑现象，该理论在世界范围内逐渐被认同并涌现出大量相关研究。旅游地生命周期理论主要包含探查、参与、发展、巩固、停滞、衰落阶段，但对于各阶段的概念、划分等一直存在争议。祁红玲、刘继生等（2018）对该理论的国内外相关研究进展进行了综述，指出学者们在基础理论、整体表达等方面存在争议，旅游地承载力对停滞与衰退阶段有影响，并探究阶段间的演化进程和作用机制，为突破承载力的极限提出转型对策。张立生（2015）在系统梳理旅游地生命周期理论研究特征、研究模型、研究价值后，指出与国外研究相比，国内研究仍浮于表面，不够深入；同时，研究多集中于定性分析与案例分析，定量研究和其中涉及的因素过于单一，难以实现真正的本质探析；文章最后给出未来研究方向及建议。鲁小波、陈晓颖等（2015）以旅游地生命周期理论和矛盾论为理论基础，探究国内自然保护区的生态旅游发展阶段。他们运用文献分析法、咨询法、理论分析法对数百篇科研论文进行研究，从生态旅游视角，将自然保护区划分为初始、发展、深入、完善、成熟五个阶段，并解析每个阶段自然资源、企业、管理者、游客等之间的矛盾，指出这些矛盾关系在一定程度上决定着保护区所处旅游发展阶段，会引起利益相关者的关注。田婕（2011）以舟山群岛为特定案例，建立生命周期划分体系，收集游客、设施、资源等多方面数据，实地考察与数据分析相结合，对舟山群岛的发展阶段进行划分，并分析每一阶段的特征，为延长生命周期提出创新产品、扩大营销、规划保护、控制环境容量等调控对策。

本书同样分析海洋文化旅游本土化模式的演进阶段，提出多种海洋文化资源的保护模式，为动力机制系统的构建提供理论保障，并通过实证研究，不断完善拉力与动力机制，为海洋旅游目的地的持续稳定发展提供支持。

（五）可持续发展理论

可持续发展理论在20世纪80年代末被提出，最初形成于生态学与环境学领域。美国生物学家莱切尔·卡逊（Rachel Carson）在其论述杀虫剂如何危害鸟类、破坏生态环境的著作中将这一生态学观点引入大众视线，随后这一观点在世界范围内被接受。我国也于20世纪末首次提出可持续发展理论，以寻求自然、经济、社会系统的全面协调发展。陈月英（2000）对可持续发展理论的主要内容和发展过程进行了系统阐述，并指出一些现实阻力。

国内外关于旅游与可持续发展的研究层出不穷。林龙飞（2006）从环境哲学的角度解释可持续发展理论的内涵和思想实质，分析其动力系统与评价体系，提出在我国影响其发展的主要障碍与对策，从旅游文化的视角强调文化对旅游可持续发展的重要意义，并对有关该理论的研究作出前瞻性分析。张炜（2013）指出，旅游产业的可持续发展是该理论的具体实践，欧盟国家较早将其运用于实践，并取得了可借鉴的成果与经验。他还对法国和意大利的可持续旅游发展模式进行了研究。陶表红（2011）则将视角放在生态旅游可持续发展上，构建发展模型与指标评价体系，并以江西省生态旅游产业发展为例，进行定量与定性相结合的实证检验，为其可持续发展提供理论基础。

随着人们的休闲旅游范围拓展至海洋文化旅游，海洋资源的可持续发展也面临巨大威胁且逐渐引起学者们的重视，海洋文化旅游本土化如何实现可持续发展成为新的研究视角。郭晋杰（2007）运用最小模式法进行了新的尝试，定量研究旅游者、环境质量、旅游活动资本之间的相互影响，分析海洋文化旅游可持续发展现状与面临的问题。李平（2000）对限制我国海洋旅游可持续发展的因素进行分析，并提出合理开发海洋资源、宏观调控、完善法规、加强宣传等对策。楼筱环（2008）在其研究中阐述了海洋交通业、海洋渔业等海洋产业对海洋资源造成的污染与破坏，以及海洋文化旅游开发建设过程中存在的功利化或低层次化等问题，体现出坚持海洋文化旅游可持续发展的紧迫性，并针对现存问题提出治理战略和规划，以期真正走向海洋文化旅游可持续发展道路。

本书阐述了我国海洋旅游、文化旅游、海洋文化旅游的开发背景与现状，分析了海洋文化旅游开发中存在的问题，以及制约其可持续发展的因素。本书提出的本土化模式的动力机制系统可为海洋文化旅游本土化的可持续发展提供理论基础与动力支持，为旅游企业提供对策与战略指导，为我国沿海城市海洋文化旅游的可持续发展提供实施保障。

第三章　我国海洋文化旅游开发概述

随着改革开放的不断深入，我国沿海地区的省市第一批“富起来”，经济的飞速发展也带动了这些地区旅游业的发展。沿海地区因其特殊的地域性和多样的文化性结合产生了海洋文化旅游业。

一、海洋旅游开发的现状

自党的十八大提出“海洋强国”战略以来，海洋旅游产业积极响应，坚持“以海兴国”的民族史观，发展海洋经济。目前，我国海洋旅游业正处于高速发展期。

（一）海洋旅游开发的历史

1. 秦汉时期

秦始皇统一六国以后，我国的海上巡游、航海事业进入新的发展阶段。在这一时期，民间航海力量也积极地向海上拓展。据考证，徐福在秦始皇统治时期东渡日本。这表明当时我国航海事业的发展处于世界前列。

汉武帝七次海上巡游，其目的是统一沿海地区，发展海洋交通贸易，以及“去蓬莱求见神仙”，这就是早期海洋文化旅游意识形态的出现。

2. 魏晋南北朝时期

这一时期，我国从统一进入割裂动荡状态，航海事业受其影响处于停滞阶段。但是，早期的海洋旅游活动是从这一时期开始的。

3. 隋唐五代时期

这一时期是我国封建社会发展的全盛时期，日本就是在这一时期通过频繁的航海东渡、派遣唐使来学习唐朝文化与我国建立了友好的文化交流。著名的鉴真六次东渡日本就是发生在这一时期，为我国的海上旅行画下了浓墨重彩的一笔。

4. 宋元时期

在宋元时期，政府对航海贸易的重视使得相关政策在沿海地区得到了较好的实施，我国海洋事业也繁荣起来。这一时期，海上航行技术、造船技术得到了前所未有的发展，如罗盘导航、星象定位等航海技术世界领先，当时福建的刺桐港（现在的泉州港）已经成为国际性海港。

5. 明清时期

明初郑和下西洋，是我国航海领域最著名的历史事件。明朝初期，统治者励精图治，为扩大统治版图，七次派遣外交团队向海上进发，这是中国历史上最为重要的航海活动，也是世界历史上具有影响力的航海活动。

6. 新中国成立

新中国成立之初，旅游业就是我国重视的行业之一，各国人民通过旅游活动加强彼此间的了解。海洋旅游业的真正发展是在党的十一届三中全会召开之后。这一时期，中国海洋旅游业的优势逐渐凸显，很多沿海地区将海洋旅游业作为其支柱性产业。

7. 21 世纪

经过前期的发展，我国海洋旅游业取得了不错的成绩，前景十分光明。进入 21 世纪以后，将国内沿海城市作为旅游目的地的人们越来越多，海洋旅游城市的旅游总收入也逐年增长，旅游人口大幅上涨，带动餐饮、住宿等服务业的发展。

（二）海洋旅游开发的现状

1. 海洋旅游区划的演变

我国滨海旅游区的划分方法较多。根据旅游资源的特色及其地域分布，张广海（2013）将我国海洋旅游业发展区域分为环渤海、长三角、泛珠三角三大滨海旅游区。国家旅游局副局长祝善忠（2013）认为，中国海洋旅游产业已形成“四带一区”的发展格局。张佑印（2015）建议将我国滨海旅游业分为环渤海海洋旅游区、长三角海洋旅游区、海西海洋旅游区、珠三角海洋旅游区和海南岛旅游区五大海洋旅游目的地集群。杨德进（2016）根据沿海旅游经济发展的基础条件和资源优势，将沿海旅游地区划分为“五带一区”，并指出应不断发挥海洋旅游产业区域空间的集聚和集群效应，使沿海地区成为我国海洋旅游经济的发展高地。

我们认同祝善忠副局长的观点，将海洋旅游区域分为“四带一区”。目前这一划分方法得到普遍的认同，并且海洋布局较为合理。

2. 全国海洋功能区划

根据国务院印发的《全国海洋功能区划（2011—2020 年)》，我国管辖海域分为渤海、黄海、东海、南海和台湾以东海域五大海区29个重点海域。从海洋旅游发展状况来看，渤海区、黄海区、东海区和南海区是较主要的海洋功能区，形成了海洋旅游发展的“四带一区”格局，见表3-1。

表3-1 我国海洋旅游发展的“四带一区”格局

所属区域	海区	海域名称	区域（主要省区市）	所属区域	海区	海域名称	区域（主要省区市）
渤海湾旅游带	渤海	1. 辽东半岛西部海域	辽宁	长江三角洲旅游带	黄海	14. 江苏沿岸海域	江苏
	渤海	2. 辽河三角洲海域	辽宁		黄海	15. 黄海陆架海域	辽宁/山东/江苏
	渤海	3. 辽西冀东海域	辽宁—河北		东海	16. 长江三角洲及舟山群岛海域	浙江
	渤海	4. 渤海湾海域	河北—山东		东海	17. 浙中南海域	浙江
	渤海	5. 黄河口与山东半岛西北部	河北—山东	海峡西岸旅游带	东海	18. 闽东海域	福建
	渤海	6. 渤海中部海域	辽宁/河北/山东		东海	19. 闽中海域	福建
	黄海	7. 辽东半岛东部海域	辽宁		东海	20. 闽南海域	福建
	黄海	8. 山东半岛东北部海域	山东		东海	21. 东海陆架海域	上海/浙江/福建
珠江三角洲旅游带	黄海	9. 山东半岛南部海域	山东	海南旅游区	南海	22. 海南岛东北部海域	海南
	南海	10. 粤东海域	广东		南海	23. 海南岛西南部海域	海南
	南海	11. 珠江三角洲海域	广东		南海	24. 南海北部海域	海南
	南海	12. 粤西海域	广东		南海	25. 南海中部海域	海南
	南海	13. 桂东海域	广西		南海	26. 南海南部海域	海南

资料来源：根据《全国海洋功能区划（2011—2020年）》整理。

3. “四带一区”海洋旅游带经济收入现状

在“十三五”规划中，我国海洋经济发展的主要目标包括提升综合实力、加强科技创新、调整产业结构、关注社会民生、注重资源环境繁荣发展（见表 3-2）。目前，我国海洋经济发展取得了不错的成绩，并且有进一步增长的趋势。即使是在受疫情影响的 2020 年，我国滨海旅游业的增加值仍占主要海洋产业的 46.98%。

表 3-2 “十三五”时期我国海洋经济发展的主要目标

指标名称		2015 年	2020 年	指标属性
综合实力	海洋生产总值年均增长率（%）	8.1	7	预期性
	海洋生产总值占国内生产总值的比重（%）	9.4	9.5	预期性
科技创新	海洋研究与试验发展经费投入强度（%）	2	>2.5	指导性
	海洋科技成果转化率（%）	>50	>55	预期性
产业结构	海洋新兴产业增加值年均增速（%）	19.8	（>20）	预期性
	海洋服务业增加值占海洋生产总值比重（%）	52	>55	预期性
社会民生	新增涉海就业人数（万人）	[239]	[250]	预期性
	海洋科普与教育基地（个）	[206]	[400]	指导性
资源环境	近岸海域水质优良（一、二类）比例（%）	68	70	约束性
	大陆自然岸线保有率（%）		>35	约束性

注：在 2015 年和 2020 年的数据中，[ ] 内为五年累计数，( ) 内为五年平均数。

从图 3-1 中可以看出，除 2020 年海洋旅游业受新冠肺炎疫情冲击降速明显以外，我国海洋旅游业的增长率自 2011 年起一直居于 GDP 增长率之上。虽然滨海旅游业的增长率也有一定的下降，但呈现出上升和下降交替的趋势，说明我国滨海旅游业的发展并不全面，有进一步提升的空间。

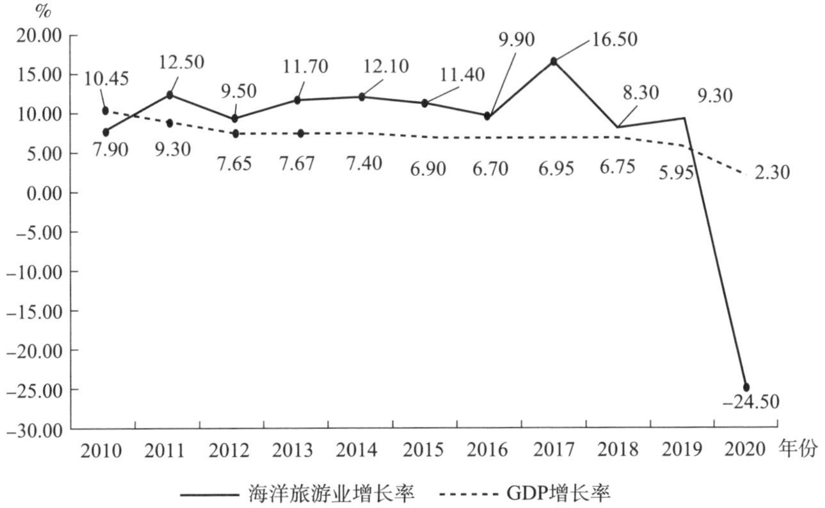

图 3-1 2010—2020 年我国滨海旅游业增长率与 GDP 增长率

如图 3-2、图 3-3 所示，环渤海地区和长三角地区的滨海旅游业发展势头较为强劲。这两个地区地处沿海的省份比较多，海洋旅游资源也相对集中，旅游经济收入相对较高，并且其自身的经济发展处于较好的态势。

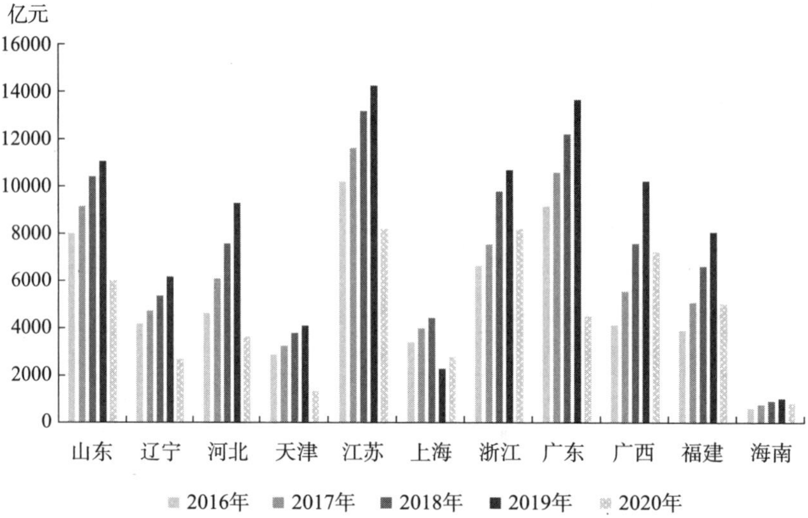

图 3-2　2016—2020 年各省旅游收入

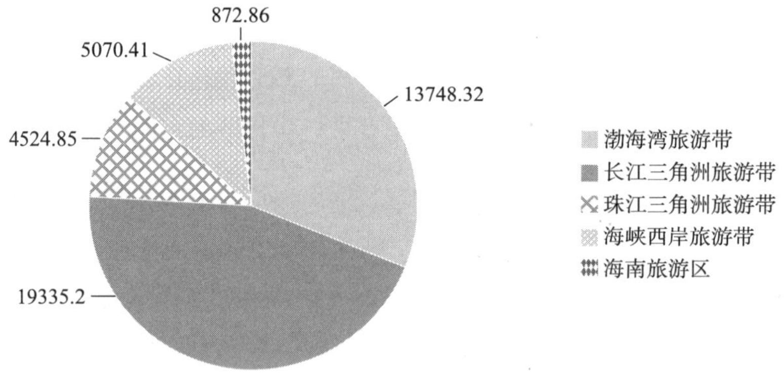

图 3-3　2020 年各旅游区域旅游总收入（单位：亿元）

资料来源：各省《2020 年国民经济和社会发展统计公报》。

渤海湾地区利用丰富的自然海洋资源，以可持续发展理念为指导，利用独特的生态资源大力开发海洋旅游特色，形成旅游吸引点。环渤海地区的海洋旅游资源种类较多，开发时间也较早，目前已经有一些高品质的海洋旅游产品得到了大众的青睐。旅游收入已经成为渤海湾地区各省市一项重要的经济来源。

渤海湾旅游带以山东、辽宁、河北和天津为代表性海洋旅游省市。山东省拥有的海洋旅游资源最为丰富，旅游收入居该地区第一名。辽宁省的旅游收入在 2012—2014 年紧随山东省之后，但两省份收入差距在逐年拉大，这与辽宁省对海洋旅游发展不够重视有一定的关系。

山东省旅游总收入最高，且每年以 14%左右的速度增长。根据经济学中的边际效益递减原理，这一增长速度属于相当稳定的增速。从辽宁省逐年下降的旅游收入同比增长率可以看出，辽宁省在 2015 年出现了负增长，这与辽宁省的经济政策环境有关。对比来看，河北省旅游业增长速度较快，这与河北省发展旅游业的决心有关：河北省在 2016 年提出 4 年后旅游业总收入超过 1 万亿元。有政策指引，有丰富的海洋资源，河北省的海洋旅游业呈现出一片向好态势。

长三角地区作为首先富裕起来的沿海地区，经济收入与海洋的正面作用不可分割。该地区虽然整体占地面积不大，但是优越的地理位置使其经济收入处于领先地位。从长三角地区经济比重最大的两省一市的旅游收入可以看出，该地区基本处于稳定增长状态。江苏省 2016 年的旅游收入达到 10263. 58 亿元，在未来的发展中，旅游业有望成为其支柱性产业。2012—2016 年，江苏省旅游收入增长率处于稳定状态，波动幅度不大。这是由于其海洋旅游资源丰富，且继承了千百年来的古代历史文化。上海的旅游收入增长率波动较大，经常性的国际性事项使上海成为国内外游客的不二选择，同时浙江与上海之间的联动性很强，非常适合周边城市实现短途旅行。浙江省的旅游收入增长率呈平缓上升趋势，这与其海洋资源丰富，同时有大量的海洋旅游研究所和高等学府有很大关系。

珠江三角洲地区拥有较强的经济实力，作为改革开放先行区，它见证了中国经济环境的变化，成为目前中国经济发展最为迅速的地区之一。珠江三角洲地区的海洋旅游发展较为迅速，配套设施较为完善，交通也极为便利。

在珠江三角洲地区，无论是经济还是旅游，发展最为迅速的都是广东省。广东省主要旅游指标均居全国前列，让很多省市望尘莫及。广西的旅游增长率比广东的旅游增长率高约 10%，这说明广西发展旅游业的空间还很大。作为政府长期扶贫的对象，广西响应国家脱贫方针政策，以旅游业的发展带动经济发展来实现旅游脱贫。

4. “四带一区”海洋旅游带资源开发现状

（1）渤海湾旅游带

渤海湾地区拥有丰富的海洋旅游资源，共有海岛 707 个。众多的天然海岛资源使海岛休闲旅游成为环渤海地区重要的旅游形式。

渤海湾地区以山东为代表性海洋旅游省份。山东省占地面积 15.8 万平方公里，3A 级景区有 487 个，国家级海洋湿地公园共有 50 个，是拥有国家级海洋湿地公园最多的省份（见表 3-3）。

表 3-3　渤海湾旅游带重点省市旅游资源

单位：个

地区	5A 级景区	4A 级景区	3A 级景区	2A 级景区	国家级海洋湿地公园	国家森林公园	国家地质公园	世界级地质公园
山东	11	204	487	345	50	48	12	2
辽宁	4	110	164	66	8	29	6	0
天津	2	31	48	24	0	1	1	0
河北	8	110	216	49	10	26	9	1

渤海湾地区拥有国家级海洋自然保护区情况见表 3-4。国家级海洋自然保护区注重自然生物生态的保护，对开发有一定的限制，会减少旅游观光方面的开发，将重心放在生物品种的繁衍与保护上。

表 3-4　渤海湾地区国家级海洋自然保护区一览

国家级海洋自然保护区	所处地区	保护对象	面积（公顷）
蛇岛-老铁山自然保护区	辽宁旅顺口	蝮蛇、候鸟及其生态环境	17000
鸭绿江口滨海湿地自然保护区	辽宁东港市	沿海滩涂、湿地生态环境及水禽、候鸟	112180
昌黎黄金海岸自然保护区	河北昌黎	沿海滩涂、湿地生态环境及水禽、候鸟	3000
天津古海岸与湿地	天津市	贝壳堤、牡蛎滩古海岸遗迹及湿地生态系统	21180
黄河三角洲	山东东营市	原生性湿地生态系统及珍禽	153000
双台河口水禽自然保护区	辽宁盘锦市	丹顶鹤、白鹤、天鹅等珍禽	80000

渤海湾地区还拥有较多的海洋特别保护区，约占全国的 50%。国家级海洋特别保护区是为了保护海洋生物物种、海洋生态系统或者海洋自然历史而

设立的。国家级海洋公园与国家级海洋特别保护区设立的目的相同，都是为了保护海洋生态环境，为人类保留珍贵的海洋财富。

（2）长江三角洲旅游带

长江三角洲旅游带以沿海地区的旅游景区为主。上海、江苏和浙江的海洋旅游业发展格局较为平衡，并且各具特色，无论是“海派文化”还是“上有天堂，下有苏杭”的旅游品牌，都展示出长江三角洲海洋旅游的魅力。

在长江三角洲旅游带，江苏和浙江的旅游资源远远领先于上海，但是上海作为中国的经济中心，因其独特的地理位置和经济地位，旅游业发展势头强劲（见表 3-5）。

表 3-5 长江三角洲重点省市旅游资源

单位：个

地区	5A 级景区	4A 级景区	3A 级景区	2A 级景区	国家湿地公园	国家森林公园	国家地质公园	世界级地质公园
上海	3	19	109	50	2	4	1	0
浙江	16	155	243	49	10	39	4	1
江苏	23	100	96	36	20	20	4	0

目前，长江三角洲旅游带共有国家 5A 级旅游区 42 家，其中江苏以 23 家的绝对优势在全国排名第一。浙江省有不少原生态的岛屿。位于上海的崇明岛是中国第三大岛。各具特色的海岛成为长江三角洲海洋旅游最吸引游客的地方。长江三角洲国家级海洋自然保护区见表 3-6。

表 3-6 长江三角洲国家级海洋自然保护区

国家级海洋自然保护区	所处地区	保护对象	面积（公顷）
盐城珍禽自然保护区	江苏盐城市	丹顶鹤等珍禽及滩涂湿地	453000
南麂列岛海洋自然保护区	浙江平阳县	岛屿及海域生态系统、贝藻类	20106

（3）珠江三角洲旅游带

本书中珠江三角洲旅游带的主要研究范围是内陆的广东和广西地区，其旅游资源见表 3-7。

珠江三角洲区位条件优越，自然资源丰富，文化特色鲜明，适宜发展旅游业。目前，广东省除了国家级海洋公园外，还有丰富的海洋旅游资源——拥有 11 处国家级水利风景区、15 处以海洋资源为基础的风景区。珠江三角洲地区主要省市国家级海洋自然保护区见表3-8。

表3-7 珠江三角洲地区主要省市旅游资源

单位：个

地区	5A级景区	4A级景区	3A级景区	2A级景区	国家湿地公园	国家森林公园	国家地质公园	世界级地质公园
广东	12	167	133	15	11	24	7	2
广西	5	145	188	15	13	20	7	1

表3-8 珠江三角洲地区主要省市国家级海洋自然保护区

国家级海洋自然保护区	所处地区	保护对象	面积（公顷）
惠东港口海龟自然保护区	广东惠东县	海龟及其产卵繁殖地	800
珠江口中华白海豚保护区	广东珠海市	中华白海豚	460
内伶仃岛—福田自然保护区	广东深圳市	猕猴、鸟类和红树林	858
湛江红树林	广东廉江市	红树林生态系统	11927
山口红树林生态自然保护区	广西合浦县	红树林生态系统	8000
北仑河口红树林生态自然保护区	广西防城港市	红树林生态系统	2680
合浦儒艮自然保护区	广西合浦县	儒艮、海龟、海豚、红树林等	86400

（4）海峡西岸旅游带

海峡西岸旅游区由国务院于2009年提出，发展的范围较广。由于与其他海洋旅游带有重合的省份，本章对海峡西岸旅游带的研究范围主要是福建省。这一旅游带的确定为福建省海洋旅游的发展带来了机遇。虽然福建省海洋旅游资源丰富，但是与国内其他沿海省份相比，其旅游发展还需要政策的支持和地区之间的联动。

福建省地处我国东南沿海，占地面积12万平方千米，盛产闽烟、闽笋、香菇、木耳等山珍，海岸曲折多港湾，有岛屿1400个，有丰富的海鲜特产。福建省历史悠久，是中国最早对外交往的基地和窗口。福建省海洋旅游资源、国家级海洋公园和国家级海洋自然保护区见表3-9至表3-11。

表3-9 福建省海洋旅游资源

单位：个

地区	5A级景区	4A级景区	3A级景区	2A级景区	国家湿地公园	国家森林公园	国家地质公园	世界级地质公园
福建	9	87	75	18	5	29	16	2

表 3-10　福建省国家级海洋公园

序号	国家级海洋公园
1	厦门国家级海洋公园
2	福瑶列岛国家级海洋公园
3	长乐国家级海洋公园
4	湄洲岛国家级海洋公园
5	城洲岛国家级海洋公园

表 3-11　福建省国家级海洋自然保护区

国家级海洋自然保护区	所处地区	保护对象	面积（公顷）
深沪湾海底古森林遗迹自然保护区	福建晋江市	海底古森林、牡蛎礁遗迹	3400
厦门海洋珍稀生物自然保护区	福建厦门市	文昌鱼及生态系统	6300

（5）海南旅游区

海南旅游区以海南省的旅游经济发展为主。这里海水清澈透明，沙滩洁白，沙质柔软，具有独特的热带海岛风情，旅游资源相当丰富。海南旅游区旅游资源及国家级自然保护区相关情况见表 3-12 和表 3-13。

表 3-12　海南旅游区旅游资源　　单位：个

地区	5A 级景区	4A 级景区	3A 级景区	2A 级景区	国家湿地公园	国家森林公园	国家地质公园
海南	6	15	91	28	2	9	1

表 3-13　海南旅游区国家级自然保护区

国家级自然保护区	所处地区	保护对象	面积（公顷）
东寨港红树林自然保护区	海南琼山区	红树林及其生态环境	3337
大洲岛海洋生态自然保护区	海南万宁市	岛屿及海洋生态系统、金丝燕及生物环境	7000
三亚珊瑚礁自然保护区	海南三亚市	珊瑚礁及其生态系统	8500

目前，我国有 11 个滨海旅游省市，分别为天津、河北、辽宁、上海、江苏、浙江、福建、山东、广东、广西、海南。考虑到各省份现有资源利用程

度、旅游业发展程度不同，本书以这 11 个省份为样本进行因子分析、主成分分析，之后结合各样本旅游评价的综合得分进行聚类分析，最后指出我国滨海旅游城市发展中存在的问题和面临的挑战。

5. 省级海洋旅游发展评价分析

（1）省级海洋旅游发展评价模型

省级海洋旅游发展评价体系中的三个子系统为滨海旅游省份的现实竞争力、滨海旅游省份的潜在竞争力和滨海旅游省份的环境竞争力。这三者是各自独立的。本书采用线性加权法评价从三个子系统到形成滨海城市旅游发展评价的综合过程，采用因子分析和主成分分析法是为了确保评价过程的客观性，最后进行聚类分析。滨海旅游省级旅游发展评价流程见图 3-4。

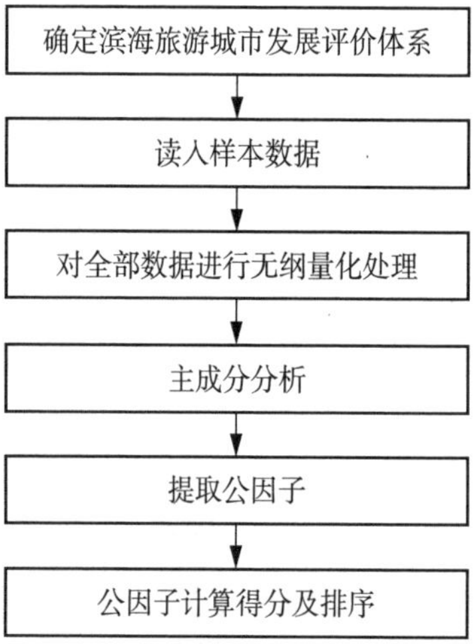

图 3-4　滨海旅游省级旅游发展评价流程

（2）省级滨海旅游业发展评价

我们对省级滨海旅游业发展评价的各项指标按现实竞争力、潜在竞争力和环境竞争力进行汇总，全面评价省级城市的旅游发展竞争力。其中，现实竞争力包括旅游需求、住宿接待业、旅游景区和旅行社业四个方面的现实竞争力；潜在竞争力包括旅游需求和住宿接待业旅行社等方面的潜在竞争力；环境竞争力主要为社会经济环境方面的竞争力。这一体系是由胡静、谢双玉、冯娟等在《2016 中国旅游业发展报告》一书中提出的，他们在综合了各专家意见后，添加或删减了相应的指标，最终的指标体系见表 3-14。

表 3-14　2015 年省级城市旅游业发展综合评价指标体系及数据来源

<table>
<tr><th>A 层</th><th>B 层</th><th>C 层</th><th>D 层</th><th>数据来源</th></tr>
<tr><td rowspan="18">A 综合竞争力</td><td rowspan="7">B1 现实竞争力</td><td rowspan="2">C1 旅游需求现实竞争力</td><td>D1 旅游接待总人数（亿人次）</td><td>《中国旅游统计年鉴 2016》</td></tr>
<tr><td>D2 旅游总收入（亿元）</td><td>《中国旅游统计年鉴 2016》</td></tr>
<tr><td rowspan="2">C2 住宿接待业现实竞争力</td><td>D3 饭店总数（家）</td><td>《中国旅游统计年鉴 2016》</td></tr>
<tr><td>D4 星级饭店营业收入（千元）</td><td>《中国旅游统计年鉴 2016》</td></tr>
<tr><td rowspan="2">C3 旅游景区现实竞争力</td><td>D5 A 级旅游景区接待人次（亿人次）</td><td>《中国旅游统计年鉴 2016》</td></tr>
<tr><td>D6 A 级景区平均营业收入（亿元）</td><td>《中国旅游统计年鉴 2016》</td></tr>
<tr><td>C4 旅行社业现实竞争力</td><td>D7 旅行社数量（家）</td><td>各省《2016 年国民经济和社会发展统计公报》</td></tr>
<tr><td rowspan="8">B2 潜在竞争力</td><td rowspan="3">C5 旅游需求潜在竞争力</td><td>D8 旅游接待总人数增长率（%）</td><td>各省《2016 年国民经济和社会发展统计公报》</td></tr>
<tr><td>D9 旅游总收入增长率（%）</td><td>各省《2016 年国民经济和社会发展统计公报》</td></tr>
<tr><td>D10 入境游客人均日花费（美元）</td><td>《中国旅游统计年鉴 2016》</td></tr>
<tr><td rowspan="5">C6 住宿接待业旅行社潜在竞争力</td><td>D11 住宿接待业利润（亿元）</td><td>《中国旅游统计年鉴 2016》</td></tr>
<tr><td>D12 星级饭店从业人数（人）</td><td>《中国旅游统计年鉴 2016》</td></tr>
<tr><td>D13 星级饭店全员劳动生产率（千元/人）</td><td>《全国星级饭店统计公报》</td></tr>
<tr><td>D14 A 级景区从业人数（人）</td><td>《中国旅游统计年鉴 2016》</td></tr>
<tr><td>D15 旅行社从业人数（人）</td><td>《中国旅游统计年鉴 2016》</td></tr>
<tr><td rowspan="3">B3 环境竞争力</td><td rowspan="3">C7 社会经济环境竞争力</td><td>D16 国内旅游收入占 GDP 比重增加值</td><td>《中国统计年鉴 2016》</td></tr>
<tr><td>D17 旅游院校学生数（人）</td><td>《中国旅游统计年鉴 2016》</td></tr>
<tr><td>D18 旅游院校数（所）</td><td>《中国旅游统计年鉴 2016》</td></tr>
</table>

在大量查询资料的基础上，得到样本省份的相关数据，然后采用因子分析和主成分分析法进行定量分析。与其他定量分析方法相比，主成分分析法可以将多指标化为少数几个综合指标，更加简洁、直观。最后，使用聚类分析对 11 个滨海省份进行分类，进一步判断其旅游业发展程度。本书借助统计分析软件 SPSS 对样本进行分析。

（3）标准化处理

各个指标的单位、表达方式和内涵不同，不符合可比性原则。为了便于比较，在对各个指标的原始数据进行定量分析之前，需要对数据进行标准化处理。

（4）主成分分析

公因子方差见表 3-15。

表 3-15　公因子方差

指标	初始	提取
Zscore［D1 旅游接待总人数（亿人次）］	1.000	0.834
Zscore［D2 旅游总收入（亿元）］	1.000	0.817
Zscore［D3 饭店总数（家）］	1.000	0.927
Zscore［D4 星级饭店营业收入（千元）］	1.000	0.974
Zscore［D5 A 级旅游景区接待人次（亿人次）］	1.000	0.736
Zscore［D6 A 级景区平均营业收入（亿元）］	1.000	0.908
Zscore［D7 旅行社数量（家）］	1.000	0.856
Zscore［D8 旅游接待总人数增长率（%）］	1.000	0.801
Zscore［D9 旅游总收入增长率（%）］	1.000	0.698
Zscore［D10 入境游客人均日花费（美元）］	1.000	0.917
Zscore［D11 住宿接待业利润（亿元）］	1.000	0.950
Zscore［D12 星级饭店从业人数（人）］	1.000	0.957
Zscore［D13 星级饭店全员劳动生产率（千元/人）］	1.000	0.953
Zscore［D14 A 级景区从业人数（人）］	1.000	0.840
Zscore［D15 旅行社从业人数（人）］	1.000	0.932
Zscore［D16 国内旅游收入占 GDP 比重增加值］	1.000	0.744
Zscore［D17 旅游院校学生数（人）］	1.000	0.974
Zscore［D18 旅游院校数（所）］	1.000	0.920

注：提取方法为主成分分析法。

从表 3-16 中可以看出，一共提取了四个公因子，其初始特征值依次为 9.182、3.089、2.212、1.254，共同解释了原始变量总方差的 87.428%，因其累计方差贡献率大于 85%，所以可以提取公因子。

从表 3-16 中可以看到，前三个和前四个主成分的累计贡献率分别达到 80.463%和 87.428%。由表 3-17 可知，第一主成分在 D1 旅游接待总人数、D2 旅游总收入、D3 饭店总数、D4 星级饭店营业收入、D5 A 级旅游景区接待人次、D7 旅行社数量、D11 住宿接待业利润、D12 星级饭店从业人数、D14 A级景区从业人数、D15 旅行社从业人员、D17 旅游院校学生数、D18 旅游院校数上都有较大的正荷载，涵盖了大多数变量，反映出旅游业发展的总体水平，所以第一主成分为综合性旅游发展水平。

表 3-16 解释的总方差

成分	初始特征值			提取平方和载入		
	合计	方差百分比（%）	累计百分比（%）	合计	方差百分比（%）	累计百分比（%）
1	9.182	51.014	51.014	9.182	51.014	51.014
2	3.089	17.161	68.175	3.089	17.161	68.175
3	2.212	12.287	80.463	2.212	12.287	80.463
4	1.254	6.965	87.428	1.254	6.965	87.428
5	0.899	4.997	92.425			
6	0.558	3.102	95.527			
7	0.441	2.450	97.976			
8	0.251	1.393	99.369			
9	0.078	0.431	99.800			
10	0.036	0.200	100.000			
11	1.008E-013	1.042E-013	100.000			
12	1.003E-013	1.015E-013	100.000			
13	1.002E-013	1.012E-013	100.000			
14	1.001E-013	1.007E-013	100.000			
15	-1.001E-013	-1.005E-013	100.000			
16	-1.002E-013	-1.012E-013	100.000			
17	-1.004E-013	-1.023E-013	100.000			
18	-1.006E-013	-1.032E-013	100.000			

表 3-17 成分矩阵 a

指标	成分			
	1	2	3	4
Zscore［D17 旅游院校学生数（人）］	0.944			
Zscore［D12 星级饭店从业人数（人）］	0.941			
Zscore［D18 旅游院校数（所）］	0.928			
Zscore［D3 饭店总数（家）］	0.921			

续表

指标	成分			
	1	2	3	4
Zscore［D15 旅行社从业人员（人）］	0. 903			
Zscore［D7 旅行社数量（家）］	0. 886			
Zscore［D4 星级饭店营业收入（千元）］	0. 839	0. 430		
Zscore［D2 旅游总收入（亿元）］	0. 837			
Zscore［D11 住宿接待业利润（亿元）］	0. 830			
Zscore［D5 A 级旅游景区接待人次（亿人次）］	0. 769			
Zscore［D1 旅游接待总人数（亿人次）］	0. 741		-0. 498	
Zscore［D14 A 级景区从业人数（人）］	0. 696			
Zscore［D13 星级饭店全员劳动生产率（千元/人）］		0. 937		
Zscore［D10 入境游客人均日花费（美元）］		0. 795		0. 461
Zscore［D9 旅游总收入增长率（%）］		-0. 655		
Zscore［D8 旅游接待总人数增长率（%）］			0. 787	
Zscore［D16 国内旅游收入占 GDP 比重增加值］		-0. 462	0. 516	0. 490
Zscore［D6 A 级景区平均营业收入（亿元）］	0. 452		0. 520	-0. 531

注：提取方法为主成分分析法。

第二主成分在 D10 入境游客人均日花费和 D13 星级饭店全员劳动生产率上有很高的正荷载，在其他变量上有负荷载或者很低的荷载。由此可以认为，该主成分度量了 D10 入境游客人均日花费和 D13 星级饭店全员劳动生产率在旅游发展中所占的比重，为接待业的旅游消费水平。

第三主成分在 D6 A 级景区平均营业收入、D8 旅游接待总人数增长率和 D16 国内旅游收入占 GDP 比重增加值上拥有较高的荷载水平，为旅游收入发展水平。

由表 3-18 可以得出：

第一主成分：综合性旅游发展水平为

F1=0. 182X1+0. 155X2+0. 113X3+0. 041X4+0. 159X5-0. 138X6+0. 138X7-0. 072X8+0. 030X9+0. 054X10-0. 014X11+0. 073X12-0. 053X13+0. 110X14+0. 031X15+0. 020X16+0. 050X17+0. 125X18

第二主成分：接待业的旅游消费水平为

F2=-0. 174X1-0. 113X2+0. 009X3+0. 068X4-0. 149X5+0. 439X6-0. 059X7+0. 128X8-0. 205X9-0. 167X10+0. 208X11+0. 060X12+0. 060X13+

0. 034X14+0. 140X15−0. 116X16+0. 160X17−0. 031X18

第三主成分：旅游收入发展水平为

F3＝0. 034X1+0. 058X2−0. 078X3+0. 211X4+0. 090X5−0. 159X6+0. 052X7−0. 025X8+0. 010X9＋0. 430X10＋0. 066X11－0. 012X12＋0. 351X13－0. 238X14＋0. 069X15+0. 117X16−0. 137X17−0. 016X18

由于前三个主成分已经能够很好地解释滨海省份的旅游评价，第四个主成分很难给出明确的解释，因此只取前面三个主成分。将各指标的标准化数据代入各主成分解析表达式，分别计算出三个主成分的得分（F1、F2、F3），再以各主成分的贡献率为权数对主成分得分进行加权平均，求得主成分的综合得分。

表 3-18　主成分得分系数矩阵

指标	成分			
	1	2	3	4
Zscore［D1 旅游接待总人数（亿人次）］	0. 182	−0. 174	0. 034	−0. 072
Zscore［D2 旅游总收入（亿元）］	0. 155	−0. 113	0. 058	−0. 007
Zscore［D3 饭店总数（家）］	0. 113	0. 009	−0. 078	0. 016
Zscore［D4 星级饭店营业收入（千元）］	0. 041	0. 068	0. 211	0. 106
Zscore［D5 A 级旅游景区接待人次（亿人次）］	0. 159	−0. 149	0. 090	0. 027
Zscore［D6 A 级景区平均营业收入（亿元）］	−0. 138	0. 439	−0. 159	−0. 125
Zscore［D7 旅行社个数（家）］	0. 138	−0. 059	0. 052	−0. 037
Zscore［D8 旅游接待总人数增长率（%）］	−0. 072	0. 128	−0. 025	0. 358
Zscore［D9 旅游总收入增长率（%）］	0. 030	−0. 205	0. 010	0. 316
Zscore［D10 入境游客人均日花费（美元）］	0. 054	−0. 167	0. 430	0. 160
Zscore［D11 住宿接待业利润（亿元）］	−0. 014	0. 208	0. 066	0. 063
Zscore［D12 星级饭店从业人数（人）］	0. 073	0. 060	−0. 012	0. 119
Zscore［D13 星级饭店全员劳动生产率（千元/人）］	−0. 053	0. 060	0. 351	0. 019
Zscore［D14A 级景区从业人数（人）］	0. 110	0. 034	−0. 238	−0. 218
Zscore［D15 旅行社从业人员（人）］	0. 031	0. 140	0. 069	0. 039
Zscore（D16 国内旅游收入占 GDP 比重增加值）	0. 020	−0. 116	0. 117	0. 450
Zscore［D17 旅游院校学生数（人）］	0. 050	0. 160	−0. 137	−0. 035
Zscore［D18 旅游院校数（所）］	0. 125	−0. 031	−0. 016	0. 050

提取方法：主成分分析。旋转法：具有 Kaiser 标准化的正交旋转法。

从滨海省份旅游发展评价综合得分（见表3-19）来看，我国海洋旅游资源开发和经济发展最好的是广东、江苏、山东和浙江等省份。上海因其海洋资源比其他省份少而处于中流位置，其他省份海洋旅游发展都处于中下游水平，需要结合自身发展情况学习优秀的发展经验，进一步制订海洋旅游发展计划，以提升发展水平。

表3-19　滨海省份旅游发展评价综合得分

省份	综合得分	排名
广东	2.90	1
江苏	2.54	2
山东	2.09	3
浙江	1.69	4
辽宁	-0.62	5
上海	-0.64	6
河北	-0.97	7
福建	-1.20	8
天津	-1.28	9
广西	-1.31	10
海南	-3.20	11

二、文化旅游开发的现状

文化旅游偏重于游客对旅游目的地的文化理解和体会，并以此为核心对旅游景区规划、游客文化思想和旅游服务队伍建设进行思考。

（一）文化旅游开发的背景

旅游活动是为满足人们精神上和物质上的需求而进行的与外界交流的活动，不可避免地会接触到形形色色的文化。任冠文（2009）认为，广义的文化旅游包含一切旅游活动。文化赋予旅游丰富的内涵，在旅游发展中必不可少，所以研究者在研究旅游业的发展时，逐渐将目光集聚到文化旅游在旅游活动中的重要性上。文化旅游的主要受众是人，由于人有思想和文化，旅行中的景物因为人的关系也产生了文化内涵，从而更具魅力。李原（2016）认为，文化旅游是一种以旅游消费为目的的文化展示与再创造，是全球化发展迅速的今天旅游市场中一个非常值得挖掘的领域。

文化旅游的开发涉及文化旅游的定义和范围。文化旅游的定义是多样的。《现代汉语新词词典》中的解释是：文化旅游是一种以文化娱乐为主要内容的旅游活动形式，人们在旅游过程中不仅享受自然景观带来的愉悦，同时自身的文化修养也能得到进一步提升，眼界和视野也能进一步拓宽。随着人们文化水平的提升，对旅游的精神追求也越来越高，文化旅游的开发势在必行。文化才是能够长久留在旅行者记忆中的宝贵财富。文化旅游使旅游不仅是经济活动，更是文化活动。对一个地区、一个国家来说，文化是其最重要的“软实力”，只有具有文化底蕴，才能走“文化自信”的道路。文化旅游是宣传本地文化、传承民间文化的一种方式。

基于国内外学者对文化旅游概念的探讨，以及发展文化旅游需要把文化、旅游两个产业结合在一起的共识，文化旅游既是我国文化产业中的一个分支，也是我国旅游产业的核心内容之一。文化是旅游资源的内在属性。我国旅游资源丰富，要唤起人们对旅游产业的热情，需要将我国五千多年的文明成果和悠久历史形成的文化风俗融入旅游产业，使其发光闪耀。文化旅游之所以能够成为我国旅游业发展的重心，不仅仅是因为国际上对文化旅游的呼吁，本质在于中国的文化需要输出的渠道。旅游这一方式可以让世界了解中国的文化，这是文化旅游开发的原因，也是文化旅游开发的时代背景。

（二）文化旅游开发的现状

旅游中的文化因素不容忽视，使文化因素在整体的关系中显得平衡和谐是旅游服务机构、旅游管理规划部门和相关教育部门的责任。文化旅游要可持续发展，应该保护旅游目的地文化的完整性和传承性；同时，文化旅游偏重于游客对旅游目的地文化的理解和体会，旅游管理部门应基于此对旅游景区规划和旅游服务队伍建设进行深入思考。

文化意识对于旅游开发活动至关重要，要关注自身的地域文化特色，不能盲目跟随别国文化而造成本地文化的消失。文化旅游的种类繁多，有乡村文化旅游、红色文化旅游、体育文化旅游、生态文化旅游、民族文化旅游和海洋文化旅游等。正因为文化旅游的种类很多，其发展越来越趋于主流。Wickens 和 Eugenia（2017）认为，在文化旅游开展的过程中，不应该是文化配合旅游，旅游应围绕文化进行。侯兵（2015）认为，应将传统文化和现代展览模式相结合，形成文化创意产业的旅游发展模式。

从 1992—2022 年我国的旅游主题及口号（见表 3-20）来看，我国的旅游主题主要分为三种类型：第一种类型与文化旅游相关，另外两种类型与自然资源和人类生活相关。与文化旅游相关的旅游主题出现在 1992 年、1994 年、1995 年、2000 年、2002 年、2005 年、2011 年、2015 年、2016 年、2019 年和 2022 年，约占总体主题数量的 35%，超过 1/3，可见文化旅游在我国越来越受重视。

表 3-20　1992—2022 年我国旅游主题及口号

年份	旅游主题	旅游口号
1992	中国友好观光年	“游中国、交朋友”
1993	中国山水风光游	“锦绣河山遍中华，名山圣水任君游”
1994	中国文物古迹游	“五千年的风采，伴你中国之旅”
1995	中国民俗风情游	“中国：56 个民族的家”
1996	中国度假休闲游	“96 中国：崭新的度假天地”
1997	中国旅游年	“12 亿人喜迎 97 旅游年”
1998	中国华夏城乡游	“现代城乡，多彩生活”
1999	中国生态环境游	“返璞归真，怡然自得”
2000	中国神州世纪游	“文明古国，世纪风采”
2001	中国体育健身游	“体育健身游，新世纪的选择”
2002	中国民间艺术游	“民间艺术，华夏瑰宝”
2003	中国烹饪王国游	“游历中华胜境，品尝天堂美食”
2004	中国百姓生活游	“游览名山大川、名胜古迹，体验百姓生活、民风民俗”
2005	中国旅游年	“红色旅游”年
2006	中国乡村游	“新农村、新旅游、新体验、新风尚”
2007	中国和谐城乡游	“魅力乡村、活力城市、和谐中国”
2008	中国奥运旅游年	“北京奥运、相约中国”
2009	中国生态旅游年	“走进绿色旅游、感受生态文明”
2010	中国世博旅游年	“相约世博，精彩中国”
2011	中华文化游	“游中华，品文化”
2012	中国欢乐健康游	“爱旅游，爱生活”
2013	中国海洋旅游年	“美丽中国，海洋之旅”
2014	智慧旅游年	“美丽中国，智慧旅游”
2015	丝绸之路旅游年	“游丝绸之路，品美丽中国”
2016	丝绸之路旅游年	“漫漫丝绸路，悠悠中国行”

续表

年份	旅游主题	旅游口号
2017	旅游让生活更幸福	“爱旅游，爱生活”
2018	全域旅游年	“全域旅游，全新追求”
2019	文旅融合旅游年	“文旅融合，美好生活”
2020	健康生活旅游年	“健康生活，欢乐旅游”
2021	绿色旅游年	“绿色发展，美好生活”
2022	中华文化旅游年	“感悟中华文化，享受美好旅程”

目前，我国文化旅游的开发类型主要有两类：一类是显性文化旅游资源；另一类是隐性文化旅游资源。显性文化旅游资源包括：一是因历史人物而出名的遗址，如名人故居、古墓；二是历史上的生活场所和环境，如古镇、古城；三是宗教祭祀、朝拜、祈福的场所，如宗教建筑、天坛、地坛等；四是因军事或战争而产生的遗址，如古战场、军事设备、堡垒、长城等；五是因生产工程而形成的设施，如运河、古道、古桥梁等；六是具有历史和文物价值的典型建筑、景观，如宫殿、园林等。隐性文化旅游资源包括：人物、事件、民族、文学艺术、事物、故事、抽象的文化和消失的遗址。游客要有一定的文化知识和深厚的文化底蕴，才能对隐性文化旅游资源产生兴趣，游览之后才会对文化景点产生情感共鸣。在对我国文化旅游开发程度进行调查时，隐性文化旅游的开发程度是无法测量的，因而一般是对显性文化旅游的开发程度进行考察，但是隐性文化旅游资源的存在是非常重要的。吴必虎、俞曦、党宁在对 1388 家 A 级景区进行统计后得出结论，人文类景区占比为 43. 3%。人文类景区在整体景区中占了将近一半的比重，这仅仅是显性文化资源。如果各地政府加强对隐性文化资源的开发，二者合力，文化旅游必定会成为我国旅游业的主要形式。

现如今，以文化资源主题命名城市形象的城市在中国不在少数，它们利用丰富各异的人文资源来提升旅游目的地的吸引力。例如，山东省为了进一步发挥“好客山东”的品牌优势，推动全域旅游发展，重点打造十大文化旅游目的地品牌，再创旅游业发展的新优势，保持旅游业持续健康快速发展。山东是儒学创始人孔子的家乡，以儒家文化为其文化旅游品牌再合适不过。《中国文化旅游发展报告 2017》显示，2016 年北京故宫博物院接待观众数量较上年增加 1600 万名。文化旅游的火爆，不只体现在故宫，张家界的文化旅游也是风生水起。

近年来，文化旅游受到了游客的喜爱，文化旅游产业的资本运作也得到了重视，如文化旅游基金的设立不断为文化旅游产业注入动力。文化旅游的开展形式多种多样，已经涉及人们生活的方方面面，未来还会有更多的发展空间。

目前，中国的文化旅游还需要深层次地挖掘自身的文化特质，使文化成为旅游景区的灵魂，将旅游作为文化的载体，吸引更多的游客，让游客在游览的过程中了解并传承中国文化。文化旅游想要取得成功不能急于一时，文化的形成需要长年累月的积淀，将文化与旅游相结合也要循序渐进。要想既保持文化的完整，又与现代旅游模式相适应，需要文化旅游开发者的耐心和智慧。文化旅游中文化的融合不可一蹴而就，需要管理者的细心。文化旅游的发展需要多方人员相互配合进行文化景点养护，当然也包括旅游者对文化保持敬畏之心——在游览文化景区时，不要做出有损文化的行为，享受文化旅游所带来的精神熏陶，这样我国未来文化旅游的发展才能越来越好。

（三）文化旅游规划和发展方向

我国文化旅游业的发展是建立在文化产业和旅游产业的结合发展之上的。例如，近几年我国如火如荼地推动乡村文化旅游产业的发展，乡村文化的开发使更多的游客向往乡村生活，同时因为旅游活动的开展，乡村的经济收入有了很大提高，人们的生活条件也得以改善，这是文化与旅游结合发展后收获的“1+1>2”的积极成果。文化旅游的发展不单单是为游客提供服务，更是为了提高旅游目的地居民的生活水平、丰富人们的精神文化生活所做出的努力。基于此，我国对文化旅游业做出了长期可持续的规划。

1. 加强文化产业和旅游产业发展

2009年，《关于促进文化与旅游结合发展的指导意见》中提出文化的重要载体。2011年，《中共中央关于深化文化体制改革、推动社会主义文化大发展大繁荣若干重大问题的决定》提出推动文化产业发展。旅游产业需要更好地与文化产业相结合，发挥各自的特色，达到产业结合“1+1>2”的效果。我国的文化体制改革促使文化产业不断进步。文化产业适应现代社会的发展模式，文化与旅游相结合是目前做得较为成功的产业融合，能引起游客对民族文化遗产的兴趣，弘扬民族文化，为民族文化的传承提供动力。

2. 突出文化旅游产业特色

2014 年,《文化部、财政部关于推动特色文化产业发展的指导意见》中提出，中国特色文化产业的发展为旅游业带来了机遇，文化旅游要朝特色化方向发展。目前，中国的许多城市都具有显著的城市文化特色，在打造城市文化旅游形象时，既能突出城市的品牌形象，又能在发展城市文化旅游的同时升级配套服务设施，找出掣肘城市经济发展的因素并及时改进。

2016 年,《关于进一步加强文物工作的指导意见》中指出，要发挥文物资源在旅游业中的重要作用。这表明，文化旅游越来越受到重视。近几年，文化旅游发展迅速，这与中国文物和非物质文化遗产保护意识的提高息息相关。在开发得当的情况下，文化旅游可以吸引大批游客，从而促进当地经济收入的增长，经济收入的增长又会促使当地政府更加关注文物保护和非物质文化遗产的保护。由此可见，文化旅游能促使当地文物保护进入良性循环，即文化旅游促进当地经济发展后，资金的流入为文物保护和非物质文化遗产的保护提供动力，形成可持续发展的态势。

3. 促进文化旅游产业多元化发展

2014 年的旅游主题为“智慧旅游年”，将智慧旅游和文化旅游相结合，使得文化旅游的发展更加多元化。文化旅游产业的发展已经成为旅游发展的常态，但要使其受到更多游客的欢迎，不能仅仅追溯过去，还要着眼现在。2016 年 4 月发布的《中国生态发展纲要（2016—2020 年）》提出，要建设历史底蕴厚重的智慧旅游。大数据时代已经到来，文化旅游需要推陈出新，以多种方式呈现其文化魅力。

2016 年 5 月发布的《关于推动文化文物单位文化创意产品开发的若干意见》中提到，要促进文化与旅游业的产业跨界融合。可见，向多元化、多方位发展已经成为文化旅游未来发展规划的一部分。要使产业多元化发展并不容易，需要产业自身具有较强的实力，以及外部环境和多种因素的配合。文化旅游业本身具有深厚的文化底蕴，加上近几年旅游业的经济收入逐年上升并且还有很大的发展空间，开发文化创意产品成为文化旅游产业未来创收的重要形式。在多元化发展的同时，也要注重加强文化旅游的凝聚力。

4. 深入挖掘文化价值，发展特色旅游

2017 年 1 月发布的《关于实施中华优秀传统文化传承发展工程的意见》中提出，要保护并传承文化遗产。文化价值对城市的发展具有深远的影响。

在发展文化旅游的过程中，需要对文化进行深入的挖掘，将文化特色作为城市的旅游元素，形成旅游的标志性符号，推进文化旅游的发展，保持文化旅游的活力。

5. 推进海洋文化旅游发展

海洋文化旅游是文化旅游发展的新方向，是文化旅游与海洋旅游融合后的新产业，在我国旅游业中占有一席之地。2017 年，《全国海洋经济发展“十三五”规划》中明确提出，要拓展提升海洋旅游业和海洋文化产业。海洋文化旅游的发展是海洋旅游产业在进一步发展过程中所产生的新业态，同时也响应了我国“海洋强国”战略。海洋文化旅游以海洋文化输出为主，吸引全世界游客关注中国海洋文化。

2017 年，党的十九大报告中提出了一系列重大命题，许多命题给未来中国旅游业的发展带来新的启迪。其中，文化旅游领域值得特别关注。

三、海洋文化旅游开发现状

近年来，学术界越来越关注海洋旅游产业和文化旅游产业，对二者之间的关系则较少关注。

（一）海洋文化旅游开发的意义

文化是国家的“根”与“魂”，文化兴则国家兴，文化强则国家强。20 世纪以来，随着国家经济水平和国民消费能力的提升，人们对海洋文化旅游的需求日益增加。海洋文化旅游的开发可以将中国悠久的海洋文明推向世界。世界上越来越多的沿海国家开始重视海洋文化在旅游产业中的地位。

1. 海洋文化提升旅游产业的内在文化价值

De Castro 和 Júlia Fonseca（2016）研究认为，文化旅游将知识和情感联系在一起，是对旅游话语的建构和传播进行的思考，有助于推动对文化的深入挖掘，提升游客的旅游感受。海洋文化旅游是将海洋文化知识和情感赋予旅游景观，以此来传播海洋文化，旅游者作为文化的接受者能够感受到其内在价值。世界上著名海洋旅游城市都有其专属的海洋文化名称，如马尔代夫的“天堂岛”，游客可以结合旅游目的地内在海洋文化的独特性进行选择。

墨西哥坎昆原是一座只有 300 多人的僻静渔村，现在是享誉全球的海洋旅游城市。这不仅是因为坎昆的海洋资源，游客中超过 1/3 的人是为了瞻仰玛雅文明而来的，内在的海洋文化让坎昆在消费者心目中的价值超过其他旅游城市。海洋地域文化元素被成功融入城市的形象和主题定位中之后，能更加直观地反映该地区旅游产业的内在价值和品位，对消费者产生吸引力。

2. 以海洋文化旅游为载体传播海洋文化

旅游业为海洋文化产业提供了展示的平台，游客可以通过亲身体验的方式了解海洋文化，旅游成为海洋文化的传播通道，而游客在成为海洋文化接受者的同时也进一步成了海洋文化的传播媒介。旅游与海洋文化结合促进了海洋文化的传播与传承。Wang（2016）认为，历史遗迹与旅游开发相结合，带动国家或地区发展，已成为世界潮流。充分领略历史文化遗产与独特的民族特色和风俗习惯，成为旅游者选择旅游目的地的主要动力。Kruzmetra 和 Maiga（2013）认为，将文化遗产纳入旅游，可以通过旅游产品的形式传播和保留文化遗产。

我国的海滨城市对海洋文化通过旅游传播的重视程度有待进一步提高，特别是海洋文化中的非物质文化遗产在旅游中的呈现。要将海洋性的非物质文化遗产与旅游产业相结合，形成海洋文化旅游产品，遵循“活态原地保护”原则，即对于非物质文化遗产，不能只将其静止地存放在博物馆，还应通过旅游的方式将其鲜活地展现在游客面前。在这方面，广东省惠州市的做法值得借鉴。惠州位于广东沿海，其疍民民俗、民间艺术异彩纷呈，有惠东渔歌等非物质文化遗产。惠州将这些海洋文化遗产与旅游相结合，形成独特的、地域特色鲜明的民俗类海洋文化旅游项目，如常年有九龙峰祖庙庙会、舞火狗习俗等，从而吸引越来越多的游客前来旅游。旅游业的发展解决了海洋性非物质文化遗产无人继承的问题，也进一步传播了海洋文化。

3. 带动沿海地区经济发展

海洋文化旅游在所有旅游活动中所占的比例为37%，自2010年以来，以15%的年增长率不断发展。Sukirno（2016）研究发现，海洋群岛旅游业的发展需要大量的从业人员，如在印度尼西亚，有助于解决当地人的就业问题，从而在一定程度上消除贫困，同时要培养旅游人才，提高人力资源素质。在中国，也有这样的事例可以证明这一研究结果。

广西富川瑶族自治县朝东镇岔山村，贫困发生率为40%。该村是对接海上丝绸之路的一条重要通道，也是发展海洋文化旅游的优质资源。广西政府提出的“旅游扶贫”政策，使岔山村旅游景点迅速被大众了解。岔山村的古道、古楼被赋予了海上丝绸之路的文化内涵，摇身一变成了旅游景观。旅游业的开展需要衣食住行等相关行业的配合，于是当地人的就业问题也顺理成章地解决了。海洋文化旅游在为贫困人口带来收入的同时，也提高了当地政府和人民保护、传承海洋文化的热情，使其旅游业呈现出可持续发展的态势。

（二）海洋文化旅游开发的阶段

我国的海洋文化旅游发展尚处于萌芽阶段。目前，我国许多旅游政策导向是大力推进海洋文化旅游业的发展，但是对于海洋文化旅游具体是如何发展的，学术界尚未达成共识。本书对我国海洋文化旅游的发展路径进行了梳理，并且以政府政策的更新和实施作为发展阶段划分的依据。

1. 海洋文化旅游开发前阶段（1978—2005 年）

1978 年党的十一届三中全会以后，中国亟须通过改革开放实现经济发展，这一时期沿海地区旅游经济收入逐年增加，为之后的海洋文化旅游的发展提供了前提。

2. 海洋文化旅游起步阶段（2005—2013 年）

2005 年 5 月，《全国海洋经济发展规划纲要》作为第一个与海洋经济相关的政策，提出滨海旅游业要进一步突出海洋生态和海洋文化特色，首次在滨海旅游业中强调海洋文化与旅游结合发展。2009 年，《关于加快发展旅游业的意见》明确提出，要大力推进旅游与海洋相关产业和行业的融合发展。在这一阶段，海洋文化产业与旅游产业的融合发展刚刚起步，海洋文化旅游的概念并未明确，但是海滨城市的旅游活动仍然以众多的海洋文化资源为基础。

3. 海洋文化旅游探索阶段（2013—2017 年）

国家旅游局将 2013 年的旅游主题定为“中国海洋旅游年”，以海洋为主题开展旅游活动，海洋文化旅游作为海洋旅游的主题之一，正式进入大众的视野。海洋旅游已经成为我国新的经济增长点，对海洋文化旅游的开发范围也在不断扩大。在这一阶段，海洋文化的概念开始凸显。2017 年 8 月，国家旅游局提出，我国将推动海洋海岛旅游发展，希望通过加强旅游合作扩大旅游规模，联合打造具有“海上丝绸之路”特色的国际精品旅游线路和旅游产品。这大大激发了各地政府将文化与旅游结合打造海洋文化旅游的热情。

4. 海洋文化旅游新发展阶段（党的十九大以后）

党的十九大以后，我国海洋文化旅游的发展进入了新阶段。在这一阶段，既要继承之前为推进海洋文化传播所作出的努力，加快“海上丝绸之路”的旅游发展，也要开拓海洋文化旅游新的发展方向。我国越来越重视海洋文化，各临海省份都希望通过海洋文化旅游来推进海洋经济发展，增进国家间的海洋文化交流，海南、河北等省份将建立海洋强省作为重要目标。目前，海洋文化旅游已经成为备受欢迎的旅游活动。

5. *海洋文化旅游高质量发展新阶段（2022 年党的二十大以后）*

党的二十大报告提出了一系列重大使命任务，包括加快构建新发展格局，着力推动高质量发展；推进文化自信自强，铸就社会主义文化新辉煌；增进民生福祉，提高人民生活品质；推动绿色发展，促进人与自然和谐共生等。二十大的会议精神为面向中国式现代化的海洋文化旅游发展指明了方向，推动其进入高质量创新发展新阶段。

（三）海洋文化旅游开发的类型

我国的海洋文化旅游尚处于探索阶段，开发的形式以海洋文化资源与旅游活动相结合为主，旨在打造多样化的海洋文化旅游。《2015—2016 年旅游绿皮书》提出，文化旅游产品的开发要突出对基础社会资源的利用，扩大社会的广泛参与受惠程度。国际旅游发展的实践证明，一个国家最具吸引力和竞争力的是其独特的文化旅游产品。中国旅游在发展过程中，一直重视文化旅游产品的开发，注重发挥悠久历史文化、多元地域文化、民族文化和海洋文化的优势。宋振春（2012）认为，我国文化旅游体系是文化与旅游在结构和运行机制上的融合，海洋文化旅游发展的大方向是根据文化旅游的发展模式确定的，是海洋文化与旅游产业融合的二元复合体。杨宏云（2013）研究发现，海洋文化对于旅游经济发展的带动性非常强，海洋文化资源势必成为旅游开发中一个值得重视的部分。海洋文化资源能够成为一种重要的观光资源，是由于海洋文化与海洋文化旅游共生共存，海洋文化旅游是海洋文明与旅游相结合的产物，是新时代的旅游形式。

海洋文化资源需要与旅游产业融合，才能成为一种重要的观光资源。刘丹（2013）提出，海洋文化旅游的特点是具有人海互动性、神秘性、包容性和海陆交融性。黄少辉（2011）认为，海洋人文旅游具有综合性、地域性、可重复开发性、观赏性和继承性等特征。根据海洋文化的特点与前文海洋文化分析中总结的目前学术界对海洋旅游资源较为权威的分类，以下对海洋节庆文化旅游、海洋宗教信仰文化旅游、海洋饮食文化旅游和海洋遗址文化旅游的开发进行具体分析。

1. 海洋节庆文化旅游开发

我国海洋节庆文化历史悠久，类型多样。目前，我国有7000多个文化性节庆，沿海省份如山东、江苏、浙江等节庆最为密集，平均在500个以上，其中大部分以海洋为主题。但现代海洋节庆活动大多举办次数较少，或间隔好几年才举办一次，如北海珍珠文化节，1991年首次举办虽然成功吸引了一批游客，但至今只举办过5届。可见，海洋节庆旅游在我国并没有引起足够的重视。另外，学术界对国内海洋节庆旅游开发现状的研究和我国海洋节庆文化旅游的发展规划还处于起步阶段。胡春燕（2014）认为，海洋文化旅游节庆活动是在对海洋文化资源进行包装修饰后形成的，其中蕴含了当地的社会现状、文化历史与海洋民俗习惯。成功伟（2013）研究发现，在我国，节庆活动已经成为地方经济的助推器，能够促进地区旅游业的发展。刘扬（2010）认为，海洋节庆活动是海洋文化旅游中最为重要的活动之一，其市场效应良好，各滨海地区可以借鉴和模仿，是最受欢迎的海洋文化旅游开发方式。侯兵（2008）认为，节庆活动可以带来更多的旅游收入，应加强对海洋文化资源的开发，同时整合其他产业，形成协同发展。包亚芳（2012）认为，海洋节庆文化有增强旅游地吸引力、塑造品牌形象的作用，是区域发展的驱动力，同时也为旅游活动增添了生机与活力。

李思屈等在《海洋文化产业》一书中将海洋文化类节庆分为10种类型。本书借鉴了很多学者的观点，并结合海洋文化旅游的实际情况，将海洋文化类节庆分为7种类型，分别为自然生态类节庆、宗教信仰类节庆、民俗类节庆、运动赛事类节庆、旅游类节庆、经贸类节庆和饮食类节庆。我们选取了这几类节庆中比较有代表性的，调查其接待游客情况，见表3-21。

表3-21　海洋节庆旅游活动类型

节庆类型	代表性节庆	节庆描述	接待最大游客数量
自然生态类节庆	广西钦州国际海豚文化节	海洋生态文化与旅游相结合	2017年：3.8万人次
	北海珍珠文化节	海洋自然文化与旅游相结合	2013年：3万人次
	中国国际钱江海宁观潮节	海洋生态文化与旅游相结合	2001年：102万人次
宗教信仰类节庆	妈祖文化节	海洋信仰与旅游相结合	2017年（福建莆田）：2万人次
	南海观音文化节	沿海佛教信仰与旅游相结合	2017年：5万人次

续表

节庆类型	代表性节庆	节庆描述	接待最大游客数量
民俗类节庆	青岛田横祭海节	渔家文化与旅游相结合	2016 年：6 万人次
	象山开渔节		2012 年：11 万人次
	京族哈节		
运动赛事类节庆	青岛国际帆船周	海洋运动与旅游相结合	2017 年：12 万人次
	象山国际海钓节	海钓文化与旅游相结合	2015 年：1 万人次
旅游类节庆	青岛黄岛金沙滩文化旅游节	沙滩文化与旅游相结合	2013 年：12 万人次
	浙江舟山普陀山之春旅游节	海洋生态文化与旅游相结合	2010 年：10 万人次
经贸类节庆	国际海洋渔业博览会	海洋渔业水产文化与旅游相结合	2016 年（广东）：2.5 万人次
	中国海洋经济博览会	海洋经济文化与旅游相结合	2017 年：3000 多家中外企业
饮食类节庆	象山海鲜美食节	海洋饮食文化与旅游相结合	2017 年：（单日）20 万人次
	大连啤酒节		
	青岛啤酒节		2017 年：（单日）10 万人次

资料来源：根据各省份官方新闻、旅游网站资料整理。

由表 3-21 可知，举办一次海洋节庆活动可以带来上万名游客。海洋节庆类活动之所以能够成为引人入胜的旅游项目，是因为其内在是海洋文化。例如：青岛从 1991 年开始举办啤酒节，如今啤酒海鲜已经成为青岛的旅游品牌形象，为青岛带来了巨大的经济效益；象山的开渔节将渔民文化融入象山旅游形象。海洋文化节庆活动将中国几千年的海洋文化习俗表现出来，是对海洋文化的一种传播，也为海洋旅游城市形象塑造提供了深厚的海洋文化内涵。

2. *海洋宗教信仰文化旅游开发*

陈卫华（2014）讨论了如何以正确的方式协调宗教信仰与发展旅游两者之间的关系。Rasul Farhat（2016）认为，人类很早就开始宗教旅游了，城市的宗教中心不仅是文化景观的重要组成部分，还能促进当地商业和市场经济活动的发展。宗教文化被开发为文化旅游的一种形式在国内外都是常见的做法，特别是沿海地区，因其地域特性，以及当地居民多为渔民出身，其文化具有特殊性。沿海地区与海洋文化相关的信仰有海神信仰、妈祖信仰和龙王信仰。本土宗教和外来宗教的多元化共存，可以从侧面反映出沿海地区文化的交融性和多样性。基督教是西方文明，因为沿海地区港口众多，古代的传教士跨国旅行时，最先从沿海地区进行传教，从而形成了当地极具包容性的宗教文化。海洋宗教信仰之所以可以与旅游活动相结合，是因为宗教信仰的物化形成的宗教性建筑具有观赏性，并且由于人的精神和意识形态的不同，会给游客带来不同的游览感受。

目前，我国海洋宗教信仰文化旅游产品的开发形式也呈现出多样化的特点。沿海地区较为普遍的民间信仰为龙王信仰、海神信仰和妈祖信仰等，都具有中国古代海洋神话性质。妈祖信仰是我国南方沿海地区独有的宗教信仰。妈祖、海神和龙王都是古代渔民流传下来的在出海前希望保佑海上顺利或保佑渔民整年风调雨顺的许愿对象。我国约有1500座妈祖庙。2000年以来，福建、广州、浙江、天津、台湾等地纷纷开发与妈祖文化相关的旅游产品，将妈祖文化作为当地的旅游品牌进行推广。如今，以体验妈祖文化为旅游目的的游客越来越多。

海洋宗教信仰文化旅游是一种高层次的海洋文化旅游形式，主要依靠的是浓厚的文化氛围和当地民众对宗教文化的认可，并且与当地渔民或居民长期生活的环境有关，逐渐成为海洋文化旅游开发中的重点。海洋宗教信仰文化旅游活动是游客文化思想丰富的过程，将文化与旅游形式相结合，物化形成国内外常见的旅游产品，即海洋宗教建筑。由于海洋文化旅游具有人海互动性、神秘性、包容性等特点，我国多数沿海地区存在多宗教信仰共存的情况。中国本土宗教信仰如佛教信仰、道教信仰与沿海城市居民的海洋文化和生活习俗相结合，形成了海洋宗教文化，外来的宗教信仰和宗教建筑虽然不供奉海事，但因为其为沿海人所信仰，是沿海重要的宗教场所，也是一种广义上的海洋人文景观。目前我国沿海地区旅游景点中海洋宗教信仰文化旅游活动涉及的主要建筑景观见表3-22。

我国海洋宗教文化与旅游活动的结合尚处于初级阶段，海洋旅游目的地对宗教文化主题的传播有待加强。只有当宗教文化与沿海城市文化形象高度吻合时，沿海城市才能成为旅游热门目的地，以及海洋宗教文化与旅游相结合较为成功的典型。例如，普陀山是唐代各国船舶进出我国的必经口岸，这促进了佛教观音道场的形成，游客到此处就能感受到浓厚的佛教氛围。每年香会期间，这里人山人海，形成了“海天佛国”的盛会。我国多数沿海地区未能开发出具有当地特色的海洋宗教文化旅游形式，要做到这点，需要长期的政策指引和环境培养。

表 3-22　海洋宗教文化旅游活动涉及的主要建筑景观

海洋文化旅游类型	信仰类型	代表性景点建筑
民间信仰	龙王信仰	广西龙王庙 河北山海关老龙头海神庙、山海关北海神庙 浙江岱山龙王庙
	妈祖信仰	广东南沙天后宫（东南亚最大的妈祖庙）
		福建湄洲妈祖祖庙（全国重点文物保护单位） 显应宫（国家 3A 级旅游景区）
	海神信仰	浙江海宁市海神庙（国家重点文物保护单位）
		福建玄天上帝庙 福建临水夫人庙（陈靖姑） 福建水仙宫
		山东蓬莱阁（国家重点风景名胜区、全国首批 5A 级旅游景区）
宗教信仰	佛教信仰	浙江舟山群岛普陀山 岱山的超果寺、衢山的观音山、嵊山的福泉庵、泗礁大悲山上的灵音寺、江苏睢宁水月禅寺
		海南澄迈永庆寺（拥有“大世界吉尼斯之最”的世界最大金玉佛塑像）
		河北山海关栖贤寺
	道教信仰	海南五公祠（全国重点文物保护单位）
		河北山海关三清观
	基督教信仰	福建三都岛上的西班牙教堂 海南那大基督教堂 浙江宁波药街天主堂、江北天主教堂、宁波基督教百年堂、宁波江东基督教圣教堂

我国海洋宗教信仰文化旅游中宗教建筑受到关注的并不多，只有少数成了国家级旅游景区，因此需要加大开发力度。宗教信仰中的一些节庆活动可以被开发成旅游资源，如庙会、集会等。根据中国古代神话故事改编的戏剧，如“八仙过海”“精卫填海”等，具有丰富的海洋文化内涵，可以增加旅游的趣味性。由神灵观念所形成的民间故事和传说都具有旅游开发性，如海南、广东等地的妈祖文化，有妈祖雕像、妈祖庙可以供人参观，丰富了旅游景观的文化内涵，也为沿海旅游目的地的品牌塑造创造了条件。

3. *海洋饮食文化旅游开发*

古代渔民出门见海、以海为家，饮食上处处都显示出“海派”风格，形成了独特的海洋饮食文化。如今，许多沿海城市将海洋饮食文化与旅游活动相结合，开发出了热门旅游产品。研究证明，体验饮食文化已经成为越来越多游客前往旅游地的目的之一。

海洋饮食文化旅游作为沿海地区的特色旅游产品，不仅推动了当地的旅游经济，也为海产品开发带来了机遇。Carme Belarte 和 Maria（2016）认为，餐饮文化作为旅游业中的一环，对于提高游客满意度很重要。Jiménez（2016）对美食和旅游之间的联系进行了研究，发现当地饮食文化会影响国际游客的动机和满意度。陆凤英（2013）提出，在加强饮食文化旅游宣传的过程中，要凸显饮食文化的魅力，使其为旅游目的地加分。王晓文（2001）认为，要想吸引更多的游客前往，当地对于美食文化的挖掘需要更多的投入，同时也需要当地居民的配合，要努力使饮食文化成为当地旅游文化的一部分。

本书将现有的海洋饮食文化旅游形式归纳为四类：①将海洋饮食作为海洋旅游景区的配套服务。旅游活动一般包括衣食住行，食物是其中关键的一环，将海洋饮食融入旅游景区配套服务，既能凸显当地的海洋文化特色，又可以提高游客满意度，从而达到双赢的效果。②将海洋饮食作为旅游节庆的主题。这种海洋文化旅游形式是我国比较常见也是效果比较好的。各沿海地区举办海洋美食节主要是以当地的海洋民俗文化传统和渔民饮食文化为依托进行宣传。③将海洋饮食与传统景区相结合。这方面典型的例子就是江苏苏州的阳澄湖生态休闲区。每到秋天螃蟹成熟的季节，就会有源源不断的游客涌向阳澄湖，充分带动了当地旅游经济和饮食文化的发展。④将海洋饮食开发成当地特色旅游产品。

沿海地区的海洋环境为其带来了得天独厚的饮食资源，也培育了沿海地区人民的饮食习惯，形成了独有的海洋饮食文化。游客在海洋旅游城市享受美食的同时，也能感受地域风情和饮食文化。例如，上海举办的“金山海鲜文化节”、浙江舟山被称为“中国海鲜之都”、海南地区的“吃海”习俗、福建地区的“水产药膳”等，都是依托海洋条件繁荣起来的饮食文化。其他沿海地区如广西的海产品和海加工品，沿袭了渔民的传统制作工序，凝聚了渔民文化，如鱼露、虾酱（沙蟹加盐磨成酱）等被列入广西非物质文化遗产，但是了解的人却很少，无法促进海洋饮食文化旅游的发展。海洋文化需要宣传，需要通过旅游以及更多的形式让外界了解，这样才能形成良好的发展模式。

4. 海洋遗址文化旅游开发

（1）海上丝绸之路文化旅游开发

沿海地区从古至今都是文化、贸易交易的重要地区，对我国经济发展起到了重要的推动作用。海上丝绸之路是我国海洋文化发展的重要缩影。在“21 世纪海上丝绸之路”的战略构想提出后，各行业积极响应，海上丝绸之路与旅游业结合形成的海上丝绸之路文化旅游项目也逐步发展起来。《“十三五”旅游业发展规划》提出，推进旅游区产业集聚，同时打造海上丝绸之路旅游带等 10 条国家精品旅游带。海上丝绸之路重要遗迹与所属海洋文化见表 3-23。

表 3-23　海上丝绸之路重要遗迹与所属海洋文化

海上丝绸之路重要遗迹	所属海洋文化
海上丝绸之路第一港——徐闻	徐闻雷州文化、南珠文化、海神信仰文化
海上丝绸之路起点之一——广州	岭南文化、中印佛教文化交流
海上丝绸之路重要始发港——泉州	航海文化
海上丝绸之路重要港口——扬州	中日佛教文化交流
传统对外开放港——宁波	运河文化、妈祖文化、舟船文化

从 2015 年的旅游主题——丝绸之路旅游年可以看出，我国越来越重视海洋文化旅游，对海洋文化旅游的开发步伐也在加快。2015 年 11 月，福建省福州市开始承办“海上丝绸之路国际旅游节”，截至 2021 年底，已经举办七届。福州市借旅游节契机，开发丝绸之路特色旅游产品，成效显著。

（2）海洋军事文化旅游开发

中国沿海地区有许多海洋军事文化的遗迹，具体包括以人物、事件和建筑为主题的三类海洋军事文化。沿海地区一直是我国抗击外敌的重要防线，历史上许多有名的战役都在沿海城市爆发，特别是抗日战争时期，沿海地区留下了很多战争遗迹，可供后人参观、学习，感受先烈保家卫国、不畏强敌的爱国情怀。近年来不断发展的红色旅游正是为了让游客在游玩的同时不忘祖辈浴血奋战的历史。海洋旅游城市应加大海洋军事文化的开发力度，努力挖掘海洋军事文化的深层次含义。

海洋文化旅游因海洋风光而动人，海洋风光因历史文化而厚重。海洋军事文化旅游具有一定的教育意义，能够激发人们的爱国情感，推动文化的传承，这是文化旅游中较高层次的旅游活动，是一般旅游活动所做不到的。因此，对于海洋军事文化旅游，需要加大开发力度，进一步提升其价值。

5. 沿海各省份海洋文化旅游开发现状

目前，我国沿海省份对海洋文化旅游越来越重视，并且提出了各具特色的海洋文化发展理念，新时代的海洋文化特征不断融入旅游发展的文化建设之中。海洋文化旅游主要集中在沿海区域和海洋区域，这是海洋文化旅游产业区别于其他文化产业最明显的特征。各沿海省份均提出了海洋文化与海洋旅游相结合的发展方向。河北沿海地区提出的海洋发展主题为“弄潮渤海，希望河北”，加速海洋旅游与文化旅游的结合；福建沿海地区的海洋发展主题为“弄潮海西，蓝色福建”，进一步凸显福建的海洋文化特色；广西沿海地区的海洋发展主题为“广西北部湾——中国沿海经济发展新一极”，以包括海洋旅游在内的海洋经济带动广西地区发展；上海沿海地区的海洋发展主题为“海·城市”，将海洋文化融入城市发展；广东沿海地区的发展主题为“魅力海洋，蓝色广东”，充分将海洋文化与旅游业结合带动经济发展；江苏沿海地区的发展主题为“蓝色家园，美好江苏”，将海洋文化的寓意融入发展主题；海南沿海地区的发展主题为“海南国际旅游岛，圆您蓝色幸福之梦”，希望能给游客带来幸福的感受；浙江沿海地区以“善待海洋，善待人类”为发展主题，将目光集中在海洋资源的可持续发展和与人类共同发展的问题上；天津沿海地区的发展主题为“和谐开放、洋气大气的天津”，体现了天津文化的爽朗；辽宁沿海地区以“辽宁之韵”作为海洋发展主题，既体现出辽宁大量的海洋旅游资源，也体现了辽宁对自身海洋文化的自信；山东沿海地区的海洋发展主题为“岱青海蓝，好客山东”，这一主题将山东的海洋文化与旅游文化相结合，充分彰显山东作为沿海大省的好客之情。

四、海洋文化旅游开发中存在的问题

通过前文对我国海洋文化旅游开发现状的分析，可以看出目前我国海洋文化旅游开发中还存在一些问题。

（一）产品同质化现象严重

海洋文化旅游开发是文化旅游开发的一种类型，目前存在着文化旅游开发中经常出现的旅游产品同质化的问题。我们在调查中发现，有些省份为了树立海洋文化旅游形象，会突出某一海洋文化特色，将其作为品牌，结果导致其他地区不顾实际情况纷纷效仿。例如，福建莆田是妈祖文化的发源地，并以此作为海洋文化旅游品牌进行宣传，但是福建省是一个多宗教信仰融合的地区，其他区域有许多不同的民间信仰，在旅游发展中却呈现出妈祖信仰一家独大的现象。

近年来，海洋文化旅游项目千篇一律，如海洋节日重复率很高，但是具有文化特色的海洋节日如北海珍珠文化节，举办间隔时间却超过 4 年。这表明当地对海洋文化旅游的重视程度不够，对旅游资源的挖掘程度也不够。虽然近年来我国旅游业发展非常快，已经成为海洋产业中经济增长最快的产业，同时我国海洋旅游资源丰富，作为海洋文明古国，无论是自然景观还是人文景观，数量都很多，但景区文化特色并不突出，这会让游客对同质化的景区和产品产生审美疲劳，从而失去兴趣。厦门、舟山、福州等地都是比较著名的海洋旅游城市，去过的游客会发现，当地的文化纪念品大同小异，仔细一看还会发现，这些纪念品都是义乌小商品市场批发而来。海洋旅游已陷入发展统一化、旅游产品同质化和批发化的怪圈。

（二）新理念尚未形成

海洋文化旅游理念就是以旅游城市海洋文化发展为主题，坚持可持续发展的海洋生态和谐观。海洋旅游资源是宝贵的、不可复制的，为了发展旅游业而过度使用海洋资源会对环境造成不可逆的影响，所以我们要坚持长期发展理念，注重旅游景区中海洋文化理念的输入和输出。打造海洋文化旅游形象，注重海洋文化旅游路线中文化的体现，是当前海洋文化旅游发展尤其需要加强的。以往人们对旅游的关注总是集中于外在的、肉眼能见的事物上，如城市风景是否美丽、建筑物是否美观、街道是否整洁等，如今随着生活水平和文化程度的提高，人们对旅游的需求已不仅仅停留在物质层面的享受，更多地集中于精神的愉悦和文化的提升上。面对旅游群体数量的上升，政府和企业在旅游活动设计和规划中，要更多地体现海洋文化旅游的理念提升。许多中小城市会因为一两个旅游城市的海洋文化项目做得成功而去“取经”，这样做虽然有一定的可行性，但是带来的效果并不会长久。成熟的海洋文化旅游发展模式是基于城市自身的实际情况，探究海洋文化与旅游结合的可行性。很多沿海旅游城市为了经济发展而忽略了生态文化建设，例如，沙滩文化中的海上游船项目导致许多海洋垃圾，海洋中的废水有 75% 来自游轮。在海洋文化旅游开发中，不能只顾经济效益，应该以海洋文化开发促进海洋生态环境保护，以维护海洋生态环境促进海洋文化的长期可持续发展。一些开发者，只是将原本荒芜单调的海滨渔村建设成工人休闲娱乐的度假村，在他们眼中，海洋文化仅仅是海洋的自然风光和为自然风光起好听的名字，他们只会一味地对海洋资源进行索取，没有形成海洋文化可持续发展观，会使旅游与海洋资源的融合发展陷入恶性循环。目前，海洋文化旅游理念尚未形成，海洋文化旅游业的可持续发展面临诸多挑战，如何使海洋文化旅游进入可持续发展的良性循环是亟待解决的问题。

（三）品牌形象不鲜明

在开发海洋文化资源时，首先要确定这些海洋文化与城市海洋文化品牌的定位是否一致，要将海洋文化资源的开发方向与城市本身所拥有的特质紧密联系起来，才能创立城市的海洋文化旅游品牌。城市旅游品牌不明确与其海洋文化资源挖掘程度不够有相当大的关系。如果海洋文化旅游资源在同一主题上纵向延伸，就能为城市树立良好的海洋文化旅游品牌形象，如浙江舟山群岛中的普陀山，以海洋宗教文化中的佛教文化作为旅游品牌形象，并开发了一系列与主题相关的旅游活动，如“南海观音节”、岛上的佛教建筑参观等，有宏伟的佛像和观音像伫立在岛上，为了祈福来到岛上的游客就会觉得不虚此行。但是这样成功的案例只有少数的海洋旅游城市能够做到。目前我国的海洋文化旅游城市存在着互相模仿、照搬照抄其他城市旅游发展模式的现象，使得城市文化没能与旅游品牌形象很好地融合，游客只能感受到千篇一律的海洋旅游项目。盲目跟随潮流也是海洋文化旅游品牌发展面临的问题。游客出境游通常会选择美国、欧洲等现代化程度较高的地方，于是部分海洋城市也选择建造现代的海洋主题公园、游乐场等设施招揽顾客。近几年，游客出境旅游大多选择泰国、柬埔寨、新西兰等具有较好生态环境和多传统文化的国家，于是又有旅游城市进行模仿。旅游城市缺少核心的发展主题，只会随着潮流改变，是无法创造品牌价值的。近几年，海上丝绸之路旅游也成为较受欢迎的旅游模式。真正的海洋文化旅游开发模式应该是由内而外的，即以内在的海洋文化为基础塑造品牌核心形象，而不是现在的由外而内。

我国目前有 53 个海洋旅游城市，拥有相当丰富的海洋旅游资源。这些城市集美景、美食和古遗迹于一身，但是它们对海洋文化旅游的开发却停留在初级阶段，并且缺乏创新。此外，打造一个专属于自身的海洋文化旅游品牌除了需要明确的主题之外，还需要时间。如同企业从诞生走向成功再走向衰退是一个生命周期一样，海洋文化旅游也有其生命周期，旅游目的地的品牌塑造要经过探索和试验，再进行大力发展，不能急于求成。总体来看，我国的海洋旅游城市虽然拥有丰富的海洋资源，但是缺乏针对性的开发模式，使得现有的旅游资源还停留在传统意义的组合上，游客对于旅游城市海洋文化的记忆不鲜明，城市也未能形成海洋文化旅游品牌形象。

（四）区域一体化进程缓慢

我们在研究中发现，海滨城市旅游的文化群较为相近，增强社区合作有助于旅游业的开发。从宏观来看，海洋城市群需要协同发展，营造城市群海洋文化氛围，有助于增加旅游城市对游客的吸引力。如果城市群之间缺乏相互支撑，如辽宁省只有大连和旅顺是人们熟知的海洋文化旅游城市，大连由于其优越的地理位置和丰富的海洋旅游资源，旅顺则因为其丰富的海洋军事文化遗址成为发展较快的旅游城市，而辽宁省其他城市却无法起到支撑作用，导致辽宁省整体的旅游收入一直处于沿海省份中下游的位置。为了缩小地区间的发展差距，实现沿海城市群之间的协调发展，不能局限于城市与城市之间的合作，而要着眼于更广泛的地域、更深入的合作，探索区域经济一体化的发展模式。

旅游业也需要开展区域合作。然而，我国各区域旅游合作虽然发展迅速，但真正的区域一体化仍然发展缓慢，且地方政府各自为政，没有统一的发展战略和措施。我国海洋文化旅游发展中缺少区域间的合作，更多存在的是竞争，尤其是处在同一个海洋经济圈的旅游城市之间的相互竞争。环渤海旅游带在 1985 年就开展旅游合作，但是由于在一体化发展过程中理论和政策的提出多于实际的实施，区域一体化进程十分缓慢。环渤海旅游带中的山东省青岛市和辽宁省大连市，在海洋文化、经济实力方面较为相近，相互之间的竞争也异常激烈，如大连的啤酒节和青岛的啤酒节就一直作为各自的品牌旅游节存在竞争关系，这就直接导致了以下后果：一是分散了客源；二是增加了海洋旅游城市的重复性；三是分散了资源且两者规模都比不上国外。要避免两败俱伤，达到合作共赢的效果，就要加强交流与合作，避免资源的重复开发。因此，区域一体化是大势所趋。

（五）供应链系统建设不均衡

海洋文化旅游配套系统包括设施和服务两大部分，如图 3-5 所示。很多地区的海洋文化旅游形象全靠一个特别有名的景区支撑，其他产业的发展速度则严重滞后。海洋文化旅游品牌树立起来之后，就需要其他产业的配套，如酒店业、餐饮业的同步发展，只有这样，才能使海洋文化旅游城市的品牌形象长久保持。山东、海南等地发生的“天价海鲜餐”事件，部分暴露出城市配套服务的短板和政府管理的缺失，使海洋旅游业的形象大打折扣。因此，在海洋文化旅游开发的同时，也要注重配套经营服务产业的建设和管理，要使各产业均衡发展。地区管理经营主体的文化程度，对海洋文化的重视程度也很重要，一般经营主体文化程度较高的沿海地区，文化旅游的开发利用程度会比较高。

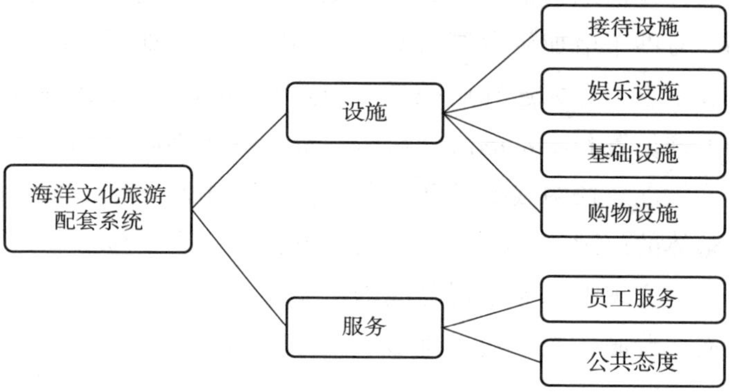

图 3-5　海洋文化旅游配套系统

近几年，各地政府纷纷倡导旅游与多业态的融合发展，这也是我国轰轰烈烈地进行“厕所革命”的原因。要让海洋文化旅游均衡、长期稳定地发展，需要城市配套设施和服务行业的协调配合与共同发展。

（六）本土化模式尚不成熟

海洋文化旅游的核心在于海洋文化，海洋文化是海洋经济长期发展、沿海地区人民生活习俗的缩影。各地的海洋文化存在差异，这种差异造就了海洋文化旅游的特色。目前海洋文化旅游发展中存在的诸多问题正是本土文化开发的缺失造成的，并且由于很多地区对自身海洋文化的了解不够，文化不自信，却想成为旅游城市，于是出现盲目模仿国外著名旅游建筑的情况。像这样忽略本土海洋文化发展的城市在中国有不少，如杭州天都城内的“埃菲尔铁塔”、浙江绍兴市柯桥城区街头的“凯旋门”、江苏苏州相城区内比原版更加壮观的“伦敦塔桥”，还有各个版本的山寨白宫，以及江西、安徽、湖南等地的一些刻意仿照白宫样式建造的政府大楼。这些“山寨”“仿冒”的建筑不仅无法吸引游客、浪费金钱和资源，而且与城市文化格格不入，更会使本土文化受到冷落，使本土文化旅游发展受到限制。

在海洋文化旅游本土化模式开发中，应将目光放在自身文化上，深入挖掘本土景观背后的文化内涵，探索内外兼修的海洋文化旅游发展模式，形成城市特有的旅游优势，走“文化自信”的道路，这才是未来海洋文化旅游发展的方向。

第四章

海洋文化旅游本土化模式理论模型的构建与解析

一、海洋文化旅游本土化模式动力机制整体模型

在新的形势下，要提升我国海洋文化旅游的竞争力，急需探索一种适合我国国情和各地实际情况的海洋文化旅游新型发展模式。因此，本书提出海洋文化旅游本土化模式动力机制整体模型。这一整体模型包含海洋文化旅游本土化模式动力机制、海洋文化旅游本土化模式和海洋文化旅游竞争力三要素。其中，海洋文化旅游本土化模式动力机制包含核心源、内源推拉性动力、中源渠道性动力和外源激发性动力四个层次，可推动海洋文化旅游本土化发展，提升我国海洋文化旅游的竞争力（见图 4-1）。

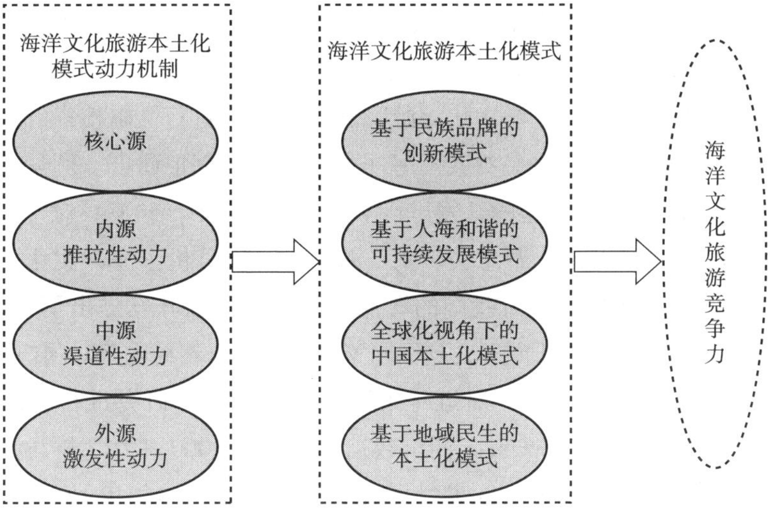

图 4-1　海洋文化旅游本土化模式动力机制整体模型

海洋文化旅游本土化模式动力机制以人海和谐的理念作为核心源，以海

洋文化主题及海洋文化吸引物作为内源拉动力，以海洋文化主题公园、节庆活动、解说系统和符号系统及营销策略四种渠道形成中源渠道性动力，将政府创新规划促力和区域创新整合促力组成的外源激发性动力与内源推拉性动力紧密结合在一起。

在这一整体模型中，海洋文化旅游本土化模式的内涵主要体现在4+X维度，分别是基于民族品牌的创新模式、基于人海和谐的可持续发展模式、全球化视角下的中国本土化模式和基于地域民生的本土化模式，以及在此基础上随时间推移不断进行的拓展和丰富。

在海洋文化旅游本土化模式动力机制整体模型理论构建的基础上，本章分别对海洋文化旅游本土化模式及其动力机制进行了深入的阐释和分析，并通过典型案例研究和实证研究进行检验，据此提出动力机制系统的建设完善和创新对策，以提升我国各地海洋文化旅游的竞争力，使其海洋文化特色愈加鲜明，让游客获得更加丰富的海洋文化体验，让海洋文化旅游产业得到跨越式发展。

二、海洋文化旅游本土化模式的提出

（一）国外海洋文化旅游开发的经验和模式

我国海洋文化旅游开发虽然起步较晚，但是现在正处于蓬勃发展阶段。在此过程中，不仅要加快我国海岛旅游开发，促进我国区域经济发展，也要借鉴国外海洋文化旅游开发的成功经验。

在知网上以主题词“海洋文化旅游”和“开发”进行文献检索，共检索到59条结果，但其中绝大部分是对我国海洋文化旅游的例证研究。例如：王大悟（2005）对舟山海洋文化旅游的开发进行了探讨。苏勇军（2007）对宁波海洋文化旅游的开发进行了分析。董志文、张广海（2004）分析了海洋文化旅游在我国滨海旅游中的重要性，并对我国的海洋文化旅游资源开发提出了一些建议。虽然他们将海洋文化旅游研究上升到了国家层面，但仍然局限于对国内的研究。

蔡礼彬、王晨琳（2017）对近年来国外的海洋旅游研究进行了综述。他们主要通过对Elsevier和Springer两个数据库收录的2000—2017年与海洋旅游有关文献的检索，并结合Google学术搜索引擎，对筛选出的相关度较高的135篇英文文献，从海岛旅游、滨海旅游、游艇旅游、海洋旅游影响、海洋旅游文化五个方面进行述评，总结出国外在海洋旅游文化方面的研究主要集中在海洋遗产的保护与管理方面，很少将其与旅游结合。

国内还有一些学者对国外滨海旅游和海岛旅游的开发模式进行了研究。高健（2007）总结了海岛旅游的开发模式，主要从海岛开发驱动力、投资主体、管理体制三个方面进行分析。王树欣、张耀光（2008）分析和总结了国外海岛旅游开发的成功经验，并对我国海岛旅游开发提出了具体建议。杨洁（2009）提出了海岛旅游的一般开发模式，包括资源主导、产品主导、特色生态和综合协调四个方面。还有学者以案例的形式对国外的一些著名滨海旅游目的地的开发模式进行了研究。例如，秦川（2015）在国内外经典度假区研究中提到，墨西哥坎昆充分整合当地的传统文化旅游资源（玛雅文化），打造了滨海旅游度假区。

随着旅游目的地之间的竞争越来越激烈，文化旅游在中国海岛型旅游目的地中的地位日益凸显。一些岛屿将其独特的文化和自然风光作为核心竞争力，并因此获得了巨大的经济效益。Ramkissoon（2015）主要从感知真实性、地点依恋、地方满意度和游客的文化行为倾向四个维度探讨了文化的真实性，并指出增强游客对自然吸引物的感知能够提高他们对非洲海岛旅游的满意度，从而促进非洲海岛旅游经济发展。Stephen A. Royle（2009）利用巴特勒模型分析了地中海岛屿旅游业的变化，并提出保护遗产和文化对西班牙马洛卡岛旅游业的复兴具有十分重要的作用。体育旅游作为节事旅游重要的组成部分，对推动海洋文化旅游的开发也发挥了重要作用。Charles C. Lim 和 Ian Patterson 分析了体育旅游对海岛旅游业发展的重要性，并强调海岛在策划举办旅游赛事时要树立长远的战略目标，考虑事件的长期方向。Joshua B. Fisher 和 Rizwan Nawaz 等（2007）研究了马来西亚热浪岛旅游开发中的文化冲突。R. C. Buckley、D. Guitart 和 A. Shakeela（2017）分析了马尔代夫的冲浪旅游资源的争议性。Khaled A. Osman 和 Baher I. Farahat（2017）提出，黎巴嫩著名港口城市赛达的振兴战略要以旅游和文化的开发为导向，并且对赛达海洋文化旅游业的发展提出了自己的见解。他们指出，赛达除了要进一步完善旅游基础设施建设，还要加强码头建设，通过举办文化节、音乐节、展览及各种庆祝活动来提升城市形象。

综上所述，很多国外学者也意识到了发展文化旅游业对于海洋旅游业的深度开发是十分必要的，但大多数国外学者仅限于对滨海旅游区历史文化遗产保护的研究，即便有学者对某一地区的海洋文化旅游开发给出了自己的建议，总的来说，国外学者对国外著名海洋文化旅游目的地的开发模式也缺乏系统化、专业化的研究。因此，十分有必要对国外著名海洋文化旅游开发的模式进行系统化的研究，发现不足，吸取经验，进而取其精华，应用于我国海洋文化旅游的本土化模式创新中。

1. 国外著名海洋文化旅游目的地的开发模式分析

目前世界上著名的海洋旅游目的地主要分布在热带和亚热带地区，而著名的海洋文化旅游目的地主要分布在地中海地区，如西班牙、意大利、法国和希腊等；大洋洲地区的海洋文化旅游目的地有美国的夏威夷和斐济群岛等；东南亚地区著名的海洋文化旅游目的地主要有新加坡、泰国和印度尼西亚等；加勒比海地区的海洋文化旅游目的地主要有墨西哥坎昆和巴哈马群岛、巴巴多斯岛等；印度洋地区的海洋文化旅游目的地主要有马尔代夫、斯里兰卡和毛里求斯等。

这些国家和地区在海洋文化旅游业的开发方面都取得了不错的成绩，有很多值得我国学习和借鉴的地方。本章主要对三个典型的海洋文化旅游海岛和国家的开发模式进行分析。

（1）著名海岛坎昆的开发模式分析

位于加勒比海尤卡坦半岛东北部的坎昆三面环海，是一座不仅拥有美丽的大海还拥有丰富文化的神秘岛屿。“坎昆”一词出自玛雅语，寓意给人们带来欢乐、幸福和安康。

20 世纪 60 年代，坎昆还只是个偏僻的小渔村。20 世纪 70 年代开始，墨西哥政府斥巨资在坎昆打造国际级的旅游度假区和商贸中心，并将旅游业列为开发的核心。如今的坎昆已经发生了翻天覆地的变化，其所特有的玛雅文明以神秘的姿态向世人招手。具有本土特色的玛雅文化吸引着络绎不绝的游客前往坎昆旅游。据统计，奇琴伊察、图卢姆等玛雅文化遗迹已经成为游客心目中坎昆最具魅力的必游景点。

坎昆的海洋文化旅游开发模式具有以下特点：

第一，规划科学，重视公众参与。

坎昆在海洋旅游开发上的一大特色就是十分注重本土文化的开发和保护。墨西哥政府提出了“玛雅大海岸”的生态旅游策略，还制定了“玛雅世界”的旅游规划。坎昆政府十分重视科学的规划设计，坚定地发展度假旅游，对整个旅游区的发展进行总体规划，且十分注重游客体验。目前坎昆接待的入境游客人均消费 1000 美元以上，人均停留时间将近一个星期。坎昆海洋文化旅游开发的科学规划体现在以下三个方面：其一，具有前瞻性，即规划时间跨度大。旅游区开发前的规划不能只顾眼前利益，更要注重旅游区的长期发展，尤其在旅游基础设施的建设上，应保证质量并有提升的空间。其二，具有民主性，即关注民意，听取多方面的建议。在制定规划的过程中，不仅有专业的团队进行实地考察、科学规划，还多方面听取建议，尤其是当地居民的建议。听取民众的意见与建议，力求获得民众的支持和认可，不仅能够减少规划在后续实施中的阻力，还能提高规划的科学性。其三，具有严谨性。这点主要体现在规划具体实施的过程中。旅游开发规划的实施必须严谨，并且要循序渐进地进行。

第二，政府主导，多方投入。

政府在坎昆旅游业的开发中扮演了举足轻重的角色。在坎昆海洋旅游的开发中，政府不仅注入了大量的资金，还制定了一系列优惠政策。例如，对其主要客源国欧美国家提供免签政策，并且不断延长欧美以外国家游客和投资者的签证期限。坎昆的中心商业区如今有 1500 多家免税店，游客除了可以购买到世界名牌、奢侈品外，还可以购买当地的传统手工艺品，这些精致的手工艺品也加强了当地文化的传播。在一系列优惠政策、坎昆得天独厚的海洋旅游资源和光明的旅游发展前景的综合作用下，一大批海外资金投入坎昆的海洋旅游开发。经过多年的建设，曾经贫穷荒芜的小岛，凭借日益发达的旅游业拉动了当地经济的增长。

第三，旅游基础设施完善，且与地域特色有机结合。

坎昆度假区每年要接待的游客超过 300 万人，主要客源国（地区）是美国、西欧、拉丁美洲和日本。坎昆度假区公路交通发达，有多条公路通往市区，避免了旅游高峰期带来的不便。在旅游公共基础设施建设方面，坎昆力求向国际化水平看齐，不仅包罗万象，而且内容丰富多彩，富有创造性。此外，坎昆十分注重文化旅游业的发展，本土的玛雅文化遗迹已经成为每个游客的必游之地。

坎昆在旅游基础设施建设上也十分注重与当地的玛雅文化交相辉映。例如，坎昆在其 20 公里的白金海岸上建立了以天然棕榈叶为顶，以玛雅时期白色石柱为支撑的供游客休憩的观景棚和观景屋。度假区内的酒店设计别具匠心，无论是酒店的外观还是内部的装修、陈设，都给人眼前一亮的感觉。坎昆还十分重视度假区的绿化建设，小到路边的广告牌，大到整个景区，从细节到整体都彰显着浓厚的地域特色和令人回味的艺术性。此外，坎昆海洋文化旅游区内的安保措施做得也十分到位，旅游区内随处可见巡逻的警察，为游客的生命、财产安全保驾护航。

第四，坚持以人为本，重视生态保护。

坎昆在海洋文化旅游开发中十分注重生态环境和历史遗址的保护。坎昆在海洋旅游开发的过程中，保留着大面积的自然保护区，自然保护区的面积占坎昆总面积的53%，而旅游区仅占18%。坎昆的玛雅文明遗址在供游客参观的同时，也被很好地保护着。“以人为本”的思想是坎昆在海洋文化旅游开发中的核心思想，主要表现在旅游区建设的方方面面都考虑到了人性化和绿色化。旅游区内不仅遍布各种人性化设施，郁郁葱葱的绿色植物也是随处可见。

（2）著名海洋文化旅游国西班牙的开发模式分析

西班牙是闻名世界的旅游强国，虽然其国土面积还不到中国的1/5，但其旅游业一直处于世界前列。据统计，2021年西班牙的境外旅游人数突破了3100万大关，比上一年增长63%；境外游客消费达到348.16亿欧元，比上一年增长76%。西班牙坐落于伊比利亚半岛，三面环海，海岸线长达7800公里。西班牙拥有丰富的海洋旅游资源，不仅有柔软细腻的沙滩、清澈蔚蓝的海水，还有温暖充足的阳光。优越的地理位置，使其拥有广阔的高端市场。相较于大多数欧洲国家的温带海洋性气候，西班牙的地中海气候使其旅游业发展具有明显的优势。先天的资源和地理优势使西班牙早期以“3S”（Sunshine，Sea，Sand）作为主要的吸引物，旅游业得以快速发展，这种以“3S”甚至“4S”（Sunshine，Sea，Sand，Seafood）为主要吸引物的海洋旅游开发模式后来被很多国家所借鉴。随着西班牙旅游业的快速发展，仅仅依靠先天自然旅游资源已经不能满足游客的需求。随后，西班牙开发了与本土文化相结合的深度旅游模式。海洋与文化的结合让世界各国的游客深刻地体验到了西班牙的风情万种。

西班牙的海洋文化旅游开发模式如下：

第一，文化产业和海洋旅游产业的互动发展。

西班牙曾是世界上著名的海上大国，航海历史十分悠久。坐落于西班牙历史名城巴塞罗那的航海博物馆，向世人展示着这个曾经的海上霸主的卓著成就。航海博物馆很好地将文化产业和旅游产业相结合，向人们展示了西班牙的航海文化、航海历史及西班牙当时精湛的造船工艺。西班牙的“无敌舰队”曾经是世界上最大的舰队，航海博物馆很好地复原了当时“无敌舰队”恢宏气派的场景，也向世人展示着西班牙人民的文化自信。

西班牙海洋旅游能够让游客感受到浓厚的西班牙风情。无论是嬉戏在西班牙的阳光沙滩，还是漫步在巴塞罗那的街头，游客都能感受到文化和海洋旅游的完美融合。西班牙人对海鲜的热爱并不仅仅是用华丽的海鲜大餐所展现的，看似黑暗料理吃起来却浓香四溢的墨鱼饭，更偏向家常的蒜泥虾、鱿鱼圈，都展示了西班牙的地中海风情。可能是受到海洋文化的长期影响，西班牙人都十分热情奔放，这一点可以从欢快热闹的弗拉明戈舞和惊险刺激的斗牛中体会到，这与他们自古以来就喜欢在大海中探索冒险有关。海洋文化的影响不仅体现在美食和舞蹈上，更体现在建筑上。谈起西班牙的建筑，不得不提西班牙建筑师安东尼·高迪，他所获得的成就举世瞩目，给人类留下了宝贵的文化遗产。高迪设计的很多建筑融入了海洋的元素，例如：米拉之家，整栋建筑的造型犹如汹涌澎湃、绵延不绝的海浪，起起落落，十分壮观；巴特罗之家也是一个如梦似幻的童话世界，洋溢着满满的海洋元素——旋涡般的天顶，水波般的阳台，潜水艇般的房间，海渊般贴满蓝色马赛克的中庭等。

第二，高度重视生态环境保护。

西班牙在海洋旅游的发展过程中也曾遇到瓶颈，由于早期的旅游景区规划并不是十分科学，预见性不强，有的滨海旅游点游客过于密集，酒店建设过多、过高、过密等问题导致其海洋生态环境遭到破坏。再加上国际市场的竞争压力不断加大，发展中国家海洋旅游业的崛起，来自周边国家如法国、意大利等的竞争，西班牙的海洋旅游业也曾出现滑坡。随后，西班牙政府越来越重视旅游业发展中的生态环境保护问题。西班牙的海洋文化旅游之所以能够长盛不衰，除了得益于其不断更新换代的海洋文化旅游产品，更重要的原因是西班牙对生态环境保护的高度重视。其旅游业的可持续发展主要表现在生态多样性、社会文化的可持续性和经济发展的可持续性三个方面。西班牙是最早对旅游业的管理与保护进行立法的国家之一。对于海洋旅游生态环境的保护，西班牙政府还专门制定了《海滨法》。在一系列政策法规的保护下，西班牙的海洋文化旅游得以可持续发展。

第三，实施差异化的营销战略。

西班牙每年都能吸引众多境外游客，除了其大量海洋文化旅游产品具有很强的吸引力之外，少不了其独特的营销策略。西班牙在注重整体营销的基础上，根据不同地区的特点采取差异化的营销策略。对于已经成熟了的欧洲市场，西班牙更加偏向于以“阳光、沙滩、海”为主的旅游形象的维护，致力于打造这些旅游产品在欧洲消费者心目中的形象。对于新兴的东欧市场，西班牙加大了对“阳光、沙滩、海”的宣传力度，以发展度假旅游为主。对于远距离的美洲市场，西班牙更注重文化的输出，着力打造品牌形象。西班牙通过给予游客更加深刻的海洋文化旅游体验来提升其在世界文化旅游市场上的占有率。据世界旅游组织统计，2016 年中国的国际旅游消费支出为 2610 亿美元。据欧洲时报网报道，西班牙是 2017 年国庆黄金周中国游客出境长线游的第二大旅游目的地。对于如此强大的中国旅游消费市场，西班牙政府也采取了一系列营销战略。例如，2017 年 6 月西班牙马德里大区旅游局局长 Carlos Chaguaceda 先生和西班牙 Asialinkspain CEO Jennifer Zhang 女士一同参加了携程旅行网与马德里大区旅游局的战略合作签署仪式。此次战略合作的达成，预示着西班牙马德里大区与携程将在包括目的地营销推广及产品开发在内的更多领域进行深入合作。西班牙旅游局与中国本土最大的旅游电商合作，为跨境旅游的营销模式创新和海洋文化旅游的发展提供了新的发展思路。

第四，实施人才优先战略。

相比很多国家和地区在旅游业开发初期更多考虑“硬件设施”的建设，如修建旅游景区、打造观景平台等，西班牙早在其作为旅游强国崛起的初期就十分重视“软件设施”旅游人才的培养。早在 20 世纪中叶，西班牙就在全国建立起了一大批旅游学校和培训中心，培养了一大批高质量、专业化的旅游人才，这也为后来西班牙在“硬件”建设上提供了坚实的人员后盾。海洋文化旅游业的发展本身具有互动性、文化性和深度性，所以需要大批高质量、专业化的旅游人才。全面深入地了解我国的海洋文化，有助于培养国人的文化自信，不断提高我国的旅游服务水平。只有这样，才能使我们更加自信地向国外输出中国本土海洋文化，推动我国海洋文化旅游业的发展。西班牙的旅游服务质量无论在欧洲还是在世界范围，都处于领先水平，其在海洋文化旅游专业人才培养方面的很多经验值得我们学习。

（3）著名海洋文化旅游国新加坡的开发模式分析

新加坡作为一个城市之国，国土面积只有 714.3 平方公里，是上海的 1/9。据新加坡旅游局（STB）统计，2021 年新加坡的入境旅游收入为 19 亿新加坡元，相当于 14.1 亿美元，较 2020 年（48 亿新元）下降了 60%；入境旅游人数达到 33 万，较 2020 年下降了 88%。其邻国马来西亚的国土面积是新加坡的 400 多倍，2021 年的入境游客量为 13 万，入境旅游收入只有 2.4 亿林吉特，相当于 0.5 亿美元。由此可以看出，新加坡入境游客的人均消费远高于马来西亚。新加坡旅游业的发展主要以市场为导向，因为它的“3S”资源等级并不是很高。与马来西亚、泰国和印度尼西亚相比，新加坡在“3S”资源上并不占优势。虽然新加坡在先天的海洋文化旅游资源方面并不占据优势，但是从新加坡海洋文化旅游开发模式所取得的成绩来看，以市场为导向、以满足游客需求为目标的人工海洋文化旅游产品的打造，使其在众多海洋文化旅游目的地中脱颖而出。

新加坡是一个有着多元文化的移民国家，主要有四大种族，文化的包容性很强。新加坡被誉为“花园城市”，给人的感觉也一直是优美、精致的。新加坡在海洋文化旅游的开发上，也可以用“精致”来形容。

新加坡的海洋文化旅游开发模式如下：

第一，以游客为导向的海洋文化旅游开发。

新加坡海洋文化旅游的开发十分关注游客市场的变化，注重对游客市场进行细分。目前，新加坡旅游局将现有的游客市场划分为六大类，并针对不同的游客群推荐相应的旅游资源，具体如下：

海洋文化之旅——饕餮盛宴。新加坡旅游局出版了《2017 新加坡米其林指南》，汇集了从街头到米其林三星餐厅的美食，满足美食主义者的一切需求。不管是米其林法式大餐肉羹水煮龙虾，还是更加地道的辣椒螃蟹，或是充满市井气息的新加坡“国菜”海南鸡饭，都能触发游客的味蕾，让游客享受到舌尖上的海洋文化之旅。

海洋文化之旅——神秘探险。城市探索者可以在动物园与人类的朋友近距离接触，更可以在植物园、南部山脊等地方感受自然的魅力，还可以在标志性的滨海圣地发现海洋文化的魅力。如果游客厌倦了紧张忙碌的新加坡本岛，那么就跟着城市探险者一起逃离到南部群岛——圣约翰岛、拉扎鲁斯岛和实林格岛，去感受世界上最迷人的气味——轻拂面庞、充满淡淡咸味的清新海风味道，去体验世界上最舒服的感觉——温暖的细沙轻轻滑过脚趾间时那种又酥又痒的感觉，去聆听世界上最好听的声音——海浪爬上海滩时那种舒缓恬静的沙沙声。西北部大片的红树林是自然爱好者、历史爱好者、背包客、健走爱好者、探索者和摄影爱好者等会聚的天堂。新加坡的海洋文化之旅藏在城市探险者充满好奇的眼睛里。

海洋文化之旅——精品收藏。精品收藏家可以去乌节路、滨海湾金沙等综合购物街区找寻国际大牌，还可以去武吉士、哈芝巷或者跳蚤市集找寻不俗的精品物件。在这里，游客还能看到极具南洋风情的老物件。新加坡的海洋文化之旅藏在精品收藏家奇妙的口袋里。

海洋文化之旅——极限挑战。从尚道日落马拉松到马达轰鸣的夜间 F1，还有韩都岛的潜水，都是极限挑战者不能错过的精彩。海洋生物园的SEA海洋馆拥有超过10万只海洋动物，极限挑战者可以纵享水上探险乐园滑道所带来的疯狂刺激的嬉水乐趣。冒险者可以乘坐电车悠闲地沿着探险之河顺流而下，依次经过热带雨林公园、神秘洞穴和被海洋生物环绕的水底隧道等14个趣味盎然的主题区。与此同时，热爱极限的挑战者还可以在彩虹礁的环礁湖浮潜，与2万条温和的鱼儿在人造珊瑚礁玩捉迷藏。或者，涉水走过鳐鱼湾，感受数十条鳐鱼在身边游弋和轻触它的柔软鱼翅的优美感觉。新加坡的海洋文化之旅藏在极限挑战者寻求刺激的感官里。

海洋文化之旅——仲夏狂欢。对于狂欢发烧友，新加坡仲夏夜、Zoukout音乐节、海滩派对、新加坡鸡尾酒节以及克拉码头、客纳街、荷兰村里各色风格的酒吧街是不能错过的地方。新加坡的海洋文化之旅藏在狂欢发烧友魔幻的步伐里。

海洋文化之旅——艺术殿堂。文化爱好者可以参观东南亚视觉艺术殿堂——国家美术馆、东南亚当代艺术汇聚之处——新加坡美术馆以及集结了世界知名巡回展的艺术科学博物馆。新加坡的海洋文化之旅藏在文化爱好者颤抖的心灵里。

第二，以市场为导向的海洋文化旅游产品开发。

中国作为新加坡的主要客源国之一，近年来一直保持强劲增长。据统计，2016年有将近300万人次的中国游客到新加坡旅游，较2015年增长36%。其中，来自16个目标二线城市的到访人次占到总人次的28%，增长速度远高于全国平均增长率，达到53%。

随着收入的提高和航班的增加，二线城市出境游需求开始释放，潜力巨大。新加坡旅游局将持续深耕目标二线城市。新加坡旅游局不断整合各项旅游资源，并制定了一系列旅游举措以满足中国市场的需求。

新加坡在海洋文化旅游的开发中十分注重对游客信息的收集，从而能够准确地了解游客的旅游偏好。在此基础上进行的资源整合和海洋文化旅游的进一步开发，有助于提高游客的满意度。新加坡旅游局采取的措施包括：首先，借助大数据了解游客的偏好。主要是通过与中国的互联网企业进行合作来获取游客数据，如百度等。其次，进一步加强与中国旅游网络巨头的战略合作，如携程、途牛等。根据游客的不同消费能力，设计不同的旅游产品，并且根据不同的旅游时节进行更新。新加坡旅游局以市场为导向，细致入微地站在游客的角度思考问题，力求为游客提供全方位、舒适、安心、愉快的旅游体验。

第三，以国际旅游品牌为导向的旅游宣传标语打造。

新加坡旅游局一直追求的目标是打造国际旅游品牌形象，也为实现这一目标不断地努力着。新加坡历年来的旅游宣传标语很好地体现了其海洋文化旅游的国际化格局。从新加坡的宣传标语来看，21 世纪之前，更强调其在亚洲的旅游地位，21 世纪之后，则更加突出其在世界旅游业中的地位。2017 年，新加坡发布了最新旅游品牌——心想狮城。该品牌强调与来新加坡旅游的游客建立更深层次的情感联系。这也表明，新加坡在国际旅游品牌的塑造方面又往前迈进了一步。

从表 4-1 中可以清晰地看出不同时期新加坡所采用的旅游品牌策略。虽然这一策略更多的是对新加坡整体旅游品牌的打造，但海洋文化旅游业作为新加坡旅游业中十分重要的一部分，其品牌形象的提升对新加坡旅游业的发展具有很大的推动作用。

表 4-1　新加坡旅游品牌策略

使用时间	主题	内容
20 世纪 60—70 年代	一站式亚洲 Instant Asia	容纳了多种族、多文化
20 世纪 80 年代	无限惊喜新加坡 Surprising Singapore	高楼、绿树、现代化； 花园城市
20 世纪 90 年代	新加坡，新亚洲 New Asia-Singapore	购物天堂，艺术之都， 东南亚中心
2004—2010 年	非常新加坡 Uniquely Singapore	多种族的融合； 现代与传统的融合
2010—2017 年	我行由我新加坡 Your Singapore	全方位的数字化体验
2017 年至今	心想狮城 Passion Made Possible	情感联结； 品质旅游

我们可以从新加坡海洋文化旅游开发模式中获得启示，即在海洋文化旅游开发中，不仅要注重整体旅游品牌的打造，还要对海洋文化旅游的发展树立良好的旅游品牌形象。旅游品牌的建立要符合时代的发展，要紧跟旅游市场的变化，要能获得旅游消费者的认同。

2. 国外海洋文化旅游开发的一般模式总结

每个国家、每个民族都有自己鲜明的文化特色，当然海洋文化也是异彩纷呈。正是由于不同的滨海旅游区拥有不同的海洋文化旅游资源、不同的区位条件、不同的政治环境、不同的经济发展水平、不同的历史传统，才使海洋文化旅游的开发模式呈现出差异性。本章将对国外海洋文化旅游开发的一般模式分为资源型、市场型、资源与市场综合型。表 4-2 列出了国际著名海洋文化旅游地的开发模式，从中可看出不同类型开发模式在海洋文化旅游资源、客源市场、旅游设施、区域经济条件、社会环境、历史文化、旅游服务质量等方面的表现。

表 4-2 国际著名海洋文化旅游地的开发模式

项目	资源型	市场型	资源与市场综合型
典型代表	墨西哥坎昆	新加坡	西班牙
海洋文化旅游资源	丰富	一般	较丰富
客源市场	较远	较近	较近
旅游设施	齐全	先进	先进
区域经济条件	良好	充足	充足
社会环境	开放，治安较好	开放，治安好	开放，治安好
历史文化	古老或特色鲜明	现代化程度高	古老或特色鲜明
旅游服务质量	较高	高	高

资源型海洋文化旅游目的地拥有丰富且独特的海洋文化旅游资源。这类旅游区一般离客源市场比较远，区位条件不是很好。正是因为远离人群聚居区，生态环境才得以很好地保护，古老的文化传统也没有那么快被现代文明所稀释。例如坎昆，这座点缀在加勒比海沿岸的月亮型小岛，虽然离它的主要客源市场欧美国家比较远，但它不仅以迷人的海洋自然风光，更以神秘独特的玛雅文明吸引着全球各地的旅游者。

市场型海洋文化旅游目的地一般区位优势明显，位于经济发达的国家或地区，有充足的资金扶持，交通便利，旅游服务标准化程度高，社会开放程度高，其海洋文化旅游产品以人工制作的居多。例如新加坡，发达的经济、良好的区位条件、开放的市场环境等因素使其成为世界型的著名旅游城市。

资源与市场综合型海洋文化旅游目的地拥有丰富的海洋文化旅游资源，开发的时间较早，海洋文化旅游产品成熟度高。这种类型的海洋文化旅游目的地通常毗邻发达国家，因此拥有广阔的客源市场及一大批消费能力较高的旅游者。它们的旅游基础设施十分齐全，交通发达，服务水平较高，通常能给消费者带来很好的旅游体验。这种类型的旅游目的地有法国的蔚蓝海岸、希腊的圣托里尼岛、西班牙马略卡岛的金色沙滩等。

（二）海洋文化的中西比较

1. 中西海洋文化

目前，人们对东西方国家的划分主要有三个标准：地理位置、文化背景和政治与经济。近代以来，人们逐渐形成的约定俗成的共识是把亚洲地区视为东方。到了现代，又加入了政治和经济因素，很多人把拥有较为成熟的民主制的国家和经济发达的国家称为西方世界，把实行社会主义制度和经济欠发达的国家称为东方世界。本书主要从文化的层面去理解东西方。本书所指的东方文化主要集中在亚洲地区，而其中中国文化又是最源远流长的；本书所指的西方文化主要是指欧洲地区，包括荷兰、西班牙、英国等。

人类文化可以区分为东方文化和西方文化，海洋文化也可区分为东方海洋文化和西方海洋文化。这里主要探讨中国的海洋文化和西方的海洋文化。

西方文化的根源在希腊。希腊濒临大海，山地多，平原少，耕地匮乏，只有从事商业，在希腊生活的人类才得以繁衍。优良的港口以及平静的海面赋予希腊从事海上贸易的良好条件。公元前 8 世纪到公元前 6 世纪，希腊经历了大殖民时代，一拨又一拨的希腊人被迫下海，有的成了商人，有的成了殖民者，还有一些成了海盗。奴隶制时代的希腊罗马人在大海上的探险活动塑造了他们开放、冒险的性格。同样，海洋意识也深深地渗入西方人的精神和政治文化中。例如：《奥德赛》讲述的就是奥德赛班师回乡在海上漂流十年的故事；在希腊神话中，海神波塞冬（Poseidon）也是一位威力强大的神祇。社会经济与海洋的密切关系也启发了他们对海洋的思索。冒险探索、殖民拓张、商贸谋利成为西方国家海洋文化的普遍特性。

在中国的历史长河中，勤劳智慧的中国人民创造了优秀丰富的海洋文化，开拓了具有中国特色的中国海洋文化传统，并将其发扬光大，使其成为东方海洋文化的优秀代表。中国海洋文化更强调“四海一家”“和谐发展”的人文精神，通过与博大深沉的陆地文化的联动互补，形成了极富特色的文化类型和文化模式。

2. 中西海洋文化的影响因子

（1）地理环境

长江、黄河是中华文明的发源地，不仅提供了人民赖以生存的淡水资源，还形成了广袤的冲积平原，为华夏民族的繁衍、耕作提供了优渥的自然地理条件，孕育出了悠久的中华文明。然而，中国海洋文明的发展并不具备良好的地理条件。综观华夏大地，西部坐落着世界最大的高原青藏高原，北部是广袤、寒冷的西伯利亚原始森林，东北部又有长白山等的阻隔，再看西北部，即便是跨越了艰难险阻的祁连山、阿尔金山和昆仑山，面对的也是环境恶劣的茫茫戈壁滩，而西南方，不是怪石嶙峋的喀斯特地貌，就是危机四伏的原始热带雨林。最后，再看中国的东面，是太平洋。一望无际、汹涌澎湃、凶险万分的太平洋对于缺乏资金和技术支持的古代贫困先民来说，无疑是难以跨越的障碍。在这样的地理环境中，中国很难具备发展海洋文明的条件，也难以提供海洋文明发展所需的沃土。但也正是这样的地理环境造就了华夏儿女的内敛、谦和和沉稳。中东部广阔平坦的陆上空间，水系发达的河流，充沛的降水量，四季分明的气候条件，十分适合发展种植业，从而为华夏民族农业文明的孕育和发展提供了良好的自然基础。因此，华夏民族在以中原地区为核心的大陆上发展壮大起来，并且凭借着广阔的平原、肥沃的土地、发达的河流水系繁衍和发展，形成了以农耕为主的生产方式。

欧洲海洋文明的发源地在地中海地区。地中海作为世界上最古老的海，包容了各种灿烂的古老文化，其中最著名的就是欧洲文明。地中海不仅常年风平浪静，还拥有众多优良港口，并且通过尼罗河、罗纳河等著名的河流与大陆相连。这些都是地中海古往今来沟通亚非欧三大洲的交通要道，同时也为地中海发展海上商业贸易创造了得天独厚的条件。这些得天独厚的自然地理环境为地中海地区航海业和海上贸易的快速发展提供了条件，并且开创了一种积极向外拓展的文化类型。于是，地中海文明成了人类海洋文明的摇篮之一。

（2）农业文化和商业文化

中国的海洋文化作为源远流长的华夏文化的一部分，受到中国传统文化的影响。农耕经济是中国文化发展的经济根基，因此中国文化在宏观上强调农业为本、重农抑商。中国的海洋文化在重农抑商的大文化环境影响下，呈现出不同于西方的农业特征。中国古代的海洋经济活动更多的是海洋生产活动，而不是海洋经济贸易活动。长期生活在海边的古代劳动者在有限的海域内从事捕捞或者养殖等生产活动。田地的概念只不过是由陆地上的固定区域扩展到了海洋里的流动区域，从本质上说，都是以家庭为单位的自给自足的小农经济模式。例如，在海边生活的先民们就发展起了海洋垦殖业，建立起了盐田、沙田等。充满智慧的劳动人民为了防止海浪侵蚀而造成农田的盐碱化，修筑了具有滨海长城之称的海塘。即便某些朝代的统治者重视“渔盐之利”带来的好处，那也只是对农业经济的一个补充。由此可见，中国的海洋文化植根于农业文化，表现出了内敛、封闭的特征。

商业文化在西方海洋文化中具有举足轻重的分量。首先，西方海洋文明的发源地希腊半岛拥有众多优良的港口和蜿蜒曲折的海岸线，为发展海上贸易提供了便利的交通条件。其次，希腊地形多山地和岛屿，不具备农业发展所需的条件，商业成为古希腊人民生存繁衍的唯一出路。再者，历代西方统治者都十分重视本国海上贸易、航海事业和海军的发展。西方统治者鼓励本国公民发展海外贸易、进行海外拓展，注重本国海军实力的增强。16 世纪，因为海外殖民拓展迅速强大起来的西班牙和葡萄牙成为当时海军实力最强的海上霸主。17 世纪初，因为造船业发达拥有大量船只的荷兰几乎垄断了国际海上贸易，成为“海上马车夫”。18 世纪，凭借强大的海军实力在全球范围建立殖民地的英国成了日不落帝国。西方国家对海上霸权的争夺本质上是为了拓宽海外贸易市场，从而获得更多的商业利益。西方海洋文化的发展与商业文化的发展密不可分。美国著名的历史学家费正清（John King Fairbank）以其宏观的视角和理性的分析指出，海上经济贸易的发展对现代西方国家的产生和发展具有不容忽视的重大影响。在注重利益的商业文化的影响下，西方的海洋文化呈现出开放、扩张的特征。

（3）文化价值观

在文化价值观方面，中西海洋文化表现出了不同的价值取向。中国有着两千多年的封建史，封建文化曾经是古代中国的主流文化，深深地影响着人们的价值判断和行为习惯，尤其是在宋代形成的理学，强调伦理纲常、历史使命和社会责任等。在这种特殊文化的熏陶下，中国出现了郑和下西洋这一伟大之举。郑和下西洋的目的不在于获得商业利益，而更强调肩负的历史使命与责任。中国的海洋文化在文化价值观上更注重气节、情操和责任感，而西方海洋文化在很大程度上受城邦民主文化影响，所以海洋文化也更加开放，追求个性，表现出对财富的渴望和对外扩张的进取心。

江河文化在中国文化中一直比海洋文化更具有优势。中国文化起源于长江黄河流域，并且一直作为历朝历代兵家必争之地的中原地区远离海洋，深入腹地。综观中国古代的经济、文化、政治和军事中心，无论是西安还是北京，都是内陆城市，并且位于江河平原。在古代，中国的南部沿海地区长期被人们称作“南蛮之地”，是贬官之地、流放之所。不管是集中国文化之大成的诗词还是歌赋，涉及海洋的都很少，即使提及，大海在古代文学中也被描绘为触不可及之地。相对于在波涛汹涌、神秘莫测的海洋中探索，中国古代的劳动人民更倾向于在广阔、富饶的大地上辛勤耕耘。重陆轻海的意识长期潜藏在人们的文化价值观念中，形成了具有中国特色的海洋文化。

在西方，海洋国家对大海的认识与中国大相径庭。在德国著名哲学家黑格尔的眼中，人类在面对波澜壮阔、浩瀚无边的大海时，心中冒险进取和征服大海的欲望就会油然而生。黑格尔认为，人类文化应当包括陆地农业文化和海洋商业文化，西方文明应当属于海洋商业文化，而东方文明应当属于陆地农业文化。黑格尔对西方文化的认知基本上是客观的，但他对东方文化的认识却存在一定的偏颇，这可能是他对东方特别是中国历史了解不深的缘故。

3. 中西海洋文化比较

从中外海洋文化的发展历史可以看出，中国海洋文化传统一点也不逊于西方。中西海洋文化都具有大气与包容的特点。有“欧洲小说之父”之称的丹尼尔·笛福（Daniel Defoe）所创作的《鲁滨逊漂流记》就讲述了欧洲人民不安于现状、追求海上探险、进行海上贸易的故事。海明威（Ernest Miller Hemingway）在《老人与海》中也描绘了美国人民面对海洋时所展现出的不屈不挠的斗争精神。曹操的《观沧海》——“东临碣石，以观沧海”见证了中华民族在大海面前所展现的磅礴气概。再看历史上著名的海港城市：西方历史上曾经出现过威尼斯、阿姆斯特丹等国际性的海港都市。中国古代的泉州、广州是各国商船汇集之所，街市上各种肤色的商贾接踵而至。广州港可以说是历史上唯一经过两千年而不衰的大港，而泉州在元代时成了世界第一大港。

张开城（2016）曾对中西海洋文化做过比较详细的比较（见表4-3）。

表4-3 中西海洋文化比较

项目	中国海洋文化（中国）	西方海洋文化（欧美）
海洋文化特质和精神	协和万邦；刚毅无畏、吃苦耐劳；守海卫疆、生死度外；关注海洋、以海图强；敬海谢洋、人海和谐	开拓开放、冒险探索 殖民扩张、抢掠征服 自我伸张、商贸谋利 海权优先、控制海洋

续表

项目	中国海洋文化 （中国）	西方海洋文化 （欧美）
海神形象	中国海神妈祖——和平之神：尊贵慈祥、解危救难、和谐宽容，充满母爱的和平女神	希腊海神波塞冬（Poseidon） ——征战之神：崇尚暴力
名人名著名言	协和万邦。——《尚书·尧典》 道之在天下，犹川谷之于江海。 ——《老子》 海乃百川有容乃大，壁立千仞无欲则刚。——林则徐	谁能控制海洋，谁就能控制世界。 ——西塞罗 大海邀请人类从事征服，从事掠夺。 ——黑格尔
国家行为	郑和七下西洋的和平之旅	葡萄牙、西班牙、英国的海洋殖民扩张
族群行为	出洋华人海外谋生，安分守己，艰苦创业	维京人的抢劫掠夺
经济行为	谋利思义	唯利是图
当代	和平之海、友谊之海、合作之海	美国推行海洋霸权

资料来源：张开城．比较视野中的中华海洋文化［J］．中国海洋大学学报（社会科学版），2016（1）：30-36.

无论是在日本、朝鲜，还是在印度等国家，中国商人都是十分受欢迎的。中国的海外移民和当地居民和平共处，传播先进的中华文明并积极地汲取外国的先进文化。中国从来没有殖民掠夺的残暴历史，甚至和当地民族一起并肩作战反抗西方殖民者的侵略和压迫。反观西方大国崛起的历史，是一部血腥的海外殖民侵略史，更是一部充满暴力的海上霸权的争夺史。毫无疑问，在古代的东方海洋上，中国的海军实力是最强大的，可就算郑和船队这样的超级舰队出使，中国也没有谋求任何殖民地，只是为了友好交流和弘扬中华国威。这可能是因为中国地大物博、资源丰富、国力雄厚，且深受儒释道以及封建传统文化的影响。西方的海洋文化一直受到战神文化的影响，表现出很强的侵略性。

再看东西方的海神文化。中国人信仰的是一位救苦救难的像母亲一样善良的女神——妈祖。妈祖性情和顺，将所降服的妖怪都收为手下，让他们将功赎罪，其慈悲善良的胸怀是佛道两家所共有的。除了慈悲为怀，妈祖也不断庇佑民众，不仅在海上救苦救难，还担当起了地方保护神的职责。当时在东南沿海地区民众的心中，妈祖是十分灵验的。西方的海神波塞冬是一个手持三叉戟、法力通天、崇尚暴力的凶神，不仅权力巨大，而且野心勃勃、桀骜不驯，他不满足于所拥有的权力，十分好战。中国海洋文化的和平性和西方海洋文化的侵略性在各自的海神文化中也体现得淋漓尽致。

（三）中国海洋文化圈的本土化诉求

1. 中国海洋文化圈的差异化特征

新时代赋予海洋文化旅游开发新的方向，在前人研究的基础上，结合现在的大局势，根据《全国海洋文化发展纲要》，我们要构建环渤海、长三角、海峡西岸、珠三角、海南岛-北部湾五大海洋文化圈的发展格局，海洋旅游业也应紧跟这一发展步伐。海洋旅游产业在推动海洋产业发展中占据重要地位，促进区域间海洋文化融合，构建海洋文化圈，对于发展海洋文化旅游、促进我国海洋旅游业的稳步发展意义重大。

海洋强国战略是我国走向兴盛、走向世界强国的必由之路。建设海洋强国需要发展海洋旅游，发展海洋旅游是中国旅游维护国家核心利益、承担民族历史使命的重大领域。但是，目前我国海洋旅游在发展中忽视了文化的整合与协同发展的重要作用，不仅基础设施建设不完善，软件建设及文化建设更是几乎处于空白，海洋旅游活动缺乏文化的润色直接造成景点同质化程度较高、重游率较低。景点之间互相模仿盲目开发，只注重眼前利益，对环境造成了恶劣的影响。因此，我们不仅要发展海洋旅游，而且发展海洋旅游的核心要放在海洋文化旅游上，要努力挖掘地方海洋文化、培育现代海洋文化，促进海洋文化的融合，构建海洋文化圈，在推动 21 世纪海上丝绸之路建设中发挥更大作用。

基于我国目前海洋旅游资源开发现状，应探索我国未来海洋文化旅游的发展方向，构建环渤海、长三角、海峡西岸、珠三角、海南岛-北部湾五大海洋文化圈，制订海洋文化圈旅游开发策略，对海洋文化旅游的文化相似部分进行整合，并在划分的各海洋文化圈内搭建合作平台，扩大海洋文化的影响力，助推海洋文化旅游的发展。

（1）中国海洋文化圈的内涵

海洋文化圈是以文化为核心、以海洋为载体、以地域为媒介的区域空间结构，具有相对统一、脉络清晰、特色鲜明和可被开发利用的海洋文化元素。海洋文化圈的提出，有利于我们更好地从宏观上把握海洋文化的空间布局以及各个不同空间单位的文化形态与特征。中国沿海悠久的海洋文明历史和丰富的海洋文化资源是构建中国海洋文化圈的基础条件，海洋文化圈的构建能充分彰显中国海洋文化旅游中的海洋文化共性，促进区域文化融合，扩大区域海洋文化的影响力。应依据划分好的海洋文化圈形态，制定区域海洋文化旅游发展战略，确立富有地方特色的经济与文化综合开发策略，进一步推动区域海洋文化旅游软实力的提升，打造“立体式”旅游新形象，找到海洋文化旅游可持续发展的关键。

（2）中国海洋文化圈的特征

可以这样理解海洋文化圈：如果一个区域的海洋文化在其建置沿革、语言风俗、文化艺术、经济商贸、宗教信仰等方面具有许多相似性与相关性，就可以将这个区域内的地方看作处于同一个海洋文化圈。因此，海洋文化圈具有以下四个特征：

一是保护性。海洋文化在近年的海洋文化旅游开发中的重要性不言而喻。过去对海洋文化的开发更注重经济效益，而忽视了文化作为旅游精神支柱的作用。海洋文化圈开发应注重对海洋文化的保护和利用，在海洋文化圈内进行系统宣传，强调海洋文化对构建海洋文化圈的重要意义。增强人们对海洋文化的学习和了解，提高人们对海洋文化的保护意识，对于保护国内海洋文化具有重要意义。

二是强化性。国内拥有很多关于海洋文化的可利用元素，但是因为历史发展的原因和生活方式的改变，海洋文化不断迁移、散落。对海洋文化圈进行旅游开发，对划分的海洋文化圈内具有代表性、典型性的海洋文化进行搜集整理，将原来不被留意的、不具影响力的海洋文化整合起来，让旅游者切实看到、切身体验到，有助于提高海洋文化的影响力，使海洋文化得到传播和传承。

三是联合性。将海洋文化划分为不同的海洋文化圈，被划分在同一海洋文化圈内的区域之间就有了加强合作的必要。可将海洋文化作为一种连接的纽带，用共同的海洋文化将不同区域的海洋旅游城市联系在一起，形成区域联合发展的可持续发展格局。

四是恒久性。从文化圈的构建来说，一个文化圈占有的地域越广大，就越能保持恒久不变。海洋文化圈的划分属于软实力建设，即使海洋旅游的外部条件会随着时代的发展不断变化，文化的内涵是恒久的，其影响将是持续的。

2. 中国海洋文化圈的划分

目前，在我国狭长的海岸线上分布着 9 个沿海省、1 个自治区、2 个直辖市、53个沿海城市、242个沿海区县，它们各自拥有的海洋文化旅游资源不同。根据各地区所处地理位置、所拥有文化旅游资源的共性和整体性，从北至南可划分为环渤海、长三角、海峡西岸、珠三角、海南岛-北部湾五大海洋文化圈。

（1）环渤海文化圈

环渤海文化圈大致为环绕渤海全部及黄海部分沿岸地区的海洋文化所组成的区域。环渤海文化圈位于中国沿太平洋西岸的北部，是中国北部沿海的黄金海岸，在中国对外开放的沿海发展战略中占据重要地位。该区域包括天津、大连、青岛等城市，处于我国海洋文化的核心区域，周边拥有最接近中原文化腹地的独特地理位置，拥有悠久的东夷海岱文化、齐文化，故其海洋文化受到儒家文化思想的影响，海洋文化旅游资源丰富。

（2）长三角文化圈

长三角是中国第一大经济区，经济发达，其辐射范围包括江浙沪二省一市。从历史沿革来看，长三角的海洋文化起源于吴越海洋文化，因此长三角海洋文化历史渊源是一脉相承的。在长三角海洋文化的发展过程中，西方文化的引入使得中西方文化在长三角发生奇妙的碰撞，形成了包容并蓄的海洋文化。

（3）海峡西岸文化圈

海峡西岸海洋文化圈主要是指福建省的沿海地区。福建省共有大小岛屿1500多个，占全国岛屿总数的1/6，拥有泉州湾等众多天然深水港湾。几十万年前，福建的先民就在沿海区域活动。

（4）珠三角文化圈

珠三角文化圈主要包括广东省的沿海地区。如今珠三角区域是我国乃至亚太地区最具活力的经济区之一，珠三角三地不仅地理区位相同，而且文化同根同源。珠三角文化圈源于古越文化。广东省堪称海洋文化胜地，有孕育和发展海洋文化的独特优势和良好条件。广东海洋资源极为丰富，在悠久的历史发展过程中，依海而生的广东人创造了丰富多彩的海洋文化，如海洋经贸文化、海洋移民文化、海上居民文化、海洋民俗文化、海洋军事文化、信仰文化等。

（5）海南岛-北部湾文化圈

海南岛是仅次于台湾岛的中国第二大岛，西临北部湾，与广西壮族自治区和越南相对，海南岛与北部湾在地理区位上临近，海洋文化互相影响。海南岛-北部湾文化圈位于中国南部，拥有大量移民，是多种文化的交会点。与此同时，海南有独特的历史和无与伦比的地理位置，东部涂海路径和高速铁路通道的发展、建立航天城和三沙市、博鳌亚洲论坛的召开、国际旅游岛的建立都为其旅游业发展创造了条件。

3. 中国海洋文化圈对海洋文化旅游本土化模式的呼唤和诉求

（1）环渤海文化圈对本土海洋文化旅游的呼唤和诉求

◆ 丰富的海洋历史

环渤海文化圈的海洋文化历史悠久，区域内积淀了深厚的文化底蕴，并且留下了大量史前文化的遗址和遗迹，如贝丘遗址等。环渤海地区是迄今为止发现贝丘遗址、遗迹最多的地区，被认为是妈祖文化的发源地。这些历史文化资源保存良好，历史遗迹主要分布在大连、秦皇岛、天津、青岛、威海、烟台等具有地理和经济优势的城市。

◆ 独特的海洋民俗传说

海边的先民们在长期从事的海洋生产生活活动中，逐渐形成了具有地域特色的海洋民俗文化，尤其是在海洋捕捞、海水养殖、海产品开发加工的过程中，形成了一系列独特的渔业生产习俗。沿海的渔民在农历三月十九还有传统的“祭祀海洋”的习俗，这一天，他们会祈求海神保佑。传统的海洋民俗庆典活动还有天后宫庙会等，在庆典的当天，沿海的居民们都会盛装出席，并且带着虔诚的心祈求平安、幸福。

◆ 浪漫的海洋文学

自先秦时代起，“蓬莱神山仙境”就是人们对海洋神秘仙境探讨的焦点。在人们不断对其解谜探秘的过程中，形成了充满浪漫神秘色彩的海洋信仰。自先秦时代以来，环渤海地区就是“海市蜃楼”的多发地区。因此，上到帝王，下到寻常百姓，无论是口头的传说还是文人的诗歌或是史册的记载中，山东半岛近海地区都是“海市蜃楼”的高发地区，其中最为频发的当属蓬莱——古登州地区。《蓬莱县志》所记载“蓬莱海市”作品中，时代最早的名人之作要数唐朝著名诗人骆宾王的《蓬莱镇》。

（2）长江三角洲文化圈对本土海洋文化旅游模式的呼唤和诉求

◆ 滨海文化发达

上海是一个典型的移民城市，其国内移民来自全国各地，以江苏、浙江、安徽等地居多；还有一些国外移民，主要来自美国、英国、法国、日本、德国等国。近代以后，长三角地区经济飞速发展，西方外来文化在这里与中国传统文化碰撞，形成了长三角地区包容并蓄的文化特点，尤其是上海开埠以后，大量外国人涌入，带来了别样的西方文化，使得长三角地区的海洋文化更具现代化特征并与国际接轨。

◆ 现代中外文化并存

近代上海开埠，租界的建立和大量外国人的涌入，使得西方文化开始影响上海。海派文化的很多内容都体现了中西文化的并存。长江三角洲作为我国经济发展最快的地区，其经济的繁荣也促进了文化的兴盛。现代化的国际港口码头、国际游轮，时尚的建筑都是长江三角洲的标志。

（3）海峡西岸文化圈对本土海洋文化旅游的呼唤和诉求

◆ 沿海古人类与海洋文化遗迹

迄今为止，泉州晋江深沪颜厝是福建省境内发现最早的古人类遗址。2002—2007 年，中科院古地质专家在晋江深沪考古发现，在 50 万～80 万年前，泉州就有古人类聚居生息，人类活动范围已经从内陆、河谷、山洞逐渐拓展到海边，而且活动比较频繁。

福建沿海史前文化遗迹大多是贝丘遗址，濒临江海，分布线与海岸线大致平行。已有资料表明，福建沿海的史前文化“贝丘遗址的文化层”主要是贝壳堆积起来的。福建境内霞浦县的黄瓜山，平潭岛的壳丘山、南后场，金门县的富国墩，惠安县的蚁山，漳州市郊的覆船山都出土了一些文化遗物。

◆ 精湛的传统造船与航海技术

福建三面环山，东南临海，为远古先民的生存和发展提供了广阔的海洋空间。

自石器时代开始，东南沿海史前土著和百越先民的航海活动就非常活跃。尽管在史前考古资料中尚未发现古老的航海工具，但考古学研究可以用海洋经济的发生和发展过程来反映先民早期的航海能力和航海文化。人类利用和开发海洋的过程，也是航海工具和航海技术发展的过程，航海能力越发达，人类摄取的海洋资源就越丰富。泉州在唐宋时期就成为闻名世界的国际性海港都市，具有良好的海港资源，也是古代“海上丝绸之路”的始发港。

（4）珠江三角洲文化圈本土海洋文化旅游的呼唤和诉求

◆ 以“海上居民”——疍家文化为代表的广东海洋民俗文化

疍家人是以船为家的水上居民，主要分为“河疍”和“海疍”。广东疍家人主要以在沿海港湾捕鱼抓蟹为生，祖祖辈辈过着与水为伴、迎风斗浪的生活。以疍家文化为代表的海洋民俗文化别具特色，包括行船捕鱼的讲究、饮食习惯与禁忌、节庆文化、渔家服饰等。

◆ 海洋移民文化

广东是中国华侨最多的省份。从 19 世纪中叶开始，广东开始出现大规模的海外移民潮。广东的主要侨乡有珠江三角洲和潮汕平原。大规模的华侨长期生活逐渐形成了广东独特的海洋移民文化。世界文化遗产“开平雕楼”是广东华侨文化的代表。

◆ 别具特色的海鲜美食文化

广东菜也被称作“粤菜”，为八大菜系之一。因其靠海，所以也以海味之鲜而著称。广东的海鲜美食，在潮州菜系、广府菜系中都有突出表现，湛江更被称为“海鲜美食之都”。

◆ 以南海神庙为代表的海神文化

广州南海神庙是中国古代四大海神庙中唯一遗存下来的最完整的建筑群，也是中国最大、最重要的南海神祭祀圣地。南海神庙也是中国古代对外贸易的一处重要史迹，它创建于隋朝，至今已有 1400 多年的历史。南海神庙内还有康熙亲笔题写的“万里波澄”碑、著名诗人韩愈题写的“南海神庙”碑等。

（5）海南岛-北部湾文化圈本土海洋文化旅游的呼唤和诉求

◆ 丰富多彩的海洋文化旅游资源

海南的人类活动历史可以追溯到 2 万年前，海南岛已发现的新石器时代的原始人类文化遗址有 130 处。源远流长的人类活动史为海南岛积累了丰富多彩的海洋文化旅游资源，为我国海洋文化旅游的发展增添了浓墨重彩的一笔。位于三亚市的落笔洞遗址是海南岛发现最早的人类文化遗址，至今已有一万多年的历史，它也是海南岛海洋文化的发源地，洞内曾经发现海洋生物化石。

海南岛的居民长期受到海洋的影响，海洋文化已渗透到他们生活的方方面面。他们的房屋建筑、生活用具、生存手段、花纹雕饰、服装配饰等无不体现着海洋性特征。海南的古建筑有 300 多处，比较著名的有海口的南洋骑楼等。海南的摩崖石刻也具有明显的海洋文化特征，三亚市的天涯海角久负盛名。

◆ 具有少数民族特征的民俗风情

少数民族黎族祖祖辈辈都生活在富饶的海南岛上，海南岛为他们提供了生存的空间，他们也用自己的智慧为海南岛打上了独一无二的少数民族文化烙印。

海南的“三月三”节具有浓厚的少数民族特色，是黎族和苗族青年男女互相表达爱意的节日，这也体现了黎苗族儿女对生活的热爱和对美好爱情的向往。黎族人民打造的“船型屋”、喜庆热闹的蜡染裙、精美绝伦的黎锦、朗朗上口的黎族民谣、保留着祈祷含义的黎族民间舞等都是他们献给美丽的海南岛的珍贵礼物。

综上所述，中国海洋文化不仅源远流长，而且具有很强的地域性。在越来越强调文化自信的今天，植根祖国大地的“中国海”文化对本土海洋文化旅游发展的诉求越来越强烈。推动本土海洋文化旅游的发展和创新是弘扬“中国海”文化的必然要求，也是促使我国增强文化自信的助推器。

（四）海洋文化旅游本土化模式的提出

在全球化的冲击下，海洋文化旅游出现了趋同化、单一化的问题，本土文化特色尚显不足。本书提出海洋文化旅游本土化模式，旨在突破海洋文化旅游开发瓶颈，推进我国海洋文化旅游的快速发展。

1. 海洋文化旅游本土化模式

本土化（localization）是我国海洋文化旅游可持续发展的必要前提。20世纪90年代，我国海洋旅游发展一直在走全球化（globalization）道路，当全球化发展到一定程度，逆全球化的时代就会到来。随着社会文明的进步和经济的发展，旅游发展越来越需要以本土化模式为主导。我国的海洋文化旅游发展模式需要转变，要从学习他人转变为自我创新。在旅游本土化方面，国内外学者提出了不同的观点。刘俊（2008）认为，度假旅游的本土化研究亟待得到重视。谭业（2012）提出，旅游本土化模式是“可持续旅游”理念中的一环。刘宇（2008）通过比较中西方旅游的发展差异，提出中国必须要走适合中国国情和发展状况的旅游本土化之路。刘俊（2009）认为，本土化的旅游发展模式更值得关注。他对中国国内海洋旅游和国外海洋旅游进行了对比，指出应该更加突出中国海洋文化旅游的特殊性和本土化元素。对于旅游本土化的开发对旅游产业的作用，国内外学者也提出了自己的看法。李伟（2010）认为，旅游的本土化模式值得推行，因为本土化是针对旅游目的地的属性来进行旅游开发，具有丰富的文化特质。罗秋菊（2013）认为，对旅游本土化进行研究可以了解文化因素对旅游的影响。叶文（2005）认为，在旅游活动设计中，要更加注重本土化色彩的生态旅游认证体系的推行，以及生态旅游产品的开发，这是发展中国生态旅游的当务之急。Omar（2009）在研究撒丁岛的旅游发展时，讨论了当地政府的政策对本土化模式的影响。Hospers Gert-Jan（2003）认为，撒丁岛在旅游业采取本土化方法的效果总体上是有效的，并且带来了较好的文化传播方式，游客对撒丁岛自然和文化遗产的兴趣与日俱增，也为自下而上的旅游业发展提供了前景。Kevin Fox（2005）以狂欢节庆祝活动在新奥尔良的案例研究来考察全球化发展与本土化相结合的情况，以促进城市旅游业的发展。Majewska 和 Justyna（2015）研究后得出结论：本土化旅游和城市化旅游的发展程度会影响区域旅游的发展。许照成（2013）认为，海洋文化旅游本土化模式的形成有助于中国海洋文化旅游的可持续发展。

综上所述，海洋文化旅游本土化模式是为了让我国有本土特色的海洋文化更好地与当地旅游产业结合的一种开发模式。要发展海洋等自然类生态环境下的旅游，不能一味索取，而要将焦点集中在对海洋文化的传承和创新上，以及如何使其与旅游产业结合形成本土化的开发模式，只有这样，才是可持续的、积极的旅游发展模式。

我国《全国海洋经济发展“十三五”规划》提出加强海洋文化产业发展，本书在此背景下针对海洋文化旅游本土化发展提出具有建设性的对策和建议。

2. 海洋文化旅游本土化模式的价值

海洋文化旅游本土化模式具有重要的经济价值、社会价值、文化价值、政治价值和生态文明价值。

（1）经济价值

旅游是带有经济性质的活动，旅游目的地的海洋文化旅游本土化开发带来的竞争力提升能为其吸引更多的旅游者前来进行消费性活动，旅游者的异文化体验需求会推动他们前往旅游目的地。海洋文化与旅游经济之间相互影响、相互促进，由此催生了海洋文化旅游本土化模式开发的需要，并且创造了更多的旅游收入。海洋文化旅游本土化开发带来的经济价值并不是目前能够衡量的，因为文化产业的发展具有很大潜力，结合旅游本土化发展前景，其未来的经济价值不可估量。

（2）社会价值

海洋文化旅游本土化模式的提出是社会进步的体现，社会价值取向会随之从以经济收入来衡量旅游的价值升华到以本土文化的开发程度来判断其价值。海洋文化旅游开发要因地制宜，不能照搬照抄，这就对政府管理者也就是管理规划的人才以及旅游人才提出了要求，从而促使相应的人才培养机制不断完善。在这种发展氛围下，城市的整体文化发展水平也会慢慢提高，城市的文明稳定指数也会提升。

（3）文化价值

有学者认为，旅游会破坏文化的真实性，在旅游发展的过程中，存在着不少商业包装的文化，这样的海洋文化缺少文化原有的内涵，表现为海洋文化的退化和庸俗化。海洋文化旅游本土化模式的提出，可以解决这类问题。要凸显海洋文化本土价值，追求文化本真，本土化旅游模式的开发要做到即使当地文化主题不是目前主流旅游潮流，也尽量保持文化的原汁原味。近年来，我国沿海地区经济发展迅速，使得越来越多的人萌生对神秘的海洋文化的好奇心，想要前往一探究竟。正是由于外界对海洋文化的关注，才使得沿海地区政府对海洋文化越来越重视，它们开始关注古代海洋文明遗址的保护，加快复兴濒临绝迹的文化，注重传播文化的途径，使旅游者的观念从“海洋旅游的主要目的在于玩”转变为“海洋旅游的主要目的在于理解海洋文化的碰撞和交融”。

（4）政治价值

海洋文化旅游本土化模式的开发就是在告诉国际社会，中国的海洋文明拥有悠久的历史，中国是一个海洋文明和大陆文明兼备的发展中的海洋强国，因自身拥有如此众多的海洋文化而自豪，并且仍有很多在开发中，这就是本土化模式的政治价值。中国要走文化自信的道路，就必须对自己的文化有所了解，本土化模式就是用本土文化吸引世界的目光。

（5）生态文明价值

生态环境是海洋文化旅游本土化模式发展的基石，所以要发展海洋文化旅游，首先要做到保护生态，保护海洋物种，不能涸泽而渔。本土化模式的提出，能唤起人们对海洋环境生态的关注，提升人们的环境生态保护意识。要发展本土化模式，首先要从本土着手，如果连生态环境都屡遭破坏，又何谈文化开发？海洋文化旅游本土化模式开发的关键是要提升人们对生态环境的保护意识，人们为了海洋环境所作出的努力可以反映在旅游发展上，只有人与海洋和谐发展，才能使本土化模式的发展有源源不断的动力。

三、海洋文化旅游本土化模式的意义

海洋文化旅游本土化，就是要突破海洋文化旅游的发展困境，创新出符合本地实际的发展路径。海洋文化旅游本土化模式的建立具有重大意义，主要体现在以下五个方面：

第一，对西方海洋文化旅游开发模式的突破和洋为中用。

“国际化”与“本土化”的概念在很多研究领域被提及，旅游业发展的国际化和本土化也受到很多专家和学者的重视。刘俊（2009）指出，21 世纪，中国的滨海旅游研究应该从国际化和本土化两个维度去拓展和深化。同样地，海洋文化旅游的发展也离不开这两个维度。海洋文化旅游开发要处理好国际化与本土化的关系，既要学习西方国家在海洋文化旅游开发中的先进经验，也要避免西方国家已经出现的失误，最重要的是不能丢失本土特色。我国与西方国家在海洋文化传统、国家制度、经济体制、民俗风情等方面都有很大的不同，盲目照搬西方国家的开发经验，会很容易出现“水土不服”的问题。例如，我国一些滨海城市，为了吸引更多的资本，大规模地进行滨海房地产开发，不仅造成了很多空城的出现，还严重地破坏了生态环境。

第二，促使本地居民加强对当地海洋文化旅游资源的保护。

随着旅游业的发展，海洋文化旅游越来越受到重视，越来越多的游客对海洋文化旅游产生浓厚的兴趣。首先，海洋文化旅游本土化可以促使当地政府和居民更加有效地开发当地的旅游资源，更加注重保护可以利用的海洋文化资源，也会进一步促进海洋文化旅游的开发，这是一种良性循环。其次，在游客游览的过程中，旅游目的地会更加注重游客在旅游过程中的文化保护，更多的指示牌、告示牌、小标签等出现在旅游景点，会使游客感到舒服和温暖，同时感受到当地民众对旅游目的地的爱护。

第三，提升文化软实力，助推文化强国建设。

从小的方面讲，本土化就是使旅游目的地有自己的特色，有与众不同的吸引力。从大的方面讲，本土化就是增加民族自信心。我们要开发出与众不同的模式，展示自己的文化特色，让外来游客拥有与其他国家不同的海洋文化旅游体验，让我们自己的文化走出家门、走向世界，向世界彰显我们的文化内涵、文化特点和文化自信。

第四，以理论创新弥补了当前海洋文化旅游研究的不足。

20 世纪 80 年代初，我国掀起了大规模的海洋旅游热，各个地区如火如荼地进行海洋旅游资源的开发。与各地上演的海洋旅游热相比，海洋旅游开发方面的理论研究就显得门可罗雀了。进入21世纪，中国海洋旅游迎来了新一轮发展热潮，理论滞后于实践的矛盾进一步凸显，国内的海洋旅游理论研究亟待加强。海洋文化旅游研究作为海洋旅游研究的分支，受到的关注一直不高，对其本土化模式的研究更是少得可怜。国内关于海洋文化旅游本土化模式理论研究的相对薄弱，在一定程度上制约了国内海洋文化旅游开发水平的提升。国内的海洋文化旅游开发越来越趋于同质化、西方化。本土化特色的缺乏使海洋文化旅游丧失了民族文化内涵，一直处于低水平的开发阶段。本书不仅对海洋文化旅游进行了全面细致的研究，而且对其本土化模式进行了详尽的探讨，提出了海洋文化旅游本土化模式的核心，总结了我国海洋文化旅游本土化模式的特点与内涵，极大地丰富了国内的海洋文化旅游研究。

第五，重建海洋文明史的新视野，开创文化遗产保护研究的新领域。

海洋在传统文明中的弱势地位，使其在以王朝“正史”为核心的传统文献史学中长期被忽略。在海洋文明史论述方面，当代史学深陷传统烙印，片面强调王朝政治视角下的海疆、海防与海洋治理，看不到史前时代以来东南沿海夷越土著与民间社会创造的海洋文化传统；夸大汉唐以来北方南迁汉人在海洋建构上的主导作用，看不到海洋文明史的全景画面。海洋文化遗产是中华民族认识海洋、征服海洋、开发海洋经济文化最直接、最真实的历史记忆，发掘与研究丰富多彩的海洋文化遗产，拓宽海洋文化的研究视野，是摆脱传统史学烙印、重建中华海洋文明史的有效途径。

随着现代化步伐的加快，文化遗产的抢救与保护面临前所未有的挑战，海洋文化遗产，尤其是海洋性非物质文化遗产正快速灭绝，传统港市面目全非、传统造船法式与航海技术快速失忆、舟子秘本与水路针簿几近湮灭，海洋文化遗产全面“濒危”。因此，通过考古学、历史学、民族学、人类学、宗教学、民俗学、海洋学、船舶工程学、航海学等多学科整合，调查研究珍贵海洋文化遗产，是文化遗产保护中一项刻不容缓的新任务，是继承传统、惠及子孙的重大人文学术工程。

四、海洋文化旅游本土化模式的内涵与特点

（一）海洋文化旅游本土化模式的内涵

“本土化”的概念于20世纪60年代以后兴起。冯巧玲（2007）认为，

“本土化”是指将当地的特色与其独特的资源相结合，形成自己独有的优势和别具一格的地方风情。还有学者认为，本土化是与标准化相对而言的，因此可以将本土化定义为把既有的程序化经营模式与策略及当地实际情况与经验相结合，进行不断的调整与创新以融入当地文化的过程。我国对本土化的研究遍地开花，有企业管理本土化、建筑艺术本土化、教育本土化、音乐本土化、政府治理本土化等。许照成、张璟（2013）基于我国海洋文化旅游发展的研究现状及发展趋势，探讨了海洋文化旅游的本土化。

海洋文化旅游本土化模式要因地制宜，将地域特色融入海洋文化旅游，找到符合本土海洋文化现状的开发方法，并且对这些方法进行总结与归纳，形成具有本土特色的模式。海洋文化旅游本土化模式应当包括海洋文化旅游本土化模式的中国化表达、基于地域民生的开发模式、基于“中国海”文化圈的开发模式和基于民族品牌的创新模式，见图4-2。

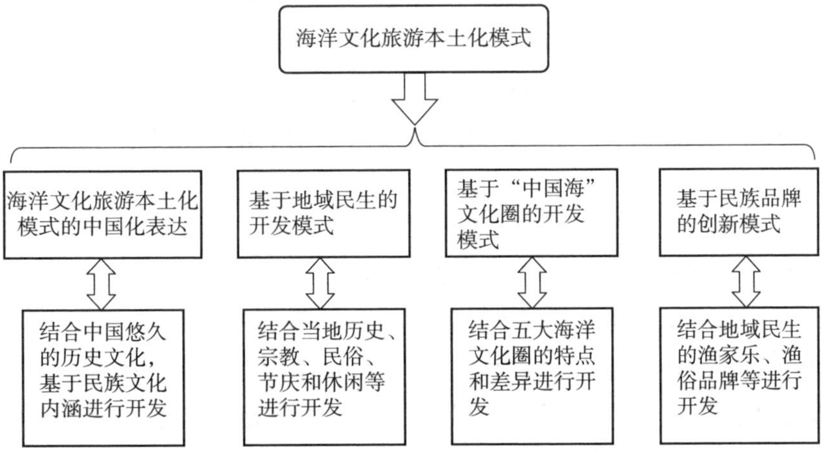

图4-2　海洋文化旅游本土化模式的内涵模型

近年来，在全球化的影响下，世界文化表现出了“同化”的趋势。在这一过程中，我国的海洋文化也没能置身事外，越来越多的海洋文化景观和景点丧失了本地特色，趋于雷同。本书对我国海洋文化旅游资源进行总结与整合，提出完善并实施具有中国特色的海洋文化旅游本土化模式迫在眉睫。

1. 海洋文化旅游本土化模式的中国化表达

（1）善铺叙的汉赋体——资源

赋是我国两汉时期的主流文学样式，是介于散文和诗歌之间的一种文体。

汉赋的发展主要经历了三个阶段，即骚体赋、散体大赋和抒情小赋。赋中运用华丽的辞藻和大量排比铺陈的手法，满怀激情地赞颂了王朝的恢宏气势，委婉地表达了对王公贵族的讽谏之义。汉赋的纵横铺垫就是对要表现的对象和事物进行全面排列展示，达到“求全”的效果。我国的海洋文化旅游资源丰富多彩、内涵丰富，犹如华丽的汉赋体。在海洋文化旅游资源的开发中，可利用汉赋的铺陈叙事模式。刘熙载认为，“赋兼叙、列二法：列者，一左一右，横义化；叙者，一先一后，竖义也”。想要撑起赋的行文框架结构，“叙、列”两法要做到纵横铺张、时空交错。在叙述海洋文化旅游时，也要兼顾纵横铺张、时空交错。

（2）讲故事的话本体——产品

对“话本”一词的理解，学界长期沿袭鲁迅先生的定义——“说话人的底本”。20 世纪 60 年代，日本学者增田涉发表《论“话本”的定义》一文，称“话本”除偶尔作“故事的材料”解释外，其他只能作“故事”解。话本小说不仅通俗易懂，还具有很强的文学色彩，格调雅致。话本小说以其别具一格的篇章体制和叙事方式吸引读者。在海洋文化旅游产品的开发中，可以借鉴明清话本小说的特色，赋予旅游产品文化内涵，增强旅游产品的故事色彩。

（3）形散神凝的散文体——线路

“散文”一词早在唐代时就已出现，随着时代的变迁，散文的含义也发生了巨大的改变。散文以真正的文体身份登上文学的舞台始于 20 世纪，并在五四新文化运动时期得到发扬。散文以“形散神不散”的特征著称。海洋文化旅游路线的打造，要牢牢抓住“形散神不散”的原则，打造精品旅游路线。

（4）重意境的诗词体——空间

所谓“意境”，古代诗论家又将其称为“境界”或“境”，是指作品中所描绘的生活画面和所表现的思想感情融合而成的一种综合艺术氛围，能使欣赏者通过想象与联想，如身临其境，在思想感情上受到感染或得到美的熏陶。旅游空间布局是一个由点到面的过程，要考虑到微观层面的旅游基础设施、中观层面的旅游景区和宏观层面的旅游城市，并将它们有机地结合起来。

（5）乡土海洋的渔歌体——民生

民间文学大师钟敬文先生认为：“民间歌谣是劳动人民集体的口头诗歌创作，属于民间文学中可以歌唱和吟诵的韵文部分。”渔歌作为中国民间歌谣的一种，主要流传于我国的沿海、沿江、沿河和盐湖渔区。海洋渔歌是生活在社会底层的沿海渔民所创作的，是广大沿海渔民在捕鱼作业或休渔晒网时为了抒发情感、调节情绪、舒缓疲劳、鼓舞干劲而自编自唱的民间歌谣。渔民创作的海洋渔歌不具备很强的文学内涵，但是拥有强烈的海洋气息和鲜明的地域特征。海洋渔歌生动地反映了沿海渔民的生活，通俗易懂，朗朗上口，具有较高的历史价值和艺术价值。

2. 基于地域民生的开发模式

改革开放 40 多年来，中国经济高速发展，城镇化水平不断提高。城镇人口的急剧增加，在促进城市经济发展的同时，也带来很多环境问题。在快速增长的态势下，城市空间也发生了改变，大量城市绿地被蚕食，城区扩建导致城市外围的自然用地被开发，城市的居住环境日益恶化，城市的个性化特征和传统的文化内涵正在消失，同质化危机不断蔓延。这些都直接或间接地导致了城市竞争力的下降，也预示着在良好的发展机遇面前，城市更容易丧失有利地位。

滨海旅游区在发展过程中，面临着同样的问题，这些问题对滨海旅游区生态环境的破坏和文化特色的侵蚀会给滨海旅游区的发展带来致命的打击。

滨海旅游业的发展必须重视环境质量的维护。滨海旅游区的生态环境往往比较脆弱，并且极其敏感，一旦遭到破坏，就算花费大量的人力、物力、财力，也很难恢复原样。例如，大多数人印象中水清沙白的巴厘岛，如今海面上漂浮着各种各样的垃圾，经常有海洋生物误食塑料或被塑料袋困住的事情发生。虽然巴厘岛的政府已经下令治理环境污染，但库塔海滩很难恢复往日的风采。除了海洋垃圾的随意排放，滨海区的破坏性建设、滨海旅游资源过度开发等也对滨海区的生态环境造成了不可逆的严重影响。

在进行海洋文化旅游开发时，要与区域发展目标结合起来，形成市场效益、生态效益、文化效益和社会效益的协调统一。在富强民主文明和谐美丽的新语境下，不同区域的发展目标也有一定的差异，这必然会影响区域的发展，进而影响滨海旅游区的重构。因此，不同海洋文化旅游区要坚持一致的发展目标，共同构建与民同乐的海洋文化旅游区。

赖斌在研究民族地区旅游资源的开发模式时提出了一种惠民型旅游资源开发模式，主张从原住居民的“主位”视角出发，通过系统性地开发利用当地的旅游资源，真正改善原住居民的生存状况，打造以提升民生整体水平为目标的与民同乐的生态旅游发展模式。这与以往以资源为导向或以市场为导向的传统旅游开发模式完全不同。我们认为，在滨海旅游区的重构上，应借鉴这一模式，突出当地居民和企业的主体地位，政府应扮演号召、监管、控制和审批的角色，全力打造基于地域民生的海洋文化旅游。总而言之，就是实行政府主持、企业和当地居民主导的管理模式。基于地域民生的开发模式的运作过程应当包括三个阶段：第一阶段，对滨海旅游区当地居民对旅游开发的民生需求进行调研；第二阶段，根据当地居民的民生需求制订开发方案并予以实施；第三阶段，对行动的实施效果进行评估并修正。

3. 基于“中国海”文化圈的开发模式

基于“中国海”文化圈的开发模式就是根据中国五大海洋文化圈不同的海洋文化特色、海洋历史传统和海洋民俗风情等进行海洋文化旅游的开发。长三角地区的海洋文化旅游开发是基于中国海文化圈开发的典型代表。长三角是中国第一大经济区，经济发达，其辐射范围包括江浙沪二省一市。从长三角海洋文化的历史沿革来看，它起源于吴越海洋文化。在长三角海洋文化发展过程中，西方文化的引入使得中西方文化在长三角发生奇妙的碰撞，形成了包容并蓄的海洋文化。长三角地区拥有丰富的自然文化旅游资源，仅上海就有崇明、长兴、横沙三大岛，其中崇明岛自然风光优美，生态环境良好，岛上有东平国家森林公园、东滩候鸟保护区等。浙江的舟山群岛更是享誉国内外，其中普陀山、嵊泗列岛常年游客络绎不绝。长三角具有代表性的海洋文化旅游资源见表4–4。

表4–4 长三角具有代表性的海洋文化旅游资源

地区	海洋文化旅游资源
上海	马家浜文化、奉贤海塘、宝山海塘、南汇海塘、奉贤海湾旅游度假区、南汇滨海旅游度假区、上海海洋水族馆、长风海洋世界、东海大桥、上海金山海鲜文化节、上海吴淞口国际邮轮码头、航海博物馆等
江苏	吕四渔民号子、海安龙舞、南通启东海鲜节、中国南通国际江海旅游节等
浙江	余姚河姆渡文化遗址、明末抗清古迹同归城、沙雕节、环杭州湾休闲文化旅游带、塔山文化遗址、镇海海防遗址、古沉船、白泉十字路古文化遗址、连云港龙舟文化、徐福海洋节、妈祖文化、舟山宫井、舟山群岛国际邮轮母港等

4. 基于民族品牌的创新模式

基于民族品牌的创新模式就是对海洋文化旅游产品和服务进行创新，突出本土特色，打造海洋文化旅游民族品牌。海洋文化旅游产品的开发应当立足本土的自然和人文特点，挖掘本土海洋文化内涵。例如，我国一些滨海旅游区出现了以“渔家乐”和渔俗旅游为代表的民族品牌创新模式。

随着我国海洋旅游热的升温和沿海地区各城市社会经济发展战略的调整，海岛、海洋旅游的业态、方式不断出新。十余年前就出现的粗放式的“渔家乐”旅游方式在管理与经营层面经过改革和创新之后，焕发出新的生机，基于渔俗文化打造海洋旅游新品牌成为沿海旅游城市一种新的产业提升方式。本书通过对渔俗及舟山渔俗文化的旅游利用价值的系统分析，对渔俗的利用方式及渔俗旅游项目的开发模式提出了创新性的保护运作思路，为沿海及海岛地区的旅游新业态发展提供了新的展示平台。

由于我国海岸线漫长，不同区域的经济、技术及依托的文化存在一定的差异，各地呈现的渔俗文化也不尽相同。通过对我国目前列入“非遗”的民间美术和民间手工艺技艺、生活消费习俗、人生礼仪、岁时节令、民间信仰、传统游艺六类基本民俗文化进行分类分析，结合当前旅游开发的需求特性，以及渔俗文化中民俗风情、遗存风物、渔家风味的独特吸引力，可以将渔俗旅游开发的优势条件归纳为三个方面（以舟山为例），见表 4-5。

表 4-5　渔俗旅游开发的优势条件

方式	概况
独特的渔业生产方式	生产方式是一个区域内人们赖以生存的主要劳作方式，也是区分各岛屿产业特点的主要标志。各区域的资源、环境条件不同，劳作方式也有较明显的差异，尤其是小岛地区。例如，白沙岛每年 6—8 月的近海白果子渔船钓、桃花港的夏秋小拖虾作业、洋山岛的常年性潮捕作业、东极岛的常年小石流网和夏秋季沙鳗延绳趣味钓、葫芦岛的常年性涨网作业、嵊山枸杞岛的常年性筏排游钓和贻贝采集都是极富地方特色的劳作方式，完全有条件挖掘和整理出一系列可供游客普遍参与的海陆互动的娱乐性渔事作业项目。通过对码头、船场、港湾渔业设施的再布置，再现传统生产作业场景，在对网具作简略改装和对休闲船只的安全性、舒适度进行改造之后，可以满足“把游客赶下海”的充分条件
传统的渔村生活方式	生活方式是一个区域内人们日常生活领域相对一致的活动形式与行为特征，是各地习俗及文化差异的主要区别所在，是游客了解不同文化、体验异质生活最直接的途径，也是旅游开发利用最重要的内容之一。这种开发利用的重点要放在渔村节事、渔民习俗、渔家菜肴等方面。通过有目的的整理和编排，可以打造出具有文化传承和欣赏实用价值的系列旅游产品。如在渔村的龙王、妈祖、观音三大海神祭祀日，渔民感恩谢洋庆典，渔民出洋“开渔节”等，还有舟山渔家特有的婚嫁、寿诞、添孩、成年礼、搬新房等节俗仪式，以及渔家的海鲜加工烧制、自制酒水、滋补药膳、渔家服饰裁剪等，通过设计形成了一整套可以实施的体验性旅游节目，使游客在渔村及渔家与当地渔民共同生活的居家体验中，感受渔家的朴实、亲近和渔俗对人们心灵的冲击力

续表

方式	概况
有趣的渔家游艺和技艺	渔家游艺和技艺是由海岛地区特定的生产、生活方式所决定的特定附属产物，它严格受当时、当地历史条件的客观限制，体现了当时人们的创造力以及浓厚的生活情趣，是当今体验旅游的兴趣点所在，也是渔俗旅游一个不可缺少的必要环节。如技艺方面的舟山（嵊泗、东极）渔民画创作、渔家绳网结编织、船模打造等；渔家游艺方面的船拳、地方麻将、钓鱼杂耍和摇橹、爬桅、套缆、海上托酒埕等渔民赛事以及儿童玩耍游戏等。这里的旅游体验节目编排把以上的技艺、赛技、游戏看成是游客自我享受的一种方式、自我完善的一种手段、自我实现的一种途径，让游客在体验中感受渔俗文化的趣味及魅力，提升海岛旅游的吸引力

从渔俗旅游开发的产品与开发模式来看，在一定的区域内，应防止复制、照搬、仿造、抄袭行为的出现，否则会使原本生机勃勃、对游客极具吸引力的表现方式转变为僵化、固定的老套路，导致出现雷同性、重复性的严重后果，在造成投资建设浪费的同时，也失去了这一产品的生命力，这将给渔俗旅游资源的创新带来更大难度。民俗旅游具有地域性、民族性、时间性，这些特点决定了渔俗旅游资源的开发不能千篇一律，不能采用同一类内容、用一个标准来开发；同时，游客的需求是多层次的，也在不断变化，必须进行多种模式的开发。

打造民族渔俗旅游品牌的方式主要有以下三种：

第一，整岛（村）开发模式，即以产业为导向对岛屿或渔村进行整体开发。这种模式通过对有代表性的部分渔村及渔家生产、生活设施的修复、整理和改造，营造出特殊年代的生产、生活场景，并与当前渔民、渔家的现实生产、生活相结合，如反映 20 世纪 60 年代特征的嵊泗石柱村，反映 70 年代特征的五龙乡田岙村，反映 70—80 年代特征的岱山大衢峙岙村、普陀桃花岛塔湾村及朱家尖的漳州村。这种模式的前提条件是有一定数量的原住民，较强的旅游服务意识，以及一定的老旧建筑及老旧生产设施，且村级集体经济有一定实力。这种模式一般需要政府有一定的前期保护性投入。

第二，历史断代的开发模式，即选取某个历史时期的特定民俗，进行作品的相对集聚化展示和内容的深度开发。这种模式强调对旅游作品和旅游产品的深度利用，在适度的场景复原的背景下，有必要引进和形成一定的生活圈，适合社会资本介入开发。例如，对 20 世纪 60 年代后期、70 年代前期和中期的知青农场（定海的马目农场、朱家尖的曙光农场）的开发利用，以及对晚清时期渔市老街岱山县东沙镇主题旅游区的规模性开发利用。

第三，居家体验式发展模式。居家体验式旅游是旅游者进行深度文化体验的理想选择，也是未来渔俗旅游最受关注的节目之一。这种模式以村为管理主体，以分散的渔家为经营主体，能充分满足当前游客的体验需求，是介于产业与作品之间的一种比较性选择。它的优势在于：一是游客对居家式渔家住宿形式、渔事体验、渔家游艺等有充分的选择余地；二是能让游客真实地感受到自己的日常生活与旅游地的强烈反差。这种模式适合接待自助式旅游客源，也是未来渔村“渔家乐”的主要发展模式，嵊泗县洋山镇雄洋村、普陀区朱家尖筲箕湾村、桃花岛乌石子村都可以列入该发展类型。

（二）海洋文化旅游本土化模式的特点

在国家大力扶持海洋旅游业的机遇下，我国海洋旅游业越来越重视文化旅游本土化模式的创新，本土化发展体现在海洋文化旅游开发的整个过程中。

1. 强调本土性，更加符合国情

本书提出的海洋文化旅游本土化模式十分重视对文化特色的挖掘和创新。不同于旅游景区景点所表现出的趋同、文化内涵稀释，海洋文化旅游的本土化探寻的是一种因地制宜、结合不同海洋文化区特色的开发模式。海洋文化旅游本土化模式更加符合我国的国情，具体体现在中国化表达、资源保护、民族品牌打造、线路开发、空间开发和跨文化整合等方面。

2. 注重创新性，符合当今发展趋势

目前我国的海洋文化旅游非常注重对旅游开发模式的创新。海洋文化旅游本土化模式要求对传统的海洋文化旅游产品进行创新和改造，以体现地域特色。产品创新就是创造消费者还不熟悉的一种产品或者挖掘产品的新价值。海南三亚南山文化旅游区的打造为我们树立了一个很好的本土海洋文化旅游产品创新的典范。南山历来被佛家称为“吉祥福泽之地”，观音菩萨的第三愿即“常居南海”，因此常有“南海观音”之称。在佛教盛行的唐代，大法师鉴真和尚东渡日本宣传佛法未果，漂流到古振州（今三亚市），便在一年多的时间里弘扬佛法、修建佛寺。三亚在海洋文化旅游开发中抓住了当地特有的文化，并将其内涵注入旅游产品，先后开发出了南山寺和南海观音。海南省素有“长寿岛”之称，而位于三亚市的南山，则是岛中长寿之最，自古以来便有脍炙人口的“福如东海，寿比南山”之说。南山文化旅游区抓住这一文化脉络，在景区内打造了长寿谷。本土文化是海洋文化旅游产品创新的根基，旅游产品创新也是海洋文化旅游本土化模式的题中应有之义。

3. 高度关注民生，营造人海和谐的旅游氛围

在海洋文化旅游开发前，应注重本地社区利益和参与度。从根本上说，社区利益是发展旅游业的首要目的。然而现实情况却是，在绝大多数海洋旅游开发中，各利益相关者的权力关系结构并不均衡，政府组织处于主导地位，外来开发商处于强势地位，当地社区则处于弱势地位。海洋文化旅游的开发如果缺乏对社区利益的关注，可能会带来社会矛盾，延缓开发进程。海洋文化旅游开发在选址的过程中，可能会征用当地居民的土地，有时甚至需要当地居民搬家。虽然海洋文化旅游开发能够拉动地方经济，但同时也会造成当地物价的飞涨，这也会导致当地居民的不满。海洋文化旅游开发完成后，滨海旅游区会聚集来自五湖四海的游客，随着游客与当地居民的频繁接触，很可能引起社会文化层面的问题。因此，在海洋文化旅游开发之前，必须协调好开发与社区利益的关系，重视本地居民的参与。如果海洋文化旅游开发缺少本地居民的参与，很可能导致开发的最终结果与预期出现偏差，并且使游客在观光游览过程中的体验大打折扣。本地居民作为海洋文化旅游本土化开发的直接利益相关者，有权利参与到开发的过程中。本地居民对当地的旅游开发越了解，越会给予支持。本地居民对当地文化的认同度越高，越会产生正效应。海洋文化旅游本土化模式对民生的高度关注，有利于促进海洋文化旅游的和谐发展，营造人海和谐的旅游氛围。

4. 增强旅游竞争力，助力文化自信建设

海洋文化是无形的，要表达出其文化内涵，需要有形的东西作为载体。有形的外在形式包括有形的自然资源、地理优势、区域特征、经营方式等。海洋文化旅游本土化模式能够使海洋文化旅游目的地的旅游资源得到最大限度的优化并且发挥最大优势。本土海洋文化旅游特色淋漓尽致的展现不仅能够吸引更多的国内游客，也将大大提升我国海洋文化旅游的国际竞争力，从而促进我国的文化自信建设。

5. 打造民族品牌，传承海洋文化

立足本土的自然和人文特点，挖掘本土海洋文化内涵，有利于本土海洋文化旅游产品创新，打造海洋文化旅游民族品牌。海洋文化旅游产品的开发应当坚持就地取材的原则，将当地特有的原材料与创新之后的传统工艺和现代科技相结合。例如，海南在海洋文化旅游商品的开发中以当地盛产的椰子壳作为原料，创新了一系列工艺品，如椰雕、椰壳制作的精美台灯和存钱罐

等。椰壳制作的旅游商品不仅体现了海南与众不同的热带风情、展现了工匠们精妙绝伦的手艺、凝聚了海岛人民的智慧，更传播了海南的海洋文化，实现了废物利用。

6. 突出差异化的个性特征，增强旅游吸引力

海洋文化旅游本土化模式能够极大地突出海洋文化旅游的个性。所谓突出个性，就是找到自身的优势，利用自身所具有的与众不同之处增强对游客的吸引力。首先，海洋文化旅游在旅游资源上与内陆旅游有很大的区别。海洋旅游的“4S”旅游吸引物就是内陆旅游所没有的。许多海洋旅游目的地在开发的时候，都十分注重“4S”旅游吸引物打造。其次，海洋旅游目的地之间也需要进行差异化开发。如今许多海洋旅游目的地在开发中出现了同质化现象，而没有突出个性。海洋文化旅游的开发，应结合自身优势，做到“人无我有，人有我特”。三亚著名的南海观音、法国的蔚蓝海岸、坎昆的玛雅遗址、马赛的鲜美鱼汤等，都以其独特的个性吸引着世界各地的游客。

7. 促进文化交流，推动本地海洋文化与外来文化的融合

海洋文化旅游开发要以海洋文化旅游资源为核心吸引大量旅游经营者，从而形成海洋文化旅游产业集聚。这一过程不仅会带来大量的海洋文化旅游从业人员，还会吸引大批的游客。海洋文化旅游企业和游客在与本地居民产生紧密经济关系的同时，也会带来外地文化，协调好二者之间的关系是保证海洋文化旅游开发顺利进行的关键。海洋文化旅游企业在开发过程中，通过选择本地的人力资源、物质资源，融合当地文化特色等实现本土化发展。

五、海洋文化旅游本土化模式的中国化表达

海洋文化旅游本土化模式的中国化表达就是用中国传统文化的特点来概括海洋文化旅游本土化模式。本章主要将海洋文化旅游中的资源、产品、线路、空间和民生用中国文学中的汉赋、话本、散文、诗词和渔歌的特点来进行有中国特色的阐述。

（一）善铺叙的汉赋体——资源

赋是中国汉代盛行的一种文学形式，因此又被后人称为汉赋。对于汉赋的起源，一直存在争论，但是大部分学者赞同汉赋的源头是春秋战国时期兴盛的《诗经》。据先前学者对汉赋的研究，“赋”包含两种含义，一种是“铺陈”，另一种是“诵而不歌”。汉赋的写作特点主要是“直陈其事，铺陈其

事”，即直陈铺张的写作手法。其语言特点则为气势恢宏、辞藻华丽、注重审美艺术。利用汉赋的这些特点对我国海洋文化旅游资源进行具有中国特色的阐述，能够使我国海洋文化旅游资源焕发出民族文化的强大生命力。

我国的海洋文化旅游资源具有深厚的历史积淀。中国作为四大文明古国之一，不仅有着悠久的文明史，更积累了丰富的文化史。绵长的海岸线、悠久丰富的文明史孕育出了具有中国特色的海洋文化旅游资源。无论是文人骚客对中国辽阔大海的歌咏所形成的文学形式的海洋文化，还是劳动人民在海边辛勤劳作所积累的民间海洋文化，都是我国海洋文化旅游宝贵的财富。无论是“长风破浪会有时，直挂云帆济沧海”的豪迈壮阔，还是富有哲理的“海日生残夜，江春入旧年”，无论是抒发友情的“海内存知己，天涯若比邻”，还是惋惜爱情的“曾经沧海难为水，除却巫山不是云”，都是我国海洋文化资源悠久历史的见证。

（二）讲故事的话本体——产品

由于说书人讲唱的故事都以底本的形式记录，所以被称为话本。话本以文字的形式记载，因此也被称为话本小说。话本小说不仅通俗易懂，还具有很强的文学色彩，格调雅致。话本小说以其别具一格的篇章体制和叙事方式吸引着读者。在海洋文化旅游产品的开发中，可以借鉴明清话本体小说的特色，为旅游产品附加上文化内涵，增强旅游产品的故事色彩。

打造具有本土特色的海洋文化旅游景区。应当以本土海洋文化为核心、以市场为导向，打造具有鲜明主题的海洋文化旅游景区。例如，厦门鼓浪屿保留有大量20世纪二三十年代的中外特色建筑，洋溢着古典与浪漫主义的色彩。鼓浪屿有很强的音乐氛围，街头巷尾的钢琴声和海浪声交相辉映。鼓浪屿丰富的文化资源与独特的海湾地形十分有利于打造以“浪漫海洋文化之旅”为主题的鼓浪屿海洋文化景区。

打造具有本土特色的海洋文化旅游纪念品。旅游纪念品是游客在旅游的过程中所购买的具有旅游地特色的文化艺术产品。目前我国的海洋文化旅游产品出现的问题主要是创意性不足、产品雷同、文化内涵不够、营销渠道单一等。打造具有本土特色的海洋文化旅游纪念品，可以从故宫文创纪念品中吸取经验。以往故宫的纪念品注重历史性和知识性，忽视了文化创意性、趣味性和与游客的互动性。如今的故宫在研发文化创意纪念品时，更加注重以社会公众的需求为导向，更加富有创意性、趣味性和实用性，设计出了“御膳房”冰箱贴、“朝珠”耳机、“炳若星辰”手绳等。在纪念品的销售上，故宫也摒弃了纪念品只能在旅游地购买的传统，开辟了线上销售的渠道。故宫不仅与淘宝合作，打造了故宫博物院文创旗舰店，还与其他线上分销商合作，拓展线上销售渠道。为了让纪念品在设计上更加符合年轻人的审美，故宫更是联手时尚博主打造限量版联名设计故宫珠宝。如今的故宫纪念品，在年轻群体中刮起了一阵时尚风潮。故宫对旅游纪念品的创意开发、营销渠道拓展，为本土海洋文化旅游纪念品和其他旅游景区纪念品的创意开发带来很多极具可行性的启示。

打造具有本土特色的海洋文化旅游服务产品。海洋文化旅游业作为服务业的一种，十分重视服务产品的开发。当今旅游者的需求已从传统的游览观光转变为越来越重视旅游服务体验。高水平的旅游服务往往能够带给游客高质量的旅游体验，也为自身带来良好的口碑。高端旅游消费市场不仅强调高水平的旅游服务，还强调个性化的定制服务。在海洋文化旅游服务产品开发中，可以融入具有本土特色的个性服务，给游客焕然一新的旅游体验。

（三）形散神凝的散文体——线路

“散文”一词早在唐朝时就已出现，随着时代的变迁，散文的含义也发生了巨大的改变。散文以真正的文体身份登上文学的舞台始于20世纪，并在五四运动时期得到发扬。散文最大的特点就是形散神凝、意境深邃。海洋文化旅游要坚持“形散神不散”的原则，打造精品旅游路线。

海洋文化旅游的方式丰富多样，如团游、结伴游、自行游、徒步、骑车、自驾、乘坐交通工具等，这些不同的旅行方式会有不同的旅行路线相匹配，从同一个地点出发去同一个地方，采取不同的旅行方式，可能走不同的线路。例如，游客从上海出发到厦门旅游，可以选择的方式有自驾、乘坐飞机或火车，选择不同的方式就会形成不同的线路，但是看到的景区风光却不会因为线路的不同而不同。除此之外，还有旅游景点的线路安排，一个旅游景点可能有很多条线路可供选择。线路的选择只会决定你先看到什么，后看到什么，看似凌乱的路线，却会使不同的游客在游览的过程中领略到当地景区的全部特色。这就像散文一样，看似散乱无章，却表达着相同的主题。

（四）重意境的诗词体——空间

诗词是一种流传很广的文学体裁，至今仍然受到人们的欢迎。所谓“意境”，是指作品中所描绘的生活画面和所表现的思想感情融合而成的一种综合艺术氛围，能使欣赏者通过想象与联想，如身临其境，在思想感情上受到感染或得到美的熏陶。旅游空间布局也是一个由点到面的过程，要考虑到微观层面的旅游基础设施、中观层面的旅游景区和宏观层面的旅游城市，并将它们有机地结合起来。

“点—轴”理论由我国著名经济地理学家陆大道先生于1984年提出，多被用于区域经济开发中。在区域经济开发的过程中，往往先以几个区位较好的城市作为中心点，然后在各个经济中心城市之间搭建交换生产要素的交通路线。这种将各个经济中心联结起来的交通路线被称为“轴线”。“点—轴”开发就是由各大经济中心沿着交通路线向经济欠发达地区辐射推移的一种开发模式。

“点—轴”理论作为指导我国区域实践开发的基础理论，同样适用于旅游开发领域，为滨海旅游区的合理规划和构建海洋文化旅游空间提供了理论支持。海洋文化旅游区及其边界的确定，有利于解决海洋文化旅游发展过程中所必须涉及的土地资源及其他资源的调配问题。任何一个海洋文化旅游区，都是由不同的海洋旅游节点和海洋旅游范围组成的。在海洋文化旅游目的地区域内，有特殊的海洋文化风情和著名海洋文化旅游吸引物的节点或范围，可称为海洋文化旅游区。“点—轴”理论中的“点”犹如诗词中的“意象”，而“轴”就是“意境”，应将二者有机结合，共同打造本土海洋文化旅游空间。

（五）乡土海洋的渔歌体——民生

渔歌作为中国民间歌谣的一种，主要流传于我国的沿海、沿江、沿河和盐湖渔区。海洋渔歌由生活在社会底层的沿海渔民创作，是广大沿海渔民在捕鱼作业或休渔晒网时为了抒发情感、调节情绪、舒缓疲劳、鼓舞干劲而自编自唱的民间歌谣。海洋渔歌虽不具备很强的文学内涵，但是拥有很强的海洋气息和鲜明的地域特征。本地居民作为海洋文化旅游本土化开发的直接利益相关者，有权参与到开发的过程中。本地居民对当地的文化认同度越高，对当地的旅游开发越了解，其参与越会对海洋文化旅游的开发产生正效应。

不同海洋文化旅游景点居民的生活方式有所不同，尤其是地域差异较大的地区，这样就形成了具有地方特色的民俗、民生。例如：海南丰富多彩的海洋历史文化，渗透在海南人民的各种民俗节庆和生产生活中；舟山绚丽的海洋文化则藏在舟山渔民的渔船里、朴实的渔民服饰里和日常的饮食文化里。通过对更加贴近海洋文化旅游区本地居民真实生活状态的活动的开发，可以使游客深刻体验到我国不同海洋文化区海洋文化的魅力，使我国的海洋文化旅游焕发出蓬勃的生机与活力。

第五章 海洋文化旅游本土化模式在全球化语境下的民族话语阐释

近年来，以海洋为导向、以文化为基础的旅游业发挥着重要的社会经济作用，许多沿海地区也越来越重视文化保护。然而，全球化以及相关社会经济和政治变化可能对海洋文化旅游产生较大影响。了解全球海洋文化旅游部门的应对和适应能力，由传统的海洋文化旅游转变为海洋文化旅游本土化开发具有重要的现实意义。本章基于海洋文化旅游本土化模式的内涵模型对全球化语境下的民族话语进行分析和阐释，并结合我国的民族特色探讨海洋文化旅游模式。

本土化模式就是将某一事物与当地发展情况相结合，将该事物转化为适应在当地生存的具体事物，即不同性质、不断变化的事物在特定情境中显现的过程。本土化模式本质上是改变、创新并适应的过程，并非已达到本土化发展的必要条件。本章分析海洋文化旅游本土化模式在全球化语境下的民族话语，目的就是在海洋旅游全球化背景下，坚定文化自信，结合我国传统文化中海洋文化的精华部分，突出本土海洋文化民俗的特质，提升我国海洋文化旅游在全球市场上的竞争力。

一、海洋文化旅游开发的全球化语境

海洋文化旅游包含三个方面：一是海洋；二是文化；三是海洋与文化的结合。曲金良（2015）认为，广义的海洋文化旅游就是将海洋文化以旅游的形式传递给游客，增加游客对海洋文化的认知，有效利用海洋资源，创造出和谐的旅游环境。海洋文化旅游是人类在发现海洋资源的进程中，与海洋亲近关系的产物，是证明人们适应海洋、依赖海洋生活的一种文化形式，可以囊括人类文化中涉及海洋的部分。张开城（2011）从狭义文化立论，认为海洋文化旅游是人类在与海洋接触的过程中所产生的一切精神财富的总和。徐晓望（2014）认为，海洋文化旅游是融入海洋文化的商业文化。杨国帧（2016）认为，海洋文化旅游是沿海和海岛地区的文化。

（一）国外海洋文化旅游开发研究现状

国外很多海洋文化旅游目的地发展得都足够成熟，而中国的海洋文化旅游还有待进一步开发。借鉴那些已经成熟发展的海洋文化旅游经验，有助于更好更快地发展我国海洋文化旅游产业。我们通过对世界海洋文化旅游开发成功经验进行分析，发现了一些适合我国国情的做法，可以运用到我国滨海旅游业发展中。国外海洋文化旅游主要研究以下三方面内容：

一是海洋文化旅游的区域影响。例如，Columberg（2009）提出了滨海旅游的综合开发模式，即将旅游业与当地环境保护相结合，得出了成功的滨海旅游度假区的开发与资源环境可持续发展的战略密切相关的结论。John Davenport（2006）主要从交通方式入手，分析从游客居住地到滨海旅游目的地这一段路程所使用的交通工具对沿海区域环境的影响。Airland（2014）提出，海洋文化旅游区的无序开发会导致滨海旅游发展畸形，滨海沿岸居民的生活要与海岸环境区分开来。

二是海洋与海洋文化旅游的管理问题。旅游发展会导致环境质量的变化，环境也会影响旅游业的发展，因此海洋文化旅游开发首先要重视对环境的监管。Monika（2005）以菲律宾部分地区为例，分析了海洋旅游业发展与沿海地区可持续发展之间的关系，指出沿海旅游业要有一套与传统旅游业不同的管理规范。

三是国外海洋文化旅游的开发研究。海洋旅游的发展还要与市场拓展相结合。例如，M. A. Bone（2001）对海洋旅游目的地市场季节性进行了研究，发现海洋旅游旺季为每年的第一季度和第二季度。Cataline（2009）研究认为，市场细分可以帮助海岛提高市场竞争力，并且能持续提升其竞争力。Mykletun（2011）发现，不同国家的游客对海洋旅游的心理和预知体验大不相同，对价格的敏感度也不同，关注游客的差异性可以提高海洋旅游的吸引力。

（二）海洋文化旅游开发的经验

从全球范围内海洋海岛旅游发展状况来看，国外成功的经验可以总结为以下五点：

1. 坚持特色开发原则

旅游产品的开发，突出本土特色是一个重要原则，没有自身特色，就没有吸引力和生命力。综观我国的海洋文化旅游，没有著名的、识别度较高的景区，主要是因为缺乏特色，也缺乏竞争力。因此，我们在保持海洋自然美和人文美的基础上，应充分挖掘旅游产品中更深层次的特色，将海洋文化与旅游产品相结合，以旅游城市的品牌形象塑造带动旅游产品竞争力的提升。

2. 坚持生态化的发展模式

随着旅游业的发展，人们对旅游的需求也在不断变化。人们开始追求与自然和谐共处，以身体享乐为主的旅游追求已转化为以精神需求为主的生态追求。生态化旅游作为今后旅游业的发展趋势，也是未来海洋文化旅游产品可持续发展的方向。

3. 发展体验化的海洋文化旅游产品

旅游是一种以游客体验为主的产品，发展体验化的海洋文化旅游产品就是要放大这一特点。体验是指旅游者从旅游产品的差异中获得身体上的享受和精神上的满足，同时增加旅游产品除使用价值外的体验性价值。海洋文化旅游产品体验化是旅游开发者围绕满足旅游者的审美和精神需求等进行设计和提供旅游产品的一种方式，是具有多重体验价值的享受，能让海洋文化旅游更充分地彰显其本土魅力，让游客享受更多海洋文化带来的乐趣。

4. 完善海洋文化旅游管理体制

海洋文化旅游需要建立系统化的管理体制。应由政府出面，对旅游供应商——旅游景区、景点，旅游中间商——旅行社，旅游体验者——游客各方面进行统一管理，既不能遏制海洋文化旅游的创新性和商家的积极性，又要营造安全合理的旅游环境，要实行让游客和商家共赢的海洋文化旅游管理体制。

5. 坚持海洋文化旅游产业创新

从产业创新发展角度来看，中国目前正处于深化改革时期，很多产业都在寻求突破口。创新是海洋文化旅游实现可持续发展的唯一途径。对中国而言，滨海文化旅游经济是目前实现跨产业融合发展的一个全新领域，涉及海岸带生态开发与智能管理、绿色新能源开发与利用、物流供应链生态体系建设、邮轮设备制造与软件服务、海岛休闲运动基地打造、海洋公共艺术体系搭建与城市空间改造、旅游目的地推广与社交媒体营销、海洋食品加工与生态环境监测、酒店智能化管理与智能营销平台搭建等方面的诸多新兴产业或产业集群的崛起与创新发展。

二、我国传统海洋文化旅游的资源基础

我国拥有丰富多样的海洋文化旅游资源。从全球范围来看，我国海洋文化旅游不仅拥有深厚的历史底蕴，对现代旅游业发展也发挥着非常重要的作用。

（一）注重文化主题性，走产业化道路

文化主题是文化旅游区的灵魂，也是景区未来持续发展的核心竞争力。深入探索文化内涵，塑造文化主题产品，是开发我国海洋文化旅游产品的精髓所在，也是延伸海洋旅游产业链的有效手段。

在我国提出的海洋强国战略中，海洋文化旅游产业被列入布局，蓝色经济的相关研究从2004年开始逐步展开。我国海洋文化旅游产业的发展离不开陆地资源的支持。徐舒静（2014）通过研究陆海统筹对海洋文化旅游产业的影响，提出海洋文化旅游产业是一种大系统中的协同行为，体现为海陆统筹形式。推动海洋文化旅游与海洋经济的产业化、多元化发展，符合海洋文化旅游业注重文化性的发展要求。文化、旅游不能分割，海洋文化是各种海洋旅游资源的基石，海洋旅游是海洋文化传承的途径，文化借助旅游这个载体，可以保持生机与活力。因此，把海洋文化旅游界定为海洋文化与海洋旅游的全方位融合，让海洋旅游产品更多体现文化内涵，有助于海洋文化旅游实现可持续发展。

凸显旅游产品的文化性是旅游产品发展的趋势。首先，要丰富产品的文化内涵。研发旅游娱乐产品，要尽力挖掘和集合旅游娱乐产品的文化底蕴和文化元素，创新形式并赋予娱乐活动文化特性，让游客既能欣赏到旅游景点的宜人景色，又能在游览过程中体会到文化底蕴。其次，要提升产品层次。旅游企业在开发新产品之前，应对消费者市场进行实地调查，真实地了解游客的实际需求，这样才能对症下药，生产游客喜欢的产品。

（二）创意整合区域资源

应整合区域资源，从区域资源、社会背景、商业发展、旅游环境等方面进行创造和演绎，对文化与海洋旅游经济进行产业融合。与其他国家相比，我国拥有海洋和陆地同时发展的优越条件。在资源如此丰富的现实情况下，

我国的海洋文化旅游内容精彩纷呈，主要包括以下三种重要资源类型：

1. 海洋文化遗址遗迹

我国的海岸线漫长，港口众多，再加上多年来地质板块的巨大变迁，已经不可再开发的滨海和已经废弃的海洋文化遗址遗迹的数量之多令人咂舌。海洋文化遗址多是人员、事件、文化交流融合之地。这些遗迹遗址记录着我国历史悠久的海洋文化。

2. 海洋文化建筑

我国滨海和近海有很多国家级、省级历史文化名城，这些名城是海防重地、通商港口，海洋文化旅游在其城市发展中发挥着重要作用。现今仍然保存完好的具有朴实情调的古渔村，就体现了滨海与海岛地区的完美结合，以及文化的原生态。

3. 民间信仰与宗教建筑

海洋文化的民间信仰中最为著名的就是沿海地区的妈祖信仰。传说妈祖可以保护渔民在出海时不受大海肆虐，因此沿海地区的妈祖阁、天妃宫、天后宫等建筑都是围绕妈祖建设的。妈祖信仰还随着海外交通及贸易的兴盛和我国沿海地区的海外移民远播世界各地。

我国海洋文化旅游资源见表 5-1。

表 5-1　我国海洋文化旅游资源

大类	主类	基本类型
我国海洋物质文化旅游资源	A. 海洋文化遗址遗迹	AA. 人类海洋活动遗址 AB. 贝丘文化遗址 AC. 文物散落地 AD. 海洋历史事件发生地 AE. 海洋宗教信仰废弃寺庙 AF. 滨海城市与聚落遗迹
	B. 海洋建筑	BA. 滨海健康游乐休闲度假地 BB. 海洋文化陈列博物馆 BC. 海洋文化主题公园 BD. 海洋宗教塔形建筑物 BE. 海防军事观光地 BF. 海港渡口与码头 BG. 海洋主题歌舞剧院

续表

大类	主类	基本类型
我国海洋物质文化旅游资源	C. 海洋设施	CA. 海上酒店 CB. 海底酒店 CC. 邮轮 CD. 海洋文化特色街 CE. 海洋文化特色市场 CF. 名人故居 CG. 海洋历史纪念建筑
	D. 沿海聚落	DA. 海洋传统与乡土建筑 DB. 海洋文化特色街巷 DC. 滨海现代城市 DD. 海岛现代城市 DE. 沿海渔村 DF. 滨海和近海历史文化名城

我国的海洋文化旅游资源可分为有形的和无形的两大类。其中，有形的海洋文化旅游资源包括相关文物、建筑和建筑群、遗址遗迹等。

（三）延伸海洋文化旅游消费，拓宽游客文化旅游空间

延伸海洋文化旅游消费是指将传统海洋文化旅游消费发展为现代的海洋文化旅游消费。从整个海洋文化旅游的空间来看，传统海洋文化旅游景点的参观已不再是主流的旅游形式，旅游形式已向可以满足其他文化需求的书吧、音乐厅、剧院等市民文化场所延伸，以拓宽游客文化旅游空间，营造和谐的全民学习氛围，从战略高度推动海洋文化旅游的发展，全面宣传海洋文化。延伸海洋文化旅游消费可以归纳为基于移动互联网的服务接触，具体分为三种类型：人际交互、环境交互、智能交互。人际交互的要素包括顾客与服务人员、顾客与顾客间的互动；环境交互是指顾客所接触的各类可视及不可视的环境因素，包括灯光、音乐、装修风格等；智能交互是指顾客借助移动互联网技术与服务组织进行互动，如线上订票、智能排队、电子照片、实时分享等功能。

三、基于地域民生的海洋文化旅游开发模式

基于地域民生的海洋文化旅游开发模式是指将海洋文化旅游与地域民生相结合，形成具有我国特色的滨海旅游新局面。要建设海洋文化旅游产业，海洋意识必须深入人心，这是未来海洋文化旅游发展的重要战略目标。因此，

“人海和谐”的理念已经成为海洋文化旅游意识的重中之重。

（一）海洋文化旅游的资源保护模式

21 世纪是“蓝色经济”的时代，人们对海洋文化知识有了较为深入的了解，对海洋文化的保护意识也有很大的提升。

我国拥有丰富的海洋文化与自然资源，海洋旅游越来越受到游客的欢迎。每年前往海洋旅游城市的游客约占全体游客的 1/3。内陆地区的游客十分向往神秘浩瀚的海洋环境。正是游客的向往对海洋文化旅游资源保护模式的形成起到了巨大的推动作用。因为游客数量较多，对海洋资源的负载提出了更高的要求，当游客对海洋文化环境表现出友好时，可以大大促进海洋文化旅游资源保护模式的发展。旅游者对海洋环境越重视，其环境保护意识也会越强。因此，政府部门与海洋旅游景区进行合作，对不同年龄段的游客开展有针对性的海洋环境知识宣传，并且为了提高旅游者的资源保护意识，提出以“生态考核”的方式对环境破坏行为进行相应的处罚。应由政府主导，加大有关部门对海洋生态环境的检测力度，提升全社会的生态环境保护意识，形成人与海洋和谐相处的旅游方式。

（二）与民同乐的滨海区重构

滨海区重构是指通过资源整合，将滨海资源与当地民生相结合，改善旅游环境，使游客获得良好的海洋文化旅游体验，提高滨海旅游的服务质量。海洋文化旅游服务企业要在进行大量市场调研的基础上确定主题氛围基调，不能盲目模仿或追逐新的差异。例如，应研究区域市场，挖掘景区价值和游客偏好，寻找市场机会，在确定目标客户群后进行区域设计，如针对低龄学生群体的参观区域，可以将风格设计得可爱些，营造既生动又活泼的氛围。

1. 多功能旅游业态的叠合开发

海洋文化旅游景区应实现零售、餐饮、影视、度假、娱乐等业态的集聚，形成“24 小时消费+多功能旅游业态”组合发展模式。以海洋文化为前提，与滨海文化旅游联动，“旅游商业唱戏”的开发模式在三亚中央文化区建设中表现得尤为成功——高端的开发规划，高投入的设施，保持“中国第一，世界一流”的发展定位，调整滨海带传统规划，营建“楚河汉街”，引入购物、餐饮、文化、休闲、娱乐等商业业态。此外，随着现代信息技术的发展，未来旅游业可以引进科技元素，在深度和广度方面不断扩展。未来还会出现一批智慧型、智能化的海洋文化旅游景区。

2. 海洋文化旅游产品注重观光与娱乐的双重体验

随着旅游业向娱乐化和休闲化方向转型，文化旅游区也应紧跟潮流，推出旅游业与娱乐业相结合的、丰富多彩的旅游产品。体验式旅游阶段的消费者特性可以概括为：追求丰富的感官体验，以及上升到精神层面的思维认同和情感触动。游客越来越重视探索景点的文化内涵和人文内涵，体验经济强调的是游客在旅行过程中不仅可以体验到当地的历史、文化和民俗风情，还要融入和参与。旅游产品要以服务为核心，为游客打造更真实的旅游体验。伴随着旅游方式的个性与多元化，旅游资源的范围也在不断扩大，其中文化资源已经成为其重要构成。在旅游产品中融入更多的文化资源，不但能提升游客满意度及旅游景点的口碑，还可以推动旅游地房地产业、餐饮业、游戏娱乐业等相关产业的发展。

要注重海洋环境、自然风景的塑造，营造良好的观光度假氛围，同时建设极具游客参与性和体验性的游乐设施，兼顾观光休闲性和娱乐互动性。例如，在度假区建设海洋主题度假酒店、会展中心、海洋主题剧院等，这些休闲场所主题鲜明，是以海洋文化为主导的休闲旅游度假胜地。

（三）回归真实的海洋民俗旅游

海洋民俗旅游是海洋旅游与民俗旅游的结合。海洋文化是人类文明的重要组成部分，海洋民俗文化是海洋文化旅游的重要组成部分。现代滨海文化旅游的开放，让游客们在享受海洋文化旅游的过程中，感受到民族文化与海洋的完美结合。海洋文化旅游体验可以分为以下三个部分：

第一部分，娱乐体验。根据游客对不同海洋民俗活动的参与度，可将海洋民俗活动娱乐体验归为三类：第一类是观赏型，主要的娱乐活动形式是静止型的参观，即精神的参与度较高，而身体的参与度较低；第二类是参与型，与观赏型相比，游客会有更多对海洋民俗文化的理解；第三类是观赏参与型，即前两种的结合，游客既能静态又能动态地参与活动。总的来说，第三类给游客带来的体验更加饱满。

第二部分，教育体验。教育体验是指将教育与旅游相结合。教育体验主要分为两种：一种是主观教育，即旅行者旅行的初衷就是学习，在旅游的过程中，他们可以达到受教育的目的，如志愿者旅游、游学等；另一种是客观教育，即虽然旅行者并不是抱着学习的目的来旅游，但却在不知不觉中汲取到了海洋民俗知识。

第三部分，审美体验。审美体验是指游客通过欣赏海洋民俗类型的旅行资源，产生不一样的感受。游客的审美体验可以分为三种：一是对自然风景的感知；二是对生活内容的感知；三是对艺术作品的感知。总而言之，就是游客带着对美的审视进行海洋文化民俗的深度体验。

四、基于“中国海”文化圈的开发模式

中国海，泛指中国濒临的海，基于“中国海”文化圈的开发模式是指在中国海域的基础上，融合周边的海洋文化，开发出一种与他国融合的文化圈，以吸引更多的游客。

（一）阴阳太极的陆海统筹模式

陆海统筹模式是具有中国特色的海洋文化经济发展模式，主要体现在自贸区。目前，中国自贸区集中在中国沿海一线大城市、沿海省会或具有国家战略意义的城市。自贸区的设立是中国进入 WTO 之后与世界接轨的全面创新，需要新兴的产业集聚以融合发展的态势迅速发挥杠杆作用。中国“一带一路”的顶层设计进一步推动了“陆海统筹”国家发展大战略的实现，这就要求对内加大沿海省市与内陆省市的资源互补，对外加强中国与世界各国“海洋互通”与“陆地互联”的合作共赢。

在这样的大背景下，滨海文化旅游产业作为新兴的产业集聚，就顺理成章地担负起了“互通互联”与“陆海统筹”的历史使命，它将迅速拉动创新，第一、第二产业同时催生孵化第三产业。

建议由地方政府专项财政拨款成立“滨海文化旅游产业发展委员会”，肩负起统筹发展省级重点滨海文化旅游项目与陆地旅游项目的重要职能。

（二）海纳百川的跨文化整合模式

海纳百川的跨文化整合，就是对不同的海洋文化进行融合，呈现和谐的文化风情。例如，《青岛市“十四五”旅游业发展规划》中指出，青岛将聚焦“大融合”推动旅游产业转型升级，引领“大消费”实现旅游经济跨越式发展，着力打造“四个一”重点工程，利用科技创新推动旅游产业从资源驱动向创新驱动转变；依托青岛“山、海、湾、城、河、文”六大特色资源禀赋，打造要素齐全、设施完善，兼具齐鲁传统文化底蕴、胶东海洋文化特质、近现代欧陆风情特色的全域旅游示范城市和国家文化旅游消费示范城市，建

设文旅深度融合发展新高地、旅游消费大都市和国际滨海旅游目的地。

（三）九州龙脉的海洋文化旅游线路

21世纪是海洋经济领先的世纪，旅游业成为朝阳产业，旅游者的文化程度不断提升，对文化旅游的需求也日益高涨。海洋文化旅游在世界旅游业中占据着不可撼动的位置。旅游企业借助电商平台发展得如火如荼，相较于传统的旅游平台，迈上了新台阶。电商的发展之快令人惊叹，电商与旅游的结合更是最大限度地发挥了彼此的优势，给人们的生活带来无法想象的变化，人们足不出户便可了解旅游景点的票价、优惠信息、航班信息等。旅游电商促使旅游业的组织结构不断调整，改变了旅游产业的发展环境及旅游市场布局。

各类景区落实门票减免优惠政策，包括学生票、儿童票和老年人专享票价优惠，节假日半价等优惠活动；企业将大量闲置资金投向旅游业，不仅增加了自身收入，也为海洋文化旅游业的发展提供了资金支持；旅游委加大对旅游市场环境的监督，宣传优良旅游企业作风，曝光为求利润不择手段的企业，为旅游业发展提供了良好的市场环境；政府统筹兼顾，鼓励民营资本进入旅游业，设立了相关的法律法规，同时宣传社会主义核心价值观，营造良好的发展氛围。

（四）沧海桑田的蓝色文化遗产廊道

沧海桑田的蓝色文化遗产廊道是海洋文化保护和开发的一种新型模式，即基于“人海和谐”的理念对海洋文化遗产进行利用。中国是海洋资源大国，经过几千年的积淀，形成了丰富的海洋非物质文化遗产，留下了光辉灿烂的海洋文化。海洋文化旅游的发展在海洋旅游经济的发展中占据着极为重要的位置，在生态文明建设中扮演着重要角色。历史和实践证明，实现中华民族伟大复兴的中国梦蕴含着海洋强国梦，海洋强国战略目标的实现亟须增强全民海洋意识，重拾海洋文明遗产，逐步形成具有中国特色的蓝色文化遗产廊道。

中国是一个海陆兼备的国家，拥有大陆海岸线18000公里，面积超过500平方米的海岛有6900多个，丰富的海洋资源是中华民族繁衍生息的物质和精神滋养。我国勤劳勇敢的沿海劳动人民，在上千年的历史进程中，创造了斑斓瑰丽的海洋非物质文化遗产，既有口耳相传的民间艺术、渔家风情的习俗礼仪，也有精妙绝伦的手工艺技能、人海和谐的祭海节会等。这些活态的非物质文化遗产承载着中华儿女的精神特质，构筑了中华民族深厚的文化底蕴。

建立海上丝绸之路遗产廊道，有助于传承我国海洋文化遗产，彰显海洋历史文化价值；有助于发展海洋经济、建设海洋生态圈；有助于促进海洋文化旅游、休闲休憩的发展。

（五）福如东海的海洋家园旅游空间

对海洋家园旅游空间进行分析就是对旅游城市给予游客的归属感和满意度进行分析。我们从以下四个方面对三亚、青岛、厦门的品牌形象进行比较分析。

1. 城市基本情况对比分析

三亚、青岛、厦门三座中国典型滨海旅游城市所处的地理位置存在较大差异，这也导致这三座城市在气候、环境、文化、民俗等方面存在较大差异。

三亚和厦门的环境质量比青岛要好一些。三亚因多姿多彩的民族风情而深受人们的喜爱；青岛表现出了传统与“洋气”的完美融合；厦门集海洋文明与大陆文化于一体。

2. 旅游业发展现状对比

通过查阅三亚、青岛、厦门三座滨海旅游城市 2021 年国民经济和社会发展统计公报，以及对应省份 2021 年统计年鉴，对这三座城市旅游业的发展状况进行对比（见表 5-2）。

表 5-2　2021 年三亚、青岛、厦门旅游业发展状况对比

比较项目	三亚	青岛	厦门
接待游客总人次	增长 19.96%	增长 30.2%	增长 34.69%
接待国内游客人次	—	增长 9.0%	增长 36.21%
接待入境游客人次	—	增长 4.5%	增长 68.38%
接待过夜游客总人次	增长 26.11%	—	增长 26.16%
接待过夜国内游客人次	增长 26.42%	—	增长 29.44%
接待过夜入境游客人次	增长 7.92%	—	增长 66.13%
旅游总收入	增长 75.88%	增长 14.1%	增长 34.54%
列入统计的旅游星级酒店数量（家）	262	85	42
五星级酒店数量（家）	15	11	8
A 级旅游景区数量（处）	14	109	21
5A 级旅游景区数量（处）	3	1	1

从表5-2中可以看出，2021年厦门接待游客总人次的增速要高于三亚和青岛，但从全年旅游总收入来看，三亚的增速高于青岛和厦门。青岛未公布全年接待过夜游客总人次增速，厦门全年接待过夜游客总人次增速与三亚不相上下。三亚的五星级酒店数量明显比青岛和厦门多。青岛的A级旅游景区数量明显多于三亚和厦门，但三亚的5A级旅游景区数量最多。

综上所述，三座滨海旅游城市在旅游基础环境和旅游产品方面都有各自的特色。从三座城市的旅游业发展现状对比来看，并不存在显著差异。这三座滨海旅游城市都能较好地代表中国滨海旅游城市的发展现状。

3. 旅游产品对比分析

三亚、青岛、厦门的旅游产品也存在较大差异。本章从主要景点、美食、交通、购物、娱乐、节庆活动、历史人文等方面对三座城市的旅游产品进行对比（见表5-3）。

表5-3 三亚、青岛、厦门旅游产品对比分析

比较项目	三亚	青岛	厦门
主要景点	海棠湾、南山文化旅游区、天涯海角风景区	崂山风景名胜区、青岛海滨风景区、墨马山石林、青岛滨海步行道	鼓浪屿、南普陀寺、胡里山炮台、厦门大学等
美食	红烧梅花参、红糖年糕、苗家三色饭等	崂山菇炖鸡、海菜凉粉、青岛啤酒等	闽菜、海鲜、海蛎煎等
交通	三亚凤凰国际机场	青岛流亭国际机场、青岛胶东国际机场、青岛站、青岛北站	厦门高崎国际机场、厦门翔安国际机场、厦门站、厦门北站
购物	三亚免税店、第一市场、国际购物中心	中山路的老牌商业街、龙山地下商业街、韩国城、李村商业步行街	中山路步行街、曾厝垵
娱乐	三亚梦幻水上乐园、东岛潜水、亚龙湾希尔顿德贝水上运动中心、帆船出海体验	青岛海上游艇观光、金沙滩沙滩车、冒险鸭水陆两栖观光巴士	鹭江夜游、篔筜雅游、五缘湾海通联帆船航海
节庆活动	南山新春庙会、黎苗三月三、海南国际椰子节、环海南岛国际公路自行车赛	中国青岛国际啤酒节、中国青岛海洋节、青岛酒吧文化节	上元节、中秋博饼、凤凰花旅游节、购物狂欢节、花车巡游、海洋文化旅游节
历史人文	“海上丝绸之路”中转站	道教的发源地、大汶口文化、龙山文化及岳石文化	鼓浪屿“万国建筑群”

五、基于民族品牌的创新模式

与世界旅游名城相比，我国目前尚缺乏具有国际影响力的文化旅游区。已有的文化旅游区，无论在文化推广还是产业推广方面，都存在很多不足，很难形成公众认可和行业公认的文化旅游品牌。

在品牌建设方面，我国主要运用的是目的地品牌建设。海洋文化旅游目的地品牌管理包括品牌创建、运营和维护等内容。在品牌创建阶段，对品牌的定位是基础。品牌个性是品牌定位的重要内容，同时要体现海洋文化特性。在品牌维护阶段，对品牌资产的管理能增加消费者对品牌的认可。海洋文化旅游目的地的品牌资产是基于顾客视角对“品牌给予旅游产品和旅游服务的价值”的认知，品牌资产构成和测量是该领域的研究热点。青岛作为中国特色海洋文化旅游目的地的典型代表之一，其深厚的海洋文化底蕴吸引了众多游客。青岛的海洋观光、海洋养生、海洋休闲等旅游产品彰显了青岛的海洋文化特色。在其海洋文化中，“寄树叶信”的婚恋文化、“锅庄舞”的音乐文化和“火草布”的服饰文化等都是对传统文化的传承与发展。青岛市统计局、国家统计局青岛调查队联合发布的《2021 年青岛市国民经济和社会发展统计公报》显示，青岛市全年接待旅客 8221.2 万人次，比上年增长 30.2%，实现旅游总收入 1411 亿元。

建设海洋文化旅游品牌，不仅体现在旅游产品上，更体现在旅游产品所存在的载体上，也就是滨海旅游城市的基础环境形象。城市的基础设施是影响旅游目的地形象的一个重要因素，旅游地干净整洁的环境会直接影响游客满意度和游客行为。城市基础环境形象是衡量城市品牌形象的一个重要标准，这一维度类似范秀成的品牌形象测评模型中的企业维度。

国务院 2016 年 12 月印发的《“十三五”旅游业发展规划》中明确提出，要加强基础设施建设、提升公共服务水平、完善旅游公共服务体系，城市旅游创新无疑是城市品牌形象的重要组成部分。

（一）百川归海的产业集聚模式

产业集聚是提升产业竞争优势的一种有效途径。产业集聚是不同产业在空间和时间上的交点，相关企业处于同一特定产业领域或与该产业有很大的关联。当然，竞争优势的来源并不是唯一的，而是随着产业集聚模式的变化在不断整合和调整。百川归海的产业集聚模式竞争优势的构建在于创造和整合海洋文化旅游产品，以保证海洋文化旅游休闲目的地的旅游资源得到最大限度的挖掘。

党的十九大报告中提出新的海洋战略目标，开发海洋、建设海洋成为我国下一个产业发展目标。随着国家对海洋开发越来越重视和海洋经济的不断发展，海洋文化旅游成为新时代的一种新型产业集聚模式。

1. 旅游业的快速发展为海洋文化旅游产业集聚发展提供了支持

除2020年受新冠肺炎疫情影响外，近年来我国旅游业始终保持着稳定发展的态势。2019年我国国内旅游人数达到60.06亿人次，实现国内旅游收入约为5.73万亿元。这些数据表明，我国旅游业在蓬勃发展。我国旅游业对国民经济的贡献度也在不断提高，有成为新的经济支柱的趋势。

2. 海洋经济的不断发展为海洋文化旅游产业集聚提供了条件

在“十三五”规划中，我国海洋经济得到稳定的发展，成为拉动经济增长的新动力。经过五年时间的发展与积累，我国海洋事业得到了较快的发展，各方面也呈现出蓬勃发展的势头。

除2020年受新冠肺炎疫情影响外，近年来我国海洋生产总值始终保持着高增长态势，增速均在6%以上，海洋生产总值在国内生产总值中的占比也较为稳定，保持在9%~9.5%。

可以通过海洋发展指数这一有效指标对我国海洋事业的发展水平进行量化和评价。海洋发展指数一方面可以反映海洋事业发展的成绩，另一方面也能发现其不足，督促我们及时补足短板。2010年，我国海洋发展指数为100，作为基期水平，主要包括科技创新、综合管理、公共服务、国际事务与合作、海洋权益与安全、经济发展、环境生态、社会民生八个分指数。

近年来，我国海洋事业呈现持续稳定发展态势。2016年我国海洋发展指数为120.8，2019年该指数达到134.3。何广顺（2018）认为，经济发展指数的提高是由于我国海洋产业结构的不断优化，导致产出效率得到大幅增长。为此，应该继续保持海洋产业结构的优化调整。例如，传统海洋产业的不断转型以及海洋新兴产业的快速发展，使海洋经济产出效率不断提高，其中劳动生产率增长5.8%。这说明，在我国海洋经济发展速度提升的同时，发展质量也在不断提高，我国海洋经济的发展逐渐从速度增长型转向质量增长型，形成了良好的产业集聚模式。

（二）翻江倒海的资源活化模式

资源活化是指将文化遗产、物质遗产等资源，加上现代的一些人文景观，形成新时期的海洋文化旅游资源。在海洋文化旅游资源活化方面，可以从自然和人文两个方面进行细化研究。

开拓海洋旅游资源新视野是活化的前提。首先，要走出传统误区。在党的十八届三中全会前后，“大数据”“新常态”“互联网+”“创新创业”等新概念的提出与推进，对全行业发展产生了不可估量的影响。上海也在着力推进改革发展进程，“创新驱动，转型发展”“建设世界著名旅游城市”“世界最大城市群首位城市”等发展理念和城市定位的提出，为上海经济发展提供了框架支撑。

移动互联网也逐渐渗透到上海海洋文化旅游发展中。例如，以上海海洋水族馆为首的海洋文化旅游景点已运用互联网电子产品，电子触摸屏、信息共享空间、智能导览解说系统等能有效促进景区场馆的电子解说系统功能提升，提升游客体验；长风海洋世界则面向智能手机推出了集团购门票、路线搜索、在线预约项目进行排队、景区内餐饮预订、海洋生物信息搜索、电子优惠券、导游讲解、在线点评、及时分享等服务于一体的手机 App。除此之外，通过互联网进行旅游投诉、旅游意见等信息反馈，能促进上海文旅产业服务水平提升、管理模式改进以及业务内容的设计创新；而微博、微信、旅游 App 等互动共享平台与软件的开发，能够有效挖掘上海海洋文化旅游内涵，宣传上海海洋文化品牌，赢得网络口碑。在线交易作为互联网功能之一，在方便游客在网上购买纪念品的同时，对宣传旅游品牌也具有重要作用。

（三）画龙点睛的文化资本熔铸模式

文化资本熔铸模式将各文化分解拆开，再按照一定的方法重新组合。例如，我国的民俗文化只是传统的、历史底蕴深厚的文化，没有新的亮点，但将民俗文化中与海洋相关的部分拆分出来，与海洋旅游相结合，就形成了一种全新的产业模式：海洋民俗旅游。这样的结合有画龙点睛之效。

海洋文化旅游是一种经济性质的消费，从本质上说，也是一种具有精神文化享受性质的消费。要满足人民日益增长的物质文化需要，离不开富有文化内涵的旅游产品。能否将文化特色融入产品之中是旅游企业成败的关键，但在很大程度上，旅游企业无法避免产品的庸俗化，从而导致游客对企业产品的失望，继而寻求其他产品。企业只有创新产品形式，将文化特色恰当地融入产品，才能招揽回头客。

凸显海洋文化旅游产品的文化性，是旅游产品发展的趋势。首先，要丰富产品的文化内涵。研发旅游娱乐产品，要尽力挖掘和集合产品的文化底蕴和文化元素，创新形式，并赋予娱乐活动文化特性。其次，要提升产品层次。旅游企业在开发新产品之前，应对消费者市场进行实地调查，了解游客的实际需求，对症下药。同时，应关注流行元素、智能科技，并将其融入产品中，制造出高端的旅游娱乐产品。

（四）八仙过海的传播营销模式

传播营销模式是指人们在营销过程中采取不同的方式方法。目前较常用的传播营销模式有市场营销和客户营销。客户营销中较常用的是口碑营销。根据我国海洋文化旅游市场的发展现状及发展前景，对海洋文化旅游景点进行有效的传播营销，可以促进海洋文化旅游市场的进一步开拓，提高海洋文化旅游景点的知名度，并带动相关产业的健康可持续发展。

1. 传播媒介方面

我们应该及时更新旅游官网或社交网络平台的信息。旅游官网的优势是信息真实可靠，可信度很高，但是信息更新较慢，新型元素比较少。社交网络平台的优势是信息更新速度快，能够为游客提供比较真实的旅游体验和比较全面的攻略，缺点是广告比较多，有些信息不太可靠。我们应该综合两方面的优点，在旅游官网上推出社交评价分享板块，让已经到过旅游景点的游客能够在官网上及时分享旅游感受及攻略，这样就能吸引更多的游客前往。

通过调查我们发现，游客通过广告获取海洋文化旅游信息的占比较小，说明广告在传播海洋文化旅游信息方面的作用非常有限。在海洋文化旅游宣传方面，可以以企业或政府为发起者，制作宣传片或广告，在网络平台或者收视率较高的媒体上播放。

2. 公共关系类传播方面

首先，在公益活动中，可以将海洋文化旅游作为主题，如善意地告知人们在海洋文化旅游中应该注意的一些事项，目的在于提高当地的海洋文化旅游形象；其次，可以邀请明星或者社会公众人物来当地体验海洋文化旅游，并写成新闻报道在各类平台进行宣传。

3. 旅游商品的策略

海洋文化旅游商品不仅是一种载体形式，也是一种传播方式。旅游商品作为海洋文化旅游目的地的象征，可以流传到世界各地。如果能把旅游商品设计好，使其能够反映当地海洋文化旅游的文化内涵且足够有特色，那么旅游商品将成为海洋文化旅游传播的一种非常有效的方法。

从营销方面来看，首先，要提高旅游景点的服务质量，培育旅游品牌竞争力。我国海洋文化旅游景点应当建立一套规范的管理措施和服务标准，提供有特色的服务，这样才能在竞争激烈的国内外旅游市场上脱颖而出。同时，具有良好口碑的海洋文化旅游形象也有助于当地海洋文化的传播。其次，应根据海洋文化旅游景区的特点，制定多种类型的旅游路线，然后通过网络平台和旅行社等渠道进行传播，这样可以提高游客对海洋文化旅游线路的认知，进而合理安排时间，并结合自己的兴趣选择景点。同时，要对不同旅游方案的特色进行宣传，在设计线路时，要考虑到高效、安全、方便等因素。例如，舟山群岛包括嵊泗岛、岱山、朱家尖、桃花岛、花鸟岛、枸杞岛等岛屿，合理的线路规划可以让游客在更短的时间里去更多的岛屿上游玩。

（五）二龙戏珠的商品开发模式

商品开发是指个人、科研机构、企业、学校、金融机构等创造性地研制新产品或者改良原有产品。近年来，我国海洋文化旅游业取得了不俗的成绩，渤海沿岸的秦皇岛，黄海沿岸的大连、烟台、青岛和连云港，东海沿岸的普陀和厦门，南海沿岸的深圳、北海和三亚等重点开发的滨海文化旅游区已有较高的知名度，每年接待大批的海内外游客。不过，在我国海洋文化旅游资源的优势项目——文化资源的深度开发方面，仍大有可为。本着弘扬中华海洋文化旅游、发挥文化资源优势的宗旨，可以考虑开发更多旅游文化产品，构建我国的海洋旅游文化产品体系。营销渠道的多元化有助于扩大消费群体，增强影响力，树立品牌形象，将产品和消费者紧密联系起来。拓宽促销渠道还有利于填补市场空白，提高产品流通效率，当然，也可能导致短时间内更高的成本。海洋文化旅游在拓宽产品渠道时会涉及很多环节，如批发商、代理商、零售商等。笔者认为，可以将海洋文化和网络文化紧密结合起来，发挥网络传播速度快、成本低、影响力大等特点，鼓励微商、电商线上销售高端产品，减少中间环节，获得更高利益。鉴于网络文化已深入千家万户及各个年龄段，全球分销预订系统也可以作为海洋文化旅游产品的营销渠道，有利于增加客源地，吸引更多消费群体。

在海洋旅游中，旅游企业作为联系旅游者与旅游产业的重要媒介，应积极开发生态化、文化性的旅游产品，有效提高旅游者的环保意识，促进海洋旅游的可持续发展。例如，开发一条生态海洋文化旅游专线，带领旅游者感受海洋文化旅游的魅力，同时传播海洋文化旅游的生态理念，提高游客的满意度。此外，旅游企业也可以以绿色海洋文化为主旨，完善特色旅游设施，进一步加强游客对海洋文化生态环境的理解。

目前，蓝色经济发展理念已经成为世界各国实现经济可持续发展的共同目标，“海洋始终是强大的经济引擎”，蓝色经济正在成为世界经济增长的新引擎。蓝色经济既被称为海洋经济，也被称为循环经济。前者将蓝色与海洋对应，后者则是从更广泛的循环视角出发。蓝色经济基于可持续发展原则，提倡有效利用海洋空间和资源，实现经济、社会和生态三方面的共同发展。有分析指出，目前全球蓝色经济的产值约为 1.3 万亿欧元，由此推算，2030 年产值将接近 3 万亿欧元。可见，海洋经济在世界经济体系中的地位越来越重要，海洋经济产值在经济生产总值中所占的比重也在逐渐上升。

第六章 海洋文化旅游本土化模式的要素和作用机制

本章从形成机理、演进阶段和构成要素三个方面深入探析海洋文化旅游本土化模式。

一、海洋文化旅游本土化模式的形成机理

我国海洋文化旅游地开发在腹地范围、本土文化圈、产品特点、开发模式、资源情况等要素方面各有差异，对海洋文化旅游本土化的探索也在逐步推进。在国内海洋文化旅游本土化开发实践不断发展的同时，许多学者也进行了相关理论研究。李燕琴、汲忠娟（2017）研究了中国社区生态旅游的本土化，为当今扶贫实践提供理论支持，同时使中国经验在国际社区生态旅游（CBET）研究中发声。苏玉卿（2016）分析了乡村旅游社区主导型经营模式的形成机理，用利益博弈研究明确了社区主导在乡村旅游发展模式中的必要性。何龙芬（2011）聚焦海洋文化产业集群，分析了海洋文化产业集群的内在机制和特殊形成机理。许照成（2016）对我国海洋文化旅游企业本土化发展的必要性和企业发展模式进行研究，总结了我国海洋文化旅游企业的本土化模式。

本章对我国海洋文化旅游本土化模式提炼出“三个层面、一条路径”的形成机理（见图6-1）。“三个层面”是指我国海洋文化旅游开发的核心层、内部动力层和外部支撑层；“一条路径”是指我国海洋文化旅游的本土化路径。通过核心层、内部动力层和外部支撑层的推进，我国海洋文化旅游业快速发展起来，旅游模式也不断创新优化，建立了更好、更快、更合理的模式。通过产品、营销、技术、人才等方面的设计，我国已形成因地制宜、特色鲜明的海洋文化旅游本土化模式发展路径。

（一）海洋文化旅游本土化模式的核心层

丰富的海洋资源和瑰丽的文化遗产在任何时候都是海洋文化旅游地的核心竞争力。海洋资源的种类和文化遗产的内容决定了一个旅游地到底采用什

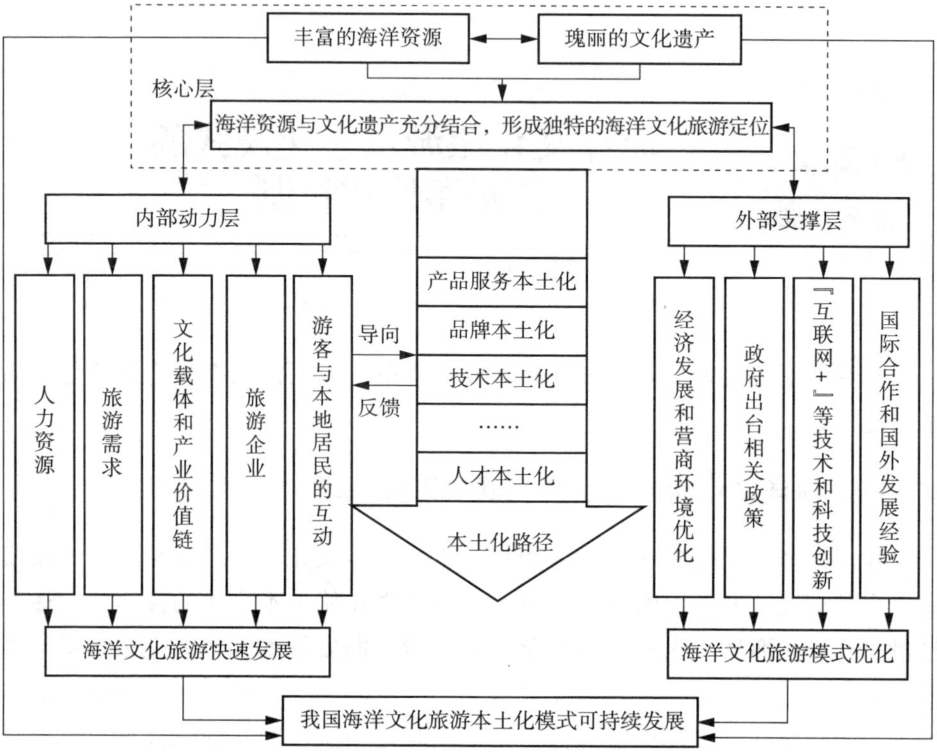

图 6-1　我国海洋文化旅游本土化模式的形成机理

么样的发展模式、发展什么样的旅游产品，是海洋文化旅游地旅游生命的决定性因素。旅游地一旦失去优美的海洋环境和深厚的文化内涵，就会失去其核心竞争力。

我国沿海旅游地进行本土化模式开发具有两大基本优势：一是我国海岸线漫长，包含淤泥质海岸、基岩质海岸、三角洲海岸、生物海岸和砂质海岸 5 种不同类型的海岸，可以规划相关旅游活动，同时有渤海、黄海、东海、南海四大近海，可提供丰富的海洋旅游资源和不同温度带的滨海景观；二是我国海洋文化历史悠久，从旧石器时代晚期起，我国沿海已经有人类活动的踪迹，活动范围从我国东北附近群岛一直延伸至海南岛等地区，形成了不同的海洋文化圈和丰富的海洋文化遗产。结合这两个方面的优势条件，可以进行精确定位，继而进行本土化模式开发。

（二）海洋文化旅游本土化模式的内部动力层

任何事物的演进与发展都需要源源不断的动力，而这动力究竟来自何处，是许多学者在研究中所关心的。大多数学者使用“动力机制”这个名词。许照成、张璟（2013）研究了创新驱动力要素对我国海洋文化旅游企业本土化发展的作用，并对海洋文化旅游企业的动力机制做了界定。笔者认为，海洋文化旅游本土化模式的动力机制是指在坚持人海和谐的价值观下，当地政府、企业和居民各方都有其应获得的利益和承担的职责，并进行合理的分工与规划，以吸引国内外旅游者，实现可持续发展，即使海洋文化旅游企业增加利润、政府收获政绩、居民多元就业，形成当地海洋文化旅游发展的巨大推动力。海洋文化旅游本土化模式的内部动力层应包括人力资源、旅游需求、文化载体和产业价值链、旅游企业、游客与本地居民的互动五大推动力。

1. 人力资源

海洋文化创意人才是链接海洋文化资源和游客的中心节点，起到关键性作用。海洋文化旅游本土化模式的建设构想，离不开高素质的旅游人才。海洋文化创意来源于人并且服务于人。创意人才通过能动地认识和总结原有的海洋文化资源，形成凝结了个人创意的海洋文化产品。因此，高素质的人才是推动我国海洋文化旅游本土化模式的力量源泉。我国对海洋文化旅游人才的素质越来越重视。2015 年，“万名旅游英才计划”启动，国家旅游局要求全国各省市重视对优秀旅游人才的教育培训，用 3 年时间显著提高旅游人才素质。2017 年印发的《“十三五”旅游人才发展规划纲要》中明确提出，2020 年的旅游人才队伍建设目标，是形成一支在数量上、结构上、素质上都符合我国现代旅游行业要求，并且符合我国旅游业发展要求的人才队伍。

2. 旅游需求

大众对具有本土特色的海洋文化旅游的需求是海洋文化旅游蓬勃发展的有效推动力。海洋文化旅游本土化模式内部动力层的重大推动力是旅游者，没有旅游者，就意味着海洋文化旅游资源的存在没有意义。在我国社会经济快速发展的今天，产业优化升级、产品更新换代的速度非常快，人们生活水平显著提高，对多元化、个性化产品和服务的需求也与日俱增，这对海洋文化旅游来说，既是机遇也是挑战。我国旅游者早已不满足于简单的观光旅游，他们对旅游产品提出了更高要求。旅游者需求升级是我国海洋文化旅游模式优化升级的巨大拉动力。

在海洋文化旅游中，游客是进行旅游体验的主体。从过夜游客数量，可以看出一个旅游地的旅游质量。本章整理了 2011—2019 年我国入境过夜游客人次（受新冠肺炎疫情影响，2020 年数据不具有代表性，故未进行整理）。从图 6-2 中可以看出，我国入境过夜游客人数整体呈上升趋势。虽然其中有几年游客人数是下跌的，但不可否认，外国游客到中国旅游的热情在持续增长。

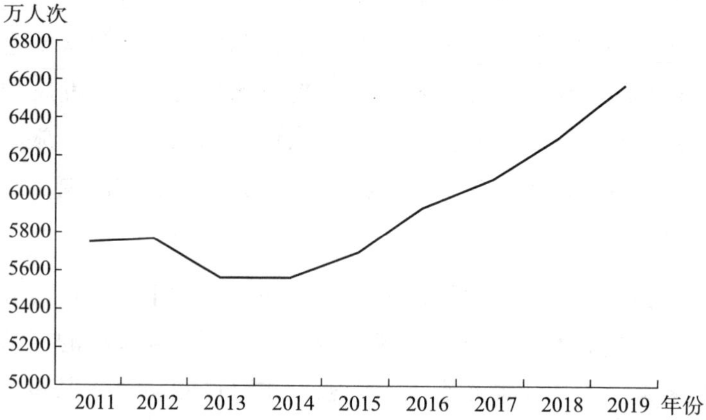

图 6-2　2011—2019 年我国入境过夜游客人数

3. 文化载体和产业价值链

研究本土海洋文化载体和产业价值链为我国海洋文化旅游本土化模式提供了渠道性动力支撑。对本土海洋文化载体和产业价值链的研究包括硬件载体（如主题公园）、软件载体（海洋节事、解说、符号等）及载体的整合与创新、营销与传播。

我国不仅拥有悠久的海洋历史，而且海洋文化内容丰富，如海洋民俗文化、海洋考古文化、海洋信仰文化等。推进海洋文化载体研究，一方面能够保护海洋文化古迹和遗址、文化古籍和传说，激发沿海特色风貌村落和建筑的魅力，传承传统海洋文化；另一方面能够促进海洋文化旅游产业的发展壮大，使我国本土海洋文化焕发经济活力。

4. 旅游企业

旅游企业的智慧开发是我国海洋文化旅游本土化模式的有力支持。一方面，海洋文化企业是旅游活动及产品的承载者，能够引导旅游者参与海洋活动，消费相关产品；另一方面，海洋文化企业在本土海洋文化旅游宣传中发挥着主要作用，在一定程度上代表了当地海洋文化旅游发展水平。一个优秀的海洋文化企业，应具备创新性和创意性。在开发海洋文化旅游产品的过程中，应充分发挥海洋文化企业这两个特性，推动海洋文化旅游蓬勃发展。

我国海洋文化旅游企业在发展过程中主要有三个方面的压力，分别是政府规制、区域整合和同质竞争。政府规制在海洋文化企业发展过程中发挥着不可忽视的作用。对海洋文化企业进行规制，可以有效保障旅游者在海洋文化旅游过程中的权益，避免一些企业欺客、骗客行为的发生，通过规制行业，也可以降低恶性竞争的概率，防患于未然。海洋旅游空间是海洋文化旅游企业发展的载体。同一区域内的市场是有限的，不可能容纳太多同类型海洋文化企业，因此要对海洋文化旅游区域的空间格局进行整合重组。海洋文化旅游空间格局优化升级，可以促进海洋文化旅游资源的合理配置，最大限度地提高海洋旅游空间的经济效益、社会效益和生态效益。我国海洋文化旅游产品存在过度西化的现象，盲目学习西方海洋文化旅游模式和产品，会导致我国海洋文化旅游产品的同质化，不利于海洋文化旅游产业的长期可持续发展。但是，同质化竞争的压力也会促使不同海洋文化旅游区域发展适合自己的、有自己鲜明特色的、差异化的本土化旅游产品，树立本土海洋文化旅游的"第一印象空间"，展现最有魅力、活力和竞争力的品牌形象。

5. 游客与本地居民的互动

游客与旅游目的地居民的互动，是检验海洋文化旅游质量的标准，也是推动海洋文化旅游本土化模式的有利因素。实践是推动认识发展的动力，在本土海洋文化旅游中，本地居民及其生产生活也是本土文化的一种表现形式，游客在旅游过程中，势必会与当地的居民产生互动，这些互动一方面有利于交流，另一方面也可能产生碰撞与冲突。这些互动也可以看作对海洋文化旅游本土化模式的反馈。对这些互动进行深入研究，有助于推动海洋文化旅游本土化模式的完善。作为旅游利益相关者，大家为了实现自身利益最大化，会对产品多样性、差异性、可持续性提出更高的要求。

（三）海洋文化旅游本土化模式的外部支撑层

1. 国际合作和国外发展经验

国外海洋文化旅游发展经验对我国早期的海洋文化旅游开发具有借鉴意义。虽然我国海洋旅游资源比较丰富，且海洋文化历史悠久、内容丰富、特色鲜明，具有非常好的发展海洋文化旅游的基础条件，但我国发展海洋文化旅游的时间较短、经验较少，还处于低水平阶段。在开发早期，我们并没有自己成熟的本土化的海洋文化旅游模式，只能借鉴国外优秀的开发模式。在建设海洋强国的战略背景下，建立我国海洋文化旅游本土化模式更需要对西方经验取精华、弃糟粕，向高端旅游、精品旅游方向发展。

海洋文化旅游的发展，离不开国际交流与合作。吸引外商投资、基础设施共享共建、各国政府政策沟通、产业对接合作等，能够为海洋文化旅游发展提供支撑；与国际游客市场合作，有助于东北亚、东亚、东盟、欧洲、非洲等客源国的互通互送和联合推介；加强邮轮旅游和体育赛事交流，可为我国海洋文化旅游发展提供强大的支撑力。

2. “互联网+”等技术和科技创新

互联网技术的快速发展改变了许多传统行业的发展模式。“互联网+”就是利用互联网的大数据、云分析、云计算等优势，促进产业优化升级和科技创新，让经济增长力充分释放，发挥“1+1>2”的作用。2018 年“两会”期间，国务院总理李克强提出“互联网+”行动计划，此时“互联网+”已经进入海洋文化旅游产业。刘军、蔡乐诗（2017）研究了岭南海洋文化与互联网思维结合下的海洋文化旅游发展新方向，建立了岭南模式中海洋文化旅游创新的思维图。鲁欣、宋慧晶（2017）对已经将“互联网+VR 技术”应用到文化旅游中的山西“晋收眼底”直播平台进行了研究，分析其所带来的文化效益。

“互联网+旅游”的形式，可在电子商务的基础环境下发挥具有领先优势的计算机网络及通信技术的作用，有效整合海洋文化旅游企业的内外部资源，实现更大范围的旅游信息传播。海洋旅游科技创新可以为海洋文化旅游本土化模式提供技术支撑，其作用体现在消费、服务、营销、管理四个方面，助推海洋强国建设。

3. 相关政策

政府出台的相关政策在任何行业都发挥着至关重要的作用。海洋文化旅游本土化模式的发展离不开相关政策的推动。从我国近 30 年的发展历程中可以看出，每一次出台旅游业相关政策，就能推动我国旅游景区、旅行社等一系列旅游相关产业的大发展、大变动。国家旅游局将 2013 年定为“中国海洋旅游年”，掀起了沿海各地大力发展海洋文化旅游经济的热潮，各地政府纷纷出台规划，加大对滨海、海岛文化旅游的开发力度，对海洋文化旅游本土化起到了有力的推动作用。2018 年 3 月下旬，国务院办公厅印发了《关于全域旅游发展的指导意见》，首次专门对全域旅游发展作出了全面部署。沿海各省也积极出台相关措施，推动海洋旅游发展。例如：海南省布置游艇码头 16 个，规划游艇泊位 3500 个；2018 年 4 月，海峡旅游博览会成功在厦门举办；福建省连江县规划打造总面积 3.7 平方公里的定海湾山海运动小镇。可见，政府是海洋文化旅游本土化模式的支持者，发挥好推动者和协助者的作用，有助于海洋文化旅游的可持续发展。

4. 经济发展和营商环境优化

区域的经济发展水平决定了其上层建筑构建的内容和程度，有效的上层建筑会对经济发展产生拉动效应。经济发展水平在海洋文化旅游本土化模式创新中发挥的作用主要体现在三个方面：可自由支配收入、服务接待能力和基础设施完善。可自由支配收入是指在扣除应纳所得税、社会保障消费和生活刚需消费后所剩余的部分，剩余多少可以反映一个人的消费能力。随着区域经济发展水平的不断提高，人们的自由可支配收入也会提高，于是有更多的资金用于享受型消费，如旅游等，这就要求该区域的游、购、娱行业有完善的基础设施。这些区域在衣、食、住、行、游、购、娱的数量和质量上相较于其他区域，服务接待能力更强。经济发展水平对海洋文化旅游本土化模式的拉动作用也是同样的。

良好的营商环境和规范的资本市场对海洋文化旅游产业有保障作用。资本在市场运营中的作用十分重要。企业通过资本运营，可以使所拥有的有形资产和无形资产最大限度地实现增值。海洋文化创意企业要想做大做强，充足的资金支撑不可或缺。在巨额资本支持下，实现文化创意向现实的海洋文化产品和服务转变，是我国海洋文化旅游本土化模式中较常见的盈利模式。

（四）海洋文化旅游的本土化路径

我国海洋文化旅游的本土化要立足于大众市场。产品服务本土化、品牌本土化、营销本土化、技术本土化、人才本土化是发展我国海洋文化旅游本土化模式的根本路径，可达到在文化上与本土大众有共鸣、对入境游客有传播。

1. 海洋文化旅游产品服务本土化

要将本地的海洋资源、文化资源和旅游者的旅游偏好有机融合，设计出有本土特色的海洋文化旅游产品。我国不仅有丰富的海洋文化，还有传奇色彩浓厚的海洋神话故事，如福建的妈祖文化是由海上渔民口中流传的故事产生的，由妈祖故事形成的影视作品、戏剧作品广受大众喜爱，福建的妈祖庙和一些妈祖文化的海洋文化节庆活动也是旅游者非常喜欢的海洋文化产品。

推动海洋文化旅游服务本土化，是实现海洋文化旅游本土化的有效路径。服务本土化旨在因地制宜地对海洋文化旅游过程中的服务进行本土化创新。例如，创新中国邮轮旅游服务、打造中国邮轮品牌。

2. 海洋文化旅游品牌本土化

要在经营本土化产品的基础上，打造独具魅力的品牌形象，在旅游者中形成良好的口碑，通过口耳相传，使旅游地在更多人的心中留下良好的印象。例如，2018 年 11 月正式营业的上海海昌海洋公园定位于世界上最先进的第五代大型海洋公园。海昌海洋公园以海洋文化为主题，打造了自主 IP“七萌团”，还打造了国内首个邮轮概念海洋主题度假酒店。在我国海洋文化旅游开发的进程中，需要的正是像海昌海洋公园这样的民族品牌。

3. 海洋文化旅游营销本土化

促进海洋文化旅游营销本土化是实现海洋文化旅游本土化的有效途径，也是推广海洋文化旅游民族品牌的有效途径。我们应大力开展适合国内海洋文化旅游地的营销活动，将本地独特的海洋文化融入产品和品牌，通过我国大众浏览量大、接受度高的一些途径进行推广。

4. 海洋文化旅游技术本土化

我们应将自行开发的一些技术和设备运用于各种营销活动中，在基础设施、服务、产品等方面做到技术本土化，以提升游客体验和消费欲望。高新技术是当代国家综合实力竞争的一个重要方面，将高新技术运用到海洋文化旅游开发中，促进本土技术的发展，能够加速海洋文化旅游本土化的进程。例如，山东省在 2019 年建成国内首个智慧海洋大数据共享支撑平台，该平台的建设有力地推动了新一代技术与海洋各个产业的深度融合，有效提升了认识海洋、经略海洋的智慧化水平，为国家海洋强国重大发展战略服务。

5. 海洋文化旅游人才本土化

应提高海洋文化旅游相关产业从业人员的综合素质，走海洋文化旅游本土化道路。目前，我国的海洋文化旅游人才普遍素质较低且从事低层次服务的人较多，市场上的导游和旅行社良莠不齐，旅游者在旅游过程中与导游和旅行社的冲突事件时有发生，而高层次的管理、创新和研究人才多来自其他国家，我国的相关人才数量严重不足。大力培养高素质的管理人才、创新人才和研究人员，让更了解本土环境和海洋文化的人才到国内海洋文化企业工作，是实现人才本土化的重要路径。

二、海洋文化旅游本土化模式的演进

我国海洋文化旅游发展特征整体上表现为起步比较晚、发展速度比较快以及本土经验较为缺乏。我国海洋文化旅游虽然起步较晚，但各种旅游产品发展之迅速、数量之多反映出我国大众对这类旅游的需求十分旺盛。与此同时，我国本土精品旅游产品较少，不能满足大众的需求，这在不同时期有不同的表现形式，从而推动我国海洋文化旅游本土化模式的发展进程。研究我国海洋文化旅游的演进阶段，有助于正确认识和分析当前大众需求和本土旅游产品的矛盾，解决本土旅游产品在数量、形式、质量等方面存在的问题，探索与大众需求相匹配的海洋文化旅游本土化模式。

（一）海洋文化旅游本土化模式的研究进程

一个国家旅游业的发展取决于其国家经济发展水平和人民收入水平的提高。改革开放以后，我国的海洋文化旅游业吸收西方滨海游、海岛游等的经验，取得了快速的发展，尤其是经济较发达的省市，率先取得了阶段性优异的旅游业绩和成果。这个阶段国内研究者多总结国外海洋文化旅游模式，为我国海洋文化旅游业提供发展借鉴和理论对策。海洋强国战略提出以后，我国海洋文化旅游发展驶入快车道，发展中暴露出旅游产品单一、同质化严重等问题。国内研究者对这些问题进行了深入研究，并提出发展海洋文化旅游本土化模式。

孙智宇（2007）整理了我国 20 多年来的海洋经济相关研究，希望找出我国海洋经济研究的变化路径和发展阶段，得出 2001 年至今我国海洋经济研究已进入逐步完善阶段的结论。许照成、张璟（2013）整理了国内的海洋文化旅游相关研究，提出 20 世纪 60 年代以后“本土化”受到全球关注，到 80 年代初，我国港台地区涌现出一批关注并发起社会科学本土化运动的学者，近年来，海洋文化旅游本土化逐渐成为新的发展趋势，相关研究逐渐引起一些学者的重视。胡念望（2014）在研究温州海洋文化旅游时，将海洋非物质文化遗产和旅游发展相结合，基于可持续发展理论等分析温州旅游文化发展的本土模式，提出国内海洋旅游研究总体上还处于起步阶段。秦淮、郭学娟（2015）对威海海洋民俗文化的本土化发展在城市化进程中面临的挑战进行了分析，指出在本土化城市发展中嵌入海洋民俗文化后，既可以使城市向个性化发展，也可以很好地保护和利用海洋民俗文化。

（二）海洋文化旅游本土化模式的发展

对于我国海洋文化旅游的发展进程，本章从最基本的时间和空间两个维度对国内主要的、具有代表性的海洋文化旅游区域的情况进行介绍。

1. 国内海洋文化旅游发展的空间序列

在海洋强国战略下，我国根据沿海旅游经济发展的基础条件和资源优势，构建了“四带一区”的海洋文化旅游格局。从北至南，按五大海洋文化圈来划分，更符合我国海洋文化旅游的特点，见表6-1。受纬度和地理位置影响，环渤海文化圈所处纬度最高，主要目标市场为我国北部、中部内陆地区，以及日本、韩国的入境游客；长三角文化圈有经济发达、对外开放程度高的区域优势，非常有利于吸引海外游客，发展游艇与邮轮等高端海洋文化旅游；海峡西岸文化圈、珠三角文化圈和海南岛-北部湾文化圈纬度相近、地理位置相邻，长三角地区、珠三角地区以及港澳台地区都是其主要目标市场，珠三角文化圈和海南岛-北部湾文化圈面向东南亚国家，有吸引东南亚游客的区位优势。

表6-1　国内海洋文化旅游空间序列总结

文化圈	代表城市	主要目标市场	典型旅游产品
环渤海文化圈	大连、秦皇岛、天津、威海、烟台、青岛	北部、中部内陆地区以及日本、韩国	旅顺军港、红海滩、山海关、北戴河、蓬莱水城、栈桥、青岛极地海洋世界
长三角文化圈	上海、杭州、舟山、宁波、温州、南通	长三角地区以及海外入境游客	外滩、朱家尖、普陀山、天目湖御水温泉、千岛湖、西湖、海洋公园
海峡西岸文化圈	福州、泉州、厦门、漳州	长三角地区、珠三角地区以及港澳台地区	石狮海洋世界、黄金海岸、东山岛、鼓浪屿、环岛路、平潭沙雕园
珠三角文化圈	广州、深圳、珠海、东莞、惠州、江门、北海	长三角地区、珠三角地区、港澳台地区以及东南亚国家	海洋世界、飞沙滩、梦幻水城、东奥岛、御温泉
海南岛-北部湾文化圈	湛江、海口、茂名、阳江、三亚	长三角地区、珠三角地区、港澳台地区以及东南亚国家	南山、大小洞天、亚龙湾、分界洲岛、天涯海角、热带海洋世界

2. 国内海洋文化旅游发展的时间序列

海洋文化旅游的时间发展序列经常是通过区域旅游业的产品数量、种类等的发展情况来反映。我国海洋文化旅游的早期发展与国家政策密切相关。我国海洋文化旅游的最初部署始于20世纪80年代，主要在环渤海、长三角、珠三角和海南等地。本章选取国家5A级景区、国家级风景名胜区、国家级自然保护区和主题公园4个项目进行国内海洋文化旅游地点时间序列总结（见表6-2）和国内海洋文化旅游项目时间序列总结（见表6-3）。

表6-2 国内海洋文化旅游地点时间序列总结 单位：家

区域	省、市、区	景区名称	1989年以前	1990—1999年	2000—2009年	2010年至今	总计
环渤海	辽宁省（31家）	5A级景区			2	3	5
		国家级风景名胜区	5	2	2		9
		国家级自然保护区	5	5	2	1	13
		主题公园（超大型）			4		4
	山东省（29家）	5A级景区			3	8	11
		国家级风景名胜区	3		2	1	6
		国家级自然保护区	1	2	4		7
		主题公园（超大型）			5		5
长三角	上海市（10家）	5A级景区			2	1	3
		国家级风景名胜区					
		国家级自然保护区			2		2
		主题公园（超大型）	1		4		5
	浙江省（54家）	5A级景区			2	13	15
		国家级风景名胜区	7	4	7	4	22
		国家级自然保护区	1	4	4	1	10
		主题公园（超大型）	2		5		7
珠三角	福建省（44家）	5A级景区			2	7	9
		国家级风景名胜区	4	5	7	3	19
		国家级自然保护区	2	2	8	2	14
		主题公园（超大型）			2		2
海南	海南省（18家）	5A级景区			2	4	6
		国家级风景名胜区		1			1
		国家级自然保护区	3	2	4		9
		主题公园（超大型）	1		1		2

从表6-2中可以看出，从国家最初发布一系列对旅游景区的评定和评级

到现在，浙江省是拥有本书所统计的 4 项旅游产品数量最多的地区，达到了 54 家景区，紧随其后的是福建省，拥有 44 家景区，辽宁省和山东省以 31 家和 29 家的景区数量位列第 3、第 4，海南省和上海市仅有 18 家和 10 家景区。通过不同时期我国海洋文化旅游地景区数量的变化，可以对该地区当时的海洋文化旅游发展情况和水平有所了解。

表 6-3　国内海洋文化旅游项目时间序列总结

时间	项目
1956 年	我国第一个国家级自然保护区——广东鼎湖山自然保护区
1982 年	我国第一批国家级风景名胜区——共 44 处
1989 年	我国第一个主题公园——深圳锦绣中华微缩景区
2006 年	我国第一条国际邮轮母港航线——歌诗达旗下“爱兰歌娜”号邮轮
2007 年	我国第一批 5A 级景区——共 66 家景区
2012 年	我国第一个指导海洋体育旅游发展规划《浙江省海洋体育发展规划（2011—2020 年）》

（1）旅游地点变化

我国沿海城市大发展始于 20 世纪 80 年代，建立了 14 个沿海开放城市和经济特区之后，沿海城市经济增长水平开始有了显著提升，但经济发展对旅游业的推动作用尚未发挥出来。

1989 年以前，我国的海洋文化旅游是在自然资源基础上的单纯观光。这个时间段，全国各地旅游资源以国家级风景名胜区和国家级自然保护区为主，且主要分布在环渤海地区和长三角地区，数量上辽宁省最多，浙江省次之。

1990—1999 年，国务院公布了第三批国家级风景名胜区（共 35 处），环渤海、长三角、珠三角和海南共增加了 12 处，占第三批总数的 34.3%，浙江省增加最多，辽宁省和福建省次之。同时，我国开始掀起开发主题公园的浪潮，各种类型的主题园区如雨后春笋般发展起来，因其数量太多，本章仅选取投资金额在 10 亿元左右的超大型主题公园进行统计。这一时期，在上海市、浙江省和海南省开发并生存下来的超大型主题公园共有 4 家（钟士恩 等，2015），在全国超大型主题公园中占比约为 45%。总体上看，这一阶段我国海洋文化旅游开始从单纯观赏型向观光和娱乐相结合型转变。

2000 年以后，我国对旅游业的发展越来越重视，海洋文化旅游业有了进一步发展。2007 年，国家旅游局对全国旅游景区进行质量等级评定，发布了对细节、质量要求更高的 5A 级景区。5A 级景区既要有文化性和特色性，也要将“以人为本”的服务宗旨贯穿始终。这一时期，环渤海、长三角、珠三角地区及海南获得5A级景区称号的共13家，其中山东省最多。国家级风景名胜区和国家级自然保护区数量也在增加，福建省增加的最多，浙江省次之，上海首次发布了2处国家级自然保护区。

2010年至今，我国海洋旅游业已经上升到战略位置，国家作出海洋强国的重要部署，海洋文化旅游业飞速发展。这一阶段国家对5A级景区不断进行考核与评定，取消了一些评定不合格景区的5A等级，也新增了一些发展较好的景区，其中浙江省增加了13处5A级景区，居于首位，山东省和福建省紧随其后。如今，我国主题公园的发展也进入了新阶段，经济进一步发展，需求和资本推动本土主题公园自觉地、有规划地、有效率地开发。本章所研究的6个省、市都新增了投资超过10亿元的超大型主题公园，浙江省、青岛市以新增5处的数量并列第一，上海市、辽宁省新增4处，并列第二。总体来看，这一阶段我国海洋文化旅游实现了观光、休闲、娱乐的结合，同时快速向以文化为主导、高质量的旅游+多种方式的方向发展。

（2）旅游项目变化

表6-3列示了部分年份的旅游项目，是我国海洋文化旅游几个重要分析项目的开篇。通过梳理时间可以发现：1956年，我国发布第一个国家级自然保护区，开始加强对自然环境和自然资源的保护；1982年，我国发布第一批国家级风景名胜区，不仅有助于保护自然环境资源，同时加强了对名胜古迹、文化遗迹的保护；1989年，我国建造了第一个主题公园，开始有意识地将自然风景和文化资源相结合；2006年，歌诗达旗下的“爱兰歌娜”号邮轮开辟了我国第一条国际邮轮母港航线，迈出了中国内地港口向邮轮母港发展的第一步，使我国内地海洋文化旅游从滨海、海岛旅游转向体验远洋旅游；2007年，我国发布第一批5A级景区，提高了对旅游景区文化特色的要求；2012年，我国第一个指导海洋体育旅游的发展规划《浙江省海洋体育发展规划（2011—2020年）》出台，有力地提高了我国海洋文化旅游、海洋体育旅游产品的水平和质量，也为其他省份提供了可借鉴的样本。

在时间上，可以2000年为节点分为两个阶段。前一阶段的项目分别是我国的国家级自然保护区、国家级风景名胜区和主题公园，旅游资源以自然景观为主，出现了人造景观——主题公园。这一阶段游客参与度不高，旅游中的文化元素也较少，游客行为以自然观光为主、以娱乐为辅，是对海洋文化旅游的探索时期。后一阶段的项目则侧重国际邮轮旅游航线、5A级景区和海洋体育旅游发展规划，旅游资源是自然景观和人文景观并重，各旅游企业开始注重保护自然景观、盘活人文景观、增加文化体验。游客行为是在海洋资源的基础上实现文化体验、观光、休闲、娱乐和运动，旅游产品由近及远包括滨海、海岛和远洋等。这一阶段游客参与度有所提高，他们不仅能看到、听到海洋文化，还能感受到、品尝到海洋文化，甚至把海洋文化记到心里。这一阶段是海洋文化旅游的快速发展阶段。

（三）海洋文化旅游本土化的演进阶段

20 世纪 60 年代以来，本土化概念不断被研究和强调，尽管没有本土化发展的经验，但诸多行业都走上了本土化的道路。国内海洋文化旅游本土化经过多年的发展和创新，旅游产品在数量和质量上都有了阶段性的提升，旅游接待人数不断增加（见图 6-3）。总的来说，我国海洋文化旅游本土化经历了以下五个阶段：

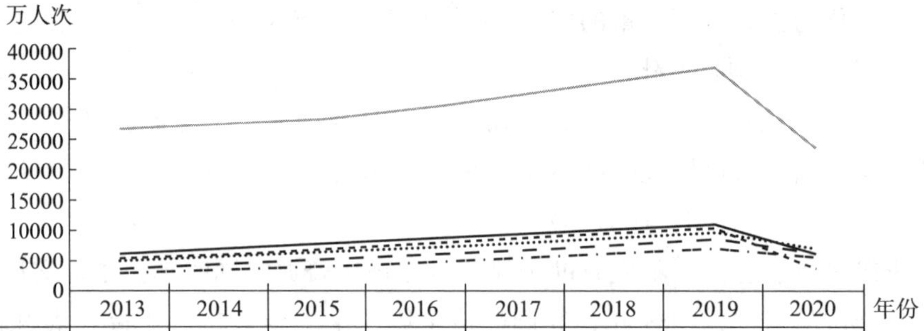

	2013	2014	2015	2016	2017	2018	2019	2020
—— 青岛	6289.6	6843.9	7455.8	8081.1	8816.5	10000.0	10900.0	6312.3
----- 大连	5230.9	5619.8	6828.1	7633.8	8410	9288.1	10268.3	3997.3
—— 上海	26748.1	27609.4	28369.6	30171.9	32718.3	34870.6	37037.7	23734.3
-·-- 舟山	3067.5	3397.9	3876.2	4610.6	5507.2	6321.4	7051.8	5944.0
········ 厦门	4663.9	5337.8	6035.9	6770.2	7830.5	8900.3	10012.9	6994.1
– – 海南	3672.5	4789.1	5336.5	6023.6	6745.0	7627.39	8311.2	6455.1

图 6-3　2013—2020 年青岛、大连、上海、舟山、厦门、海南旅游接待总人数

1. 萌芽阶段（1978—1989 年）

这一阶段是海洋文化旅游发展的初始阶段。在经济水平、社会意识、旅游需求等因素尚不充分的条件下，我国海洋文化旅游的主要形式是海洋资源观光。1978 年党的十一届三中全会以后，我国开始实行对内改革、对外开放的政策，沿海地区率先大力发展经济，开始资本积累，但经济水平、社会意识和旅游需求等均处于较低水平。20 世纪 80 年代末，主题公园这类文化旅游产品的需求开始旺盛起来。

2. 升级阶段（1989—2000 年）

这一阶段以海洋主题公园的大量开发及升级换代为主，兼有自然海洋文化景观加强开发和保护，主要旅游形式是游览娱乐和资源观光。1989 年，我国第一个主题公园深圳锦绣中华微缩景区开业。截至 20 世纪 90 年代末，全国各地共建有 2500 多座不同类型的主题公园。这些主题公园文化利用度较低、良莠不齐，在短时间内纷纷遭遇洗牌倒闭。这些投资少、面积小、内容丰富的主题公园可以称为第一代主题公园。洗牌后发展较好的大型主题公园可以称为第二代主题公园。2000 年至今，第二代主题公园发展得很好，数量和投资都不断上升。2000 年至今，仅辽宁省、山东省、上海市、浙江省、福建省和海南省统计的投资超过 10 亿元的大型主题公园已经有 21 家。

3. 纵深阶段（2000—2013 年）

这一阶段我国海洋文化旅游在地理上从滨海游、海岛游拓展到远洋游，在产品上从文化浏览纵深到文化体验，海洋文化在海洋文化旅游中逐渐提升到灵魂地位。2006 年，歌诗达旗下的“爱兰歌娜”号邮轮开辟了我国第一条国际邮轮母港航线，迈出了中国内地港口向邮轮母港发展的第一步，使我国内地海洋文化旅游从滨海、海岛旅游转向体验远洋旅游。之后的 10 年间，乘坐邮轮出境游客飙升到 214 万人次，远洋游成为邮轮界公认的最有价值的新兴市场。这一阶段，沿海各地建立了许多 5A 级文化旅游景区，以反映当地的特色海洋文化。

4. 多元化发展阶段（2013—2018 年）

2013 年被国家旅游局定为海洋旅游年，这标志着我国海洋文化旅游本土化进入多元化阶段。这一阶段海洋文化旅游产业融入了高科技和互联网技术，“VR+旅游”“互联网+旅游”及“体育+旅游”等产品进入大众视野，对海洋文化旅游节、海洋文化博物馆和海洋体育赛事等起到了非常明显的推动作用。在这些技术的推动下，游客完全地融入本土海洋文化氛围，既提升了顾客的体验感，又提升了旅游产品的质量。这一阶段是海洋文化旅游本土化过程中非常重要的一个阶段。

5. 蓬勃发展阶段（2018 年至今）

21 世纪是海洋的世纪，海洋成为世界经济发展中重要的战略资源。党的十八大会议上提出建设海洋强国的目标，党的十九大会议再次提出加快建设海洋强国。所谓“海洋强国”，基本条件之一就是海洋经济要高度发达，在经济总量中的比重和对经济增长的贡献率均较高，海洋开发、保护能力较强。2018 年 4 月，习近平总书记在庆祝海南省建省办经济特区 30 周年大会上表示，海南省要着力打造国际旅游消费中心，推进国际旅游岛建设。

随着海洋旅游、文化旅游、海洋文化旅游的发展，以及学者们对海洋文化旅游相关内容的研究，海洋文化旅游走向了蓬勃发展的阶段，也更加注重本土化及地域风情特色。中国的海洋文化旅游已经走出国门，向世界展示我们的民族自信。

三、海洋文化旅游本土化模式的构成要素

在对海洋文化旅游本土化模式的形成机理和演进阶段进行详细分析之后，可以总结出海洋文化旅游本土化模式的构成要素，见图 6-4。

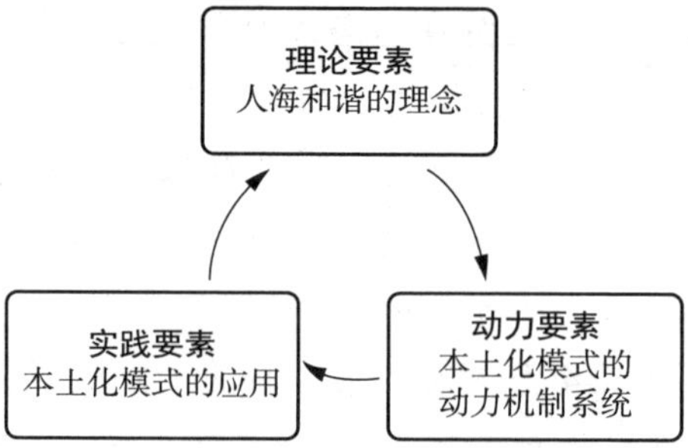

图 6-4　海洋文化旅游本土化模式的构成要素

（一）理论要素

海洋文化旅游本土化模式的理论要素是人海和谐的理念。无论是基于地域民生的开发模式、基于“中国海”文化圈的开发模式、基于民族品牌的创新模式，还是海洋文化旅游本土化模式的中国化表达，都是在人海和谐的理念指导下发展和完善的。人海和谐的理念是五大发展理念在海洋文化旅游开发中的延伸和拓展，它不仅指导着对海洋文化旅游开发的创新探索，更有利于推进海洋生态文明建设。人与海洋之间应是一种共生、互促成长的和谐关系，而不应是互相征服、互相对抗的关系。海洋为人类提供丰富的物质资源和精神享受，人类敬海、爱海，不断地探索海洋的奥秘，努力维护海洋生态平衡。

（二）动力要素

海洋文化旅游本土化模式的动力机制系统由四部分构成：核心源、内源推拉性动力、中源渠道性动力和外源激发性动力。海洋文化旅游本土化动力机制系统的核心源是人海和谐的价值观，它是在人海和谐的理念指导下形成的。内源推力是海洋文化旅游的主体驱动力，涉及不同的海洋文化旅游利益相关者，主要有政府、本土居民、旅游者、开发商、旅游机构及从业人员等。内源拉力是指作为海洋文化旅游主要吸引物的海洋文化旅游资源。中源渠道性动力是指海洋文化旅游的宣传渠道，包括宣传渠道载体和信息，如各种海洋文化旅游节事活动等。外源激发性动力由外部促力和外部压力构成。外部促力一方面来自政府制定有效的规章和政策促进本土海洋文化旅游的发展，另一方面来自区域整合所迸发的新的发展力。外部压力来自海洋文化旅游同质化竞争和西方的影响。

（三）实践要素

海洋文化旅游本土化模式的第三大要素就是通过本土要素作用机制和价值体系将海洋文化旅游的基本理念与本土动力机制运用到本土海洋文化旅游开发的实践中去。

通过对海洋文化旅游本土化模式的形成机理和演进阶段进行分析，可以看出不同的动力要素会产生不同的驱动力，进而形成不同的组合模式，最终构成海洋文化旅游的本土动力系统。本章构建的海洋文化旅游本土化模式最终要运用到本土海洋文化旅游开发的实践中去。只有将理论运用到实践中，才能将学术研究成果真正地转化为有形的价值，而实践又是检验和完善理论最有效的手段。

海洋文化旅游本土化模式应当被有效地应用于本土海洋文化旅游的资源活化、产品创新、品牌创新、线路开发、产业集聚、资本熔铸和空间拓展中。能否实现海洋文化旅游本土化模式的落地开花，才是检验海洋文化旅游本土化模式有效性的唯一标准，才是推动海洋文化旅游本土化模式演进发展的真正源泉。

第七章 海洋文化旅游本土化模式动力机制系统分析

随着我国经济的迅猛发展以及人民可支配收入的不断提高，人民的消费观念发生了巨大的变化。海洋文化旅游备受关注，更好地满足了人们在旅游方面的多元化需求。2020 年是受新冠肺炎疫情冲击的一年，但《2021 年上半年旅游经济运行分析报告》显示，2021 年上半年，我国旅游经济运行呈现旅游消费信心稳步回升的特点：上半年，国内游客达 23.55 亿人次，恢复至 2019 年的 77%；国内旅游收入为 1.95 万亿元，恢复至 2019 年的 70%。这表明，旅游业逐渐成为我国经济中规模最大、发展势头良好的产业之一，其中发展速度较快的就有海洋文化旅游，其市场前景相当广阔。

海洋文化旅游正慢慢成长为推动当前旅游业快速发展的动力，研究适合本国情况的发展模式十分关键。本土化模式的运作，需要一个强大的动力机制系统作为支撑。海洋文化旅游本土化模式的动力机制，就是找到使其能够顺利发展的系统性动力本源。本章构建了一个以人海和谐的价值观作为核心源，以海洋文化旅游主体及海洋文化吸引物作为内源推拉性动力，通过海洋文化旅游主题公园、节事活动、解说系统和符号系统、营销四种渠道形成中源渠道性动力，从而将政府规划促力和区域整合促力组成的外源激发性动力与内源机制进行紧密联系的海洋文化旅游本土化模式动力机制系统。

一、核心源——人海和谐的价值观

海洋文化旅游本土化模式动力机制的核心源是人海和谐的价值观，该价值观所追求的是人与海的和谐共存，它要求人类在合理开发海洋资源的同时，主动对海洋进行保护。

（一）人海和谐的理念与本土海洋旅游系统

1. 人海和谐的理念

人与自然的关系其实发生过许多变化，从最早的不敢接触自然，到慢慢地开始了解自然，随后想让自然为其所用，最后发现过分利用会导致自然环境的报复，于是人类开始向保护自然转变。由此可以看出，两者的关系渐渐地从不相存的状态转向融合发展。人类和海洋也同样经历着上面所描述的关系变化。海洋文化旅游本土化模式的动力机制系统如图 7-1 所示。

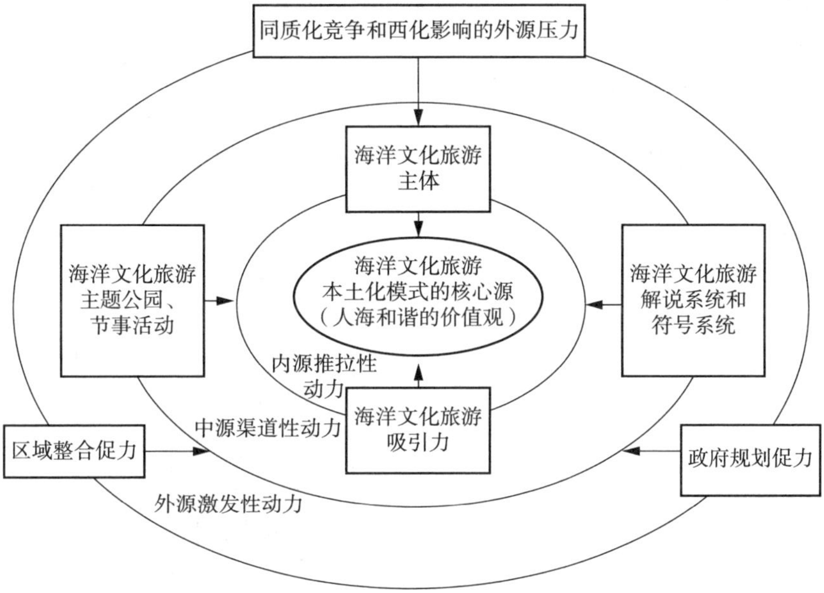

图 7-1　海洋文化旅游本土化模式的动力机制系统

不同的学者对人海和谐的理念提出了不同的看法。杨国征（2009）认为，人海和谐共处，是 21 世纪人类社会追求的海洋文明理念。林加全（2014）认为，人海和谐共生问题事关中国和谐社会建设的大局。本章主要从两个层次的自然观视角去看待人海和谐。一个层面是基于自然物质的整体性来理解，人类只是存在于包含海洋在内的整个生态系统中各个小的附属系统中的一个小分子，与海洋的关系密不可分。另一层面则是从自然系统的层次性理解，人类要与海洋保持和谐关系的重要前提在于不仅要发挥海洋本身对人类的基础性作用，也要发挥人类对海洋的主观能动性。人类在自然环境中能展示的能力是独一无二的，他们能够承担起保护海洋环境的责任，与海洋生态环境和谐相处。

2. 本土海洋旅游系统

旅游系统是一个拥有旅游价值功能的整合体，这个整合体里的各要素通过旅游者的各项活动紧密地联系在一起。按照区域范围进行分类，可以将这个系统分成三个部分，分别是客源市场系统、通道、目的地旅游系统。三个部分中目的地旅游系统凭借其独特的性能对整个社会发展产生极其重要的影响。旅游系统比较复杂，又有其他一些特征，因而需要学者在探讨过程中除了考察旅游方面的因素之外，还要考察社会发展方面的问题。

吴必虎等（1998）提出了一个旅游系统概念模型（见图 7-2）。

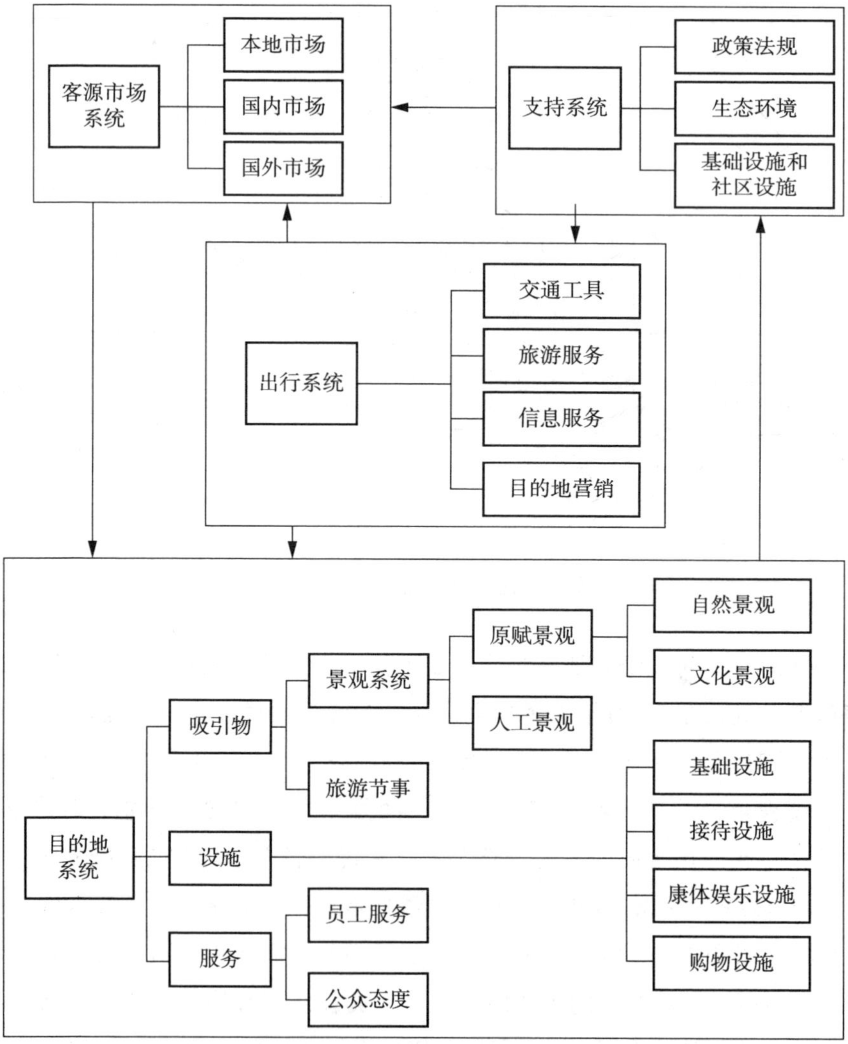

图 7-2　旅游系统概念模型

从图 7-2 中可以看出，旅游系统由客源市场系统、支持系统、出行系统和目的地系统四个子系统构成。客源市场系统的主要构成为本地市场、国内市场和国外市场。出行系统包括推动旅游者外出旅游的几个基本要素，即所要选择的交通工具、旅行社提供的旅游服务、本地政府和旅游景区的信息服务，以及景区推出的各类营销活动。目的地系统由吸引物、设施和服务三方面内容组成，其中，吸引物又分为自然景观、文化景观、人工景观和旅游节事四类。上述三个子系统构成了一个紧密结合的内部系统。周边地区还形成了由政策法规、生态环境、基础设施和社区设施组成的支持系统。在支持系统中，政府处于极其重要的位置。支持系统无法单独存在，需要通过其他三个子系统发挥作用，它对其他三个子系统具有不可忽略的影响。这四个系统相互影响、相互作用，在促进和谐旅游系统形成的过程中发挥着不可替代的作用。

海洋旅游作为旅游活动的一种形式，也是旅游系统中一个独立的类别，是旅游系统在海洋这个自然领域中独有的组织形式。作为一种新型的旅游方式，海洋文化旅游正慢慢成长为推动当前旅游业快速发展的动力。本土化模式的运作，需要一个强大的动力机制系统作为支撑。笔者认为，供给、需求、媒介和支持这四个子系统是组成本土海洋旅游系统的重要模块，这几个子系统中又包含多个要素（见图 7-3）。

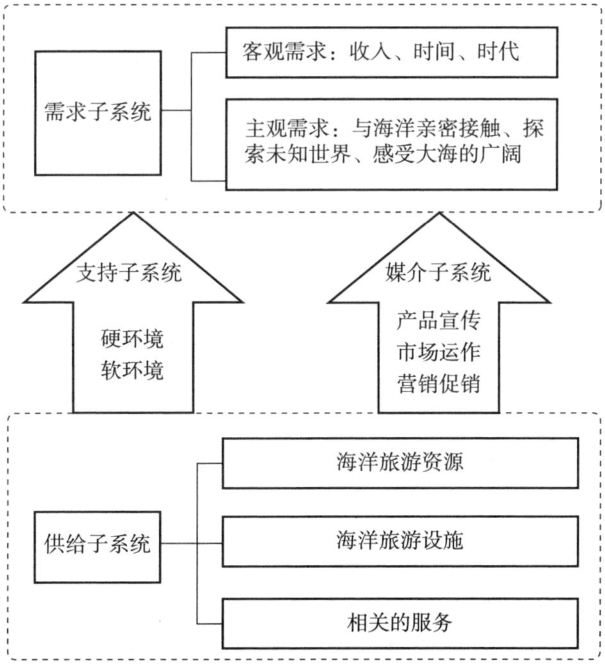

图 7-3　本土海洋旅游系统模型

（二）系统各要素的构成及和谐关系

1. 供给子系统

供给子系统是目的地系统，包括海洋旅游资源、海洋旅游设施以及相关的服务。其中：海洋旅游资源既包括物质性吸引要素（自然景观、人工景观），也包括非物质性吸引要素（海洋文化、海洋节庆等）；海洋旅游设施包括一般的基础设施（船、道路等）、接待设施、康体休闲娱乐设施以及购物设施等；相关的服务主要包括目的地居民的公共服务和对外来游客的态度等。整个供给子系统的重点不再是经济系统，而是以旅游资源、旅游产品为核心，将旅游的可持续发展看作整个旅游活动的根本，同时在经济、社会、环境的协调发展方面做出努力。

2. 需求子系统

该子系统与其他旅游形式的区别不大，可以划分为客观需求和主观需求。客观需求包括人们收入的不断增加、空余时间的增多、整个社会度假风的盛行等；主观需求包括与海洋亲密接触、探索未知世界、感受大海的广阔等需求。主观需求对海洋旅游的发展起着重要的推动作用，也是近年来海洋旅游发展迅猛的关键因素。每年 7—10 月，我国沿海地区的海洋旅游都会呈现爆棚式增长，海洋旅游已成为一种流行的、受到广大旅游爱好者喜爱的旅游方式。

3. 支持子系统

支持子系统是一个包括海洋区域社会、经济、文化与自然状况的促进海洋旅游发展的大环境，这个环境能够促进海洋旅游吸引物的发展，从而促使旅游企业对旅游产品进行调整，也会对人们的旅游选择产生一定的影响。支持子系统包括两方面要素，即硬环境（物质性要素）和软环境（非物质性要素）。

4. 媒介子系统

媒介子系统就是一个中间环节系统，它连接海洋旅游产品和旅游消费。旅行社的多渠道宣传、各级海洋管理部门的营销以及各类海洋旅游交通都对海洋旅游的媒介系统起着重要的作用。

综上所述，政府、居民、旅游者、旅游企业（旅行社）等是本土化海洋旅游系统的重要主体。供给子系统中比较有吸引力的要素会刺激人们的思想，促使人们产生各种各样的旅游需要。与此同时，在人们将内心的旅游想法变成实际的旅游行为的过程中，媒介子系统提供基础性的支持，发挥辅助性的吸引作用。这四个子系统相互影响、相互作用，在促进形成和谐的本土海洋旅游系统中发挥着不可替代的作用。

（三）海洋旅游文化的价值

与其他文化相比，海洋旅游文化具有一定的特殊性，它除了能满足旅游者一般的旅游需求以外，还可以在一定程度上满足旅游者的情感需求。其价值主要可以归结为以下三点：

第一，海洋旅游文化能满足旅游者的好奇心。

第二，海洋旅游文化具有强大的艺术感染力，能充分满足旅游者的审美需求。旅游活动本质上是一种精神层面的满足和视觉层面的享受。海洋文化旅游活动能充分激发旅游者对海洋文化的兴趣。

第三，海洋旅游文化符合当代人对自身精神世界的特殊需求。人们在纷繁复杂的物质世界里，常常会迷失自我，感到精神紧张和内心空虚。文化能以不一样的形式对生命和生活作出很好的诠释，让人们得到心灵上的慰藉。

二、内源推力机制

在海洋文化旅游本土化模式的动力机制系统中，海洋文化旅游主体（包括旅游者、旅游地居民、旅行社等）形成了内源推力机制，即从海洋文化旅游本土化模式的内部对海洋文化旅游的发展产生推动作用。这一部分从海洋文化旅游者的旅游动机、利益相关者视角下的旅游主体以及原住民和民生角度下的主体驱动力展开分析。

（一）海洋文化旅游者的旅游动机

海洋文化旅游动机是指人们选择海洋文化旅游的主观性条件产生的需求，包括海洋文化旅游者在身体、教育水平、社会地位等方面的情况。

海洋文化旅游者的旅游动机具有以下五个特征：

第一，目标性。海洋文化旅游者的动机指向性十分明显，即某一类旅游者希望通过旅游活动获得的成果。

第二，选择性。那些在人们心中已然产生的海洋文化旅游动机，会影响他们对于之后的旅游活动和旅游地点的选择。

第三，关联性。海洋文化旅游活动实际上是一种实践活动，整合了社会、经济、文化等方面要素。一个人想出去旅游的原因是复杂的，而且不同的原因之间往往是有联系的，从而会形成一个相当完整且丰富的海洋文化旅游动机系统。

第四，波动性。旅游者的行为具有持续性，他们的需求不会因为某些原因而马上停止，而是会由于不同的情况产生变化。每次在旅游活动结束后，之前的旅游动机就会消失，但是由于社会的不断发展以及人们实际生活和工作情况的变化，可能过一段时间，这种动机又会产生，这就是所谓的波动性。

第五，进阶性。在国内经济社会稳定发展和人们消费水平不断提高的前提下，游客会不断提升对海洋文化旅游目的地的各种服务要求。这种要求的发展性，不仅表现在旅游标准日渐升高，还表现在不断丰富的多种多样的旅游项目上。目前来看，人们在海洋文化旅游目的地的选择上，除了国内一些比较著名的景区以外，更多地开始走向世界。

根据旅游者心理变化的一般规律，可以将海洋文化旅游动机分为以下几种类型：

第一，观光型。拥有这类旅游动机的旅游者前往海洋文化旅游地的原因很简单，就是为了观赏那里丰富多彩的海洋景观。

第二，度假型。这种旅游动机能够让旅游者获得全身心的释放。度假旅游的目的十分明确，就是使旅游者的身体得到舒展、心理得到释放。这是一种比较高级的模式。

第三，文化型。文化型旅游动机是指人们为了增长自己在某些方面的知识和对大自然的认识而去旅游。有这种动机的旅游者往往会前往具有浓厚文化色彩的海洋旅游景区。

第四，商务型。全球经济社会在不断发展，各国以及各地区的经济联系也在逐渐加强，前往海洋文化旅游地的商务旅游者也日益增多。在这种动机下，人们进行旅游活动就是为了接触有助于其工作发展的商务伙伴或者与客户进行各种公务交谈，即主要围绕工作目的而展开旅游活动。

第五，宗教型。旅游者对其所信仰的宗教的虔诚，使得一些宗教圣地出现旅游潮。

第六，会展型。这种类型的动机是指人们外出旅游的主要目的是参与本国或者他国的会展活动，在参与活动的过程中，顺便前往会展地或者其附近有名的海洋旅游景区进行参观游览。

第七，社会关系型。这种旅游动机是指以探寻祖先、走亲访友作为前往海洋文化旅游地的原因，除此之外，就是希望通过海洋文化旅游活动结交新朋友。

第八，特种型。这种旅游动机的目的总的来说就是挑战极限、寻求刺激，如潜水、冲浪、漂流等。

海洋文化旅游者的动机大部分是以上几种动机组合而成的综合动机。

（二）利益相关者视角下的旅游主体

学术界的旅游理论主要将游客作为研究对象，这种认识具有局限性，将会导致旅游实践活动主体的缺失，从而减少促进海洋文化旅游发展的各方面力量。

游客作为旅游的直接参与主体，使实践活动具有特殊性和综合性。旅游活动的产生就是由于游客的存在，没有游客也就不会有旅游这种实践方式。

旅游的一个继发性主体是旅游业从业者。旅游业从业者具体包括旅行社的职员、景区的工作人员等。他们通过一系列媒介工具将旅游目的地和游客紧密地联系在一起，从而促进整个旅游业的可持续发展。

另一个旅游继发性主体是对旅游事务进行行政管理的人员。旅游活动之所以能顺利开展，政府的管理发挥了不可或缺的作用。这种管理发挥的作用包括推进旅游市场商品的开发与宣传、从制度上保证旅游秩序、从经济上保障旅游企业和游客的合法权益，以及平衡各主体间的利益。

旅游目的地居住者也是旅游主体，他们在当地旅游资源开发的过程中是受益者，因此会尽自己最大的努力去改善旅游环境，保护当地旅游资源，以保证当地的旅游活动能够顺利、持续地开展下去。

综上所述，在利益相关者视角下，游客、从事旅游业的人员以及旅游目的地居住者都是促进旅游业发展的主体。

（三）原住民和民生角度的主体驱动力

从原住民和民生角度出发，海洋文化旅游的主体驱动力是居住在海洋文化旅游景区的原住民。原住民能够对海洋文化旅游发展产生许多积极的影响——如果原住民热情、友好，就能吸引更多旅游者的到来，进而提升旅游地的整体知名度，解决原住民的就业问题。

相对于城市居民而言，原住民所居住的环境更加偏向自然，不会有很浓重的商业气息。旅游者在海洋文化旅游地旅游时，会与当地的原住民有一定接触，在交互过程中，可以体验当地的原生态生活，了解当地的特色历史和民俗节日等。因此，原住民作为一种特殊力量，能够促进海洋文化旅游的不断发展。

三、内源拉力机制

海洋文化旅游本土化模式中的内源拉力机制主要由海洋文化旅游吸引物构成，这种吸引物包括物质性的海洋文化旅游资源和非物质性的海洋文化旅游资源。丰富的海洋文化旅游吸引物能够将海洋文化旅游主体的旅游需求转化为实际的旅游行为，从而拉动海洋文化旅游经济的快速发展。

（一）海洋文化旅游吸引力要素及其分类

海洋文化旅游的吸引力要素就是那些能够让人们对海洋文化旅游产生一定兴趣的事物，它们会直接影响旅游者选择何种交通方式、在何地进行海洋文化旅游以及选择何种旅游类型。

根据常用的方法，可以将海洋文化旅游吸引力要素分为以下三类：

1. 自然要素

自然要素是指以自然条件为主的吸引力，主要包括：①气候。海洋周边地区的气候环境一直是被赞赏的，那里四季如春，特别适合人们居住放松。②风景。海洋凭借其独特的风景吸引了具有观光型旅游动机的游客。

2. 文化要素

以人类活动为基础的文化吸引力要素有很多种，主要包括：①各种历史文化遗产；②当地充满趣味性的风俗习惯；③手工艺术、技术；④博物馆；⑤海洋节庆。

3. 特殊要素

特殊要素是指当地自然和文化要素之外的人为营造的吸引力要素，主要包括主题乐园、游乐园和娱乐活动。

主题乐园是指以某个主题为主，将各种要素有秩序地结合在一起的景区。游乐园是集聚了各式各样娱乐项目的大公园。娱乐活动则比较宽泛，包括的内容很多，如具有本地海洋文化特色的各种表演等。

（二）海洋文化旅游资源评价体系

海洋文化旅游资源十分丰富，是拥有重要价值的无形财产。随着人们的过度开发和不合理利用，海洋文化旅游资源正在不断减少，成为稀缺资源，所以需要对其进行科学合理的评价。

由于国外对海洋文化旅游的研究起步较早，发展得也比国内完善，所以国内有部分学者对国外海洋文化旅游相关研究进行了总结与归纳。梁修存（2002）认为，国外学者主要研究海洋文化旅游地的环境问题、旅游文化问题以及对旅游资源的评价问题等。谷明（2008）指出，国外学者的研究主要集中于海洋文化旅游的度假区管理等。

对于“海洋文化旅游资源评价”的研究，Williams（1992）等采用了自然、生物、人类活动影响三个方面共计 48 个因子构建指标体系，同时对美国、英国、土耳其等国家的 198 个海洋旅游地进行评价；Morgan（1999）等从开发程度、自然、生物、人文四个方面，选取 43 个因子建立评价指标体系，对海洋安全性、气候舒适度、风景美学价值进行评价；Charles（2009）等选取经济、环境、社会、政策、技术、市场方面的 20 个标准评价了旅游发展状态；Nae-Wen Kuo（2009）等基于旅游环境的考虑，选取交通、住宿、娱乐活动三个方面 14 个因子构建了海洋文化旅游环境评价体系。

国内学者也对海洋文化旅游资源评价进行了研究。张德利等（2009）、罗烨等（2011）对海洋文化旅游资源评价的研究主要基于旅游资源开发，研究内容比较具体。李悦铮等（2013）综合考虑了海洋文化旅游的独特性，在此基础上形成了海洋文化旅游资源评价体系。丘萍（2010）从资源、市场、管理三个方面，共提出 17 个因子，构建了海洋文化旅游资源评价体系。

（三）海洋文化遗产和非物质文化遗产

1. 海洋文化遗产

文化遗产是社会发展过程中遗留下来的宝贵财富。沿海地区居民在长期的海洋生产、生活实践中，逐渐吸收或提炼海洋特色文化，这些文化遗产能够带给游客丰富的旅游体验。沿海地区要加强对海洋文化遗产的保护，通过传承让更多的海洋文化旅游遗产发挥更大的作用。

2. 非物质文化遗产

非物质文化遗产是指各族人民世代相传的各种传统文化的表现形式及与其相关的实物和场所。非物质文化遗产的表现形式并不局限于表演、节日等，还可以是海洋民间文学、海洋民间音乐和舞蹈、海洋戏剧曲艺、海洋美术、海洋手工技艺及民俗等。

我国一共公布了四批国家级非物质文化遗产名录，其中第一批项目518 项，第二批项目 510 项，第二批扩展项目 147 项，第三批项目 191 项，第三批扩展项目 164 项，第四批项目 153 项，第四批扩展项目 153 项，总计 1836 项。其中沿海十省份四批国家级非物质文化遗产的总数为 996 项（根据国家非物质文化遗产网相关信息整理），约占四批国家级非物质文化遗产总数的 54.2%。沿海省份国家级非物质文化遗产空间分布见图 7-4。

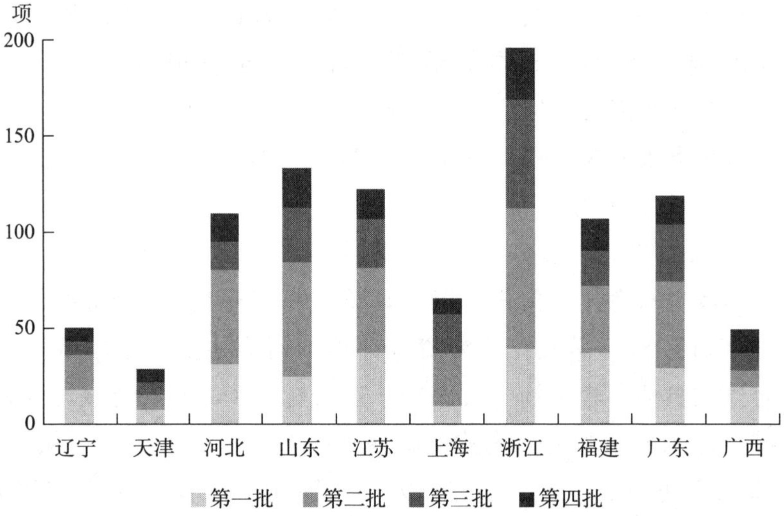

图 7-4　沿海省份国家级非物质文化遗产空间分布

本章对四批国家级非物质文化遗产名录进行整理分析，发现与海洋有关的国家级非物质文化遗产项目有 45 项，约占国家级非物质文化遗产项目总量的 2.45%。与海洋有关的国家级非物质文化遗产约占沿海地区非物质文化遗产项目总量的 4.52%，所占比重较小。但是，我国沿海地区省市级海洋非物质文化遗产数量非常多。当前，我国政府对沿海地区海洋非物质文化遗产的重视程度还不够，需要进一步加大投资和保护力度。

在沿海省份中，浙江海洋非物质文化遗产项目最多，为 16 项，其次是山东，有 8 项，广东有 6 项，江苏、福建各有 4 项，广西有 3 项，辽宁有 2 项，天津、上海各 1 项，河北没有（见图 7-5）。详细名录见表 7-1。

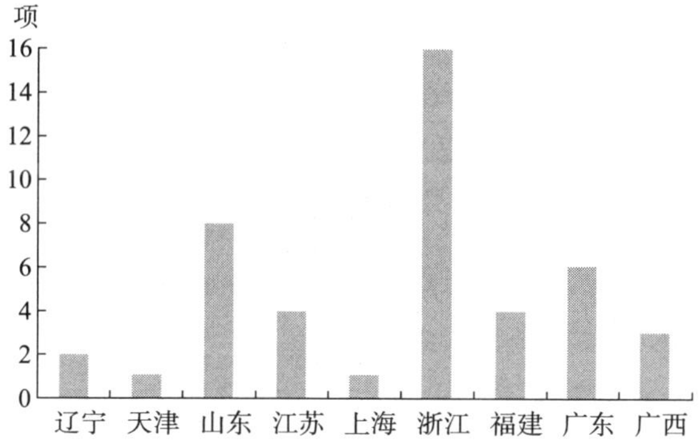

图 7-5　沿海省份海洋非物质文化遗产数量

表 7-1　沿海省份海洋非物质文化遗产项目

省份	项目名称
辽宁（2 项）	古渔雁民间故事
	长海号子
天津（1 项）	妈祖祭典
山东（8 项）	海阳大秧歌
	八仙传说
	长岛渔号
	渔灯节
	沾化渔鼓戏
	海洋号子
	渔民开洋、谢洋节
	晒盐技艺
江苏（4 项）	海洲五大官调
	东海孝妇传说
	洪泽湖渔鼓
	晒盐技艺
上海（1 项）	码头号子

续表

省份	项目名称
浙江（16项）	网船会
	高杆船技
	蒋村灯鱼胜会
	海盐晒制技艺
	徐福东渡传说
	刘伯温传说
	青田鱼灯舞
	唱新闻
	渔民开洋、谢洋节（宁波象山、舟山岱山）
	渔民号子（宁波象山、舟山）
	传统木帆船制造工艺
	舟山锣鼓
	观音传说
	海洋动物故事
	龙舞
	祭典（洞头妈祖祭典、南孔祭典）
福建（4项）	妈祖祭奠
	闽南童谣
	潮剧
	水密隔舱福船制造技艺
广东（6项）	龙舟制作技艺
	惠东渔歌
	沙头角鱼灯舞
	龙舟说唱
	渔歌（汕尾渔歌）
	抽纱（汕头抽纱、潮州抽纱）
广西（3项）	京族哈节
	桂林渔鼓
	中元节（资源河灯节）

四、中源渠道性动力机制

海洋文化旅游本土化模式的中源渠道性动力机制主要由四种宣传渠道构成，分别是海洋文化主题公园、海洋文化旅游节事活动、海洋文化旅游解说系统和符号系统，以及海洋文化旅游的营销。旅游者可以通过这些渠道体验丰富多彩的海洋文化旅游，海洋文化旅游的影响力不断扩大，也会推动旅游方式的快速发展。

（一）海洋文化主题公园

海洋文化主题公园是一种集食、住、行、游、购、娱于一体并以风情体验为主的旅游园区形式，包括热带海洋博物馆、海洋世界中心广场、海洋文化艺术馆、海上乐园、海洋度假酒店、海鲜坊等建设内容。海洋文化主题公园的出现，顺应了国家海洋旅游产业的兴盛和人们丰富多样的旅游需求。近几年兴起的海洋文化主题公园以参观海洋动物为主，同时集合了各种海洋科学知识讲解、海洋动物表演等寓教于乐的项目，已经成为人们了解海洋的重要途径。

海洋文化主题公园的主要内容包括：①海洋生物鱼的海洋世界，通常在池中展示许多种类的鱼，如鲸鱼池、鲨鱼池、珊瑚池等，有些池子还可以让游客亲身触碰到所见的鱼类，与海洋动物近距离接触。②为游客服务的功能性区域，如各种饭店、纪念品商店及休息室等。

我国海洋文化主题公园分布较广。据统计，截至 2016 年底，我国海洋文化主题公园数量达到 99 个，其中华北地区有 12 个，东北地区有 9 个，华东地区有 41 个，华南地区有 14 个，华中地区有 12 个，西部地区有 11 个。近年来，我国海洋文化主题公园的销售收入逐年递增，发展状况良好，具有十分广阔的发展前景。

我国有 10 个代表性海洋文化主题公园，分别是长风海洋世界、广州海洋馆、大连圣亚海洋世界、青岛海底世界、厦门海底世界、武汉东湖海洋世界、乐岛海洋主题公园、香港海洋公园、北京海洋馆和深圳海洋世界。

根据不同的海洋文化旅游资源和主题公园自身的特色，海洋文化主题公园可采用以下四种不同的营销模式来提升游客的游玩体验，吸引更多的旅游者。

第一种，娱乐营销模式。这种营销模式利用的是各种娱乐活动。娱乐活动是一个比较宽泛的概念，包括各种表演等。将充满娱乐性的东西融入旅游产品和服务，有助于提高游客的参与度，进而提高游客的体验感和满意度。

第二种，情感营销模式。该营销模式是通过对游客感情方面需求的深入了解，将情感因素融入市场营销。绝大部分游客是十分感性的，他们会因为享受到十分舒适的服务而感到满足，从而产生一种积极的心理，进而提高对旅游地的满意度。因此，海洋文化主题公园需要加大情感营销投入，放大游客的积极情绪，减少游客的消极情绪。

第三种，美学营销模式。美学营销以满足人们的审美体验为重点，给旅游者以美的享受。这种营销模式主要是从美学角度去开发旅游资源，以迎合游客的审美需求，从而吸引他们购买旅游产品。要使用这种营销模式，旅游企业需对消费者的审美需求进行科学而有针对性的调研。

第四种，主题体验营销模式。主题体验营销模式研究海洋文化对居民海洋文化旅游主题消费的影响，通过精心设计的主题产品和适当的促销活动去满足旅游者内心的愿望和需要，使旅游者在旅游过程中不仅获得物质利益的满足，而且获得了精神上的愉悦，从而实现商品文化和海洋文化的融合。

（二）海洋文化旅游节事活动

海洋文化旅游节事活动就是为纪念某种海洋文化在一定时间点开展的具有规模性的旅游节日庆祝活动。通过各类节事活动，旅游者与旅游目的地的居民自然地联系在一起，旅游者可以更加真切地感受到当地的文化氛围和生活气息。

根据中国城市经济协会发布的统计数据，中国有超过 7000 种节日，这些节日的消费金额巨大。例如：2021 年春节期间，全国整体消费额实现 9756. 58 亿元；2022 年国庆节假期 7 天，国内旅游出游 4. 22 亿人次，实现旅游收入 2872. 1 亿元。这些节庆活动主要分布在沿海地区，如青岛、上海、浙江等地，以海洋节庆为主。从数据来看，节事旅游的大致趋势是欣欣向荣的，但事实上，我国海洋节事旅游营销具有不完整性和不全面性，滨海的地理优势并未转化为经济优势，以规范、高效的海洋节事旅游营销策略打造良好、健康的滨海城市旅游环境是必要且迫切的。

海洋文化旅游节事活动作为一种特殊的文化形态和经济形式，吸引着许多旅游者的目光，以下是几个国内具有代表性的海洋文化节事活动。

1. 帆船周·青岛海洋节

从地理位置来看，青岛的区位条件十分优越，依山傍水，位于温带季风气候带，是一座独具特色的海滨城市。从基础设施来看，青岛港是著名的运输枢纽，公路交通四通八达，基础设施完备。1999 年，青岛提出打造帆船周，旨在筹建属于青岛的蓝色盛宴，于 2009 年获得国家体育总局的批准。帆船周的开展具有蓝色休闲、国际跨界融合等特性，对青岛当地旅游经济的发展与海洋文化的展示功不可没（见表 7-2）。

表 7-2　2017 帆船周·青岛国际海洋节“七赛两营”

七赛	两营
“市长杯”全域旅游国际帆船绕岛赛	2017 青岛国际大学生帆船训练营 2017“风之帆杯”青岛国际 OP 帆船营
“玛泽润杯”青岛国际帆船赛	
“风之帆杯”青岛国际 OP 帆船赛	
国际名校帆船赛（中国·青岛）	
山东省休闲皮划艇大赛（青岛站）	
“船东杯”帆船赛	
青岛市青少年帆船帆板精英赛	

2. 舟山群岛·海洋文化节

2015 舟山群岛海洋文化节以岱山民俗为主题，大力倡导保护海洋、感恩海洋。文化节期间发起的五公里缤纷彩虹跑更是吸引当地人与游客积极参与，对外开放的京剧艺术讲座、高雅艺术公益活动吸引了 13.75 万人次室内外观众融入活动。延续传统的祭祀活动与现代歌舞、杂技相得益彰，契合开放包容的主题理念。

3. 上海临港海洋节

临港新城位于上海浦东新区，地处东海之滨，景色宜人，具有丰富的海洋资源和地理优势。2017 年，第三届海洋节新秀——上海临港海洋节在临港地区隆重举办，其主题为“拥抱海洋，走向未来”，其主要目的是全面提高公众对海洋环境和海洋开发的认识。

4. 大连市海洋日

2017 年 6 月 8 日，首届大连海洋文化节在大连海事大学图书馆拉开帷幕。以“扬波大海，走向深蓝”为主题的大连海洋文化节，旨在宣传海洋文化、发扬海洋精神。在节事期间，主办方通过各种方式使大众进一步了解、认识海洋，更加深刻地认识到保护海洋的必要性和重要性，如设立海洋科普展板、开展海洋绘画比赛、保护海洋签名等，倡导海洋资源的可持续发展与合理发展海洋经济。

我国海洋文化旅游节事活动借助经济手段挖掘文化价值，在未来的发展中，必定能在海洋文化宣传方面作出贡献，带动当地经济与第三产业的发展。

（三）海洋文化旅游解说系统和符号系统

1. 海洋文化旅游解说系统

海洋文化旅游解说系统的主要功能在于科普海洋文化旅游知识，以及让游客在了解海洋文化旅游资源后产生保护意识。这样的过程有助于塑造海洋文化旅游资源、海洋文化旅游者和海洋旅游景区三者之间的和谐关系。海洋文化旅游解说系统在整个海洋文化旅游产业发展中发挥的作用是巨大的，主要是教育作用。游客在解说系统的帮助下，明白保护海洋文化旅游资源的重要性，进而有可能参与到保护海洋文化的队列中来，从而有利于海洋文化旅游的可持续发展。

国外对旅游解说系统的研究起步较早，理论的发展也比较完善。与国外相比，国内对此方面的研究有点逊色。从广度和深度上都可以发现，国外学者在研究过程中融合了环境学、教育学、心理学、行为学等学科的理论和方法。

在中国知网进行搜索，2000—2021 年的解说类论文共有 733 篇，其中旅游解说类有 282 篇，环境解说类有 88 篇，博物馆解说类有 8 篇，解说专业课程类有 1 篇，绝大部分文献是 2006 年以后发表的。由此可以看出，国内学者对旅游解说系统的研究还不成熟，但旅游解说系统这个话题不断地受到关注。

我国关于旅游解说系统研究的代表性学者的观点主要包括：吴必虎（1999）提出，旅游解说系统就是利用某种媒介让信息接收方知晓所要传达事物的本质，从而起到教育的作用。吴忠宏（1997）指出，旅游解说系统就是信息的传输服务，目的是让游客了解旅游现象背后所隐藏的内涵和意义。唐鸣镝（2006）指出，旅游解说系统的构建包含三个要素，即沟通媒介、接受者和信息源。旅游解说系统就是信息源和接受者之间沟通的桥梁和载体。王辉（2005）提出，旅游解说系统包含空间上的五个组成部分，即景区、交通指示、旅游设施、旅游服务点和旅游外部合作。冯淑华（2005）提出了动态导游、静态文字、空间游览线路三个关于古村落旅游的解说子系统。张静（2005）提出了生态旅游解说系统的规划路径。周可华（2007）进一步把旅游解说系统划分为说明型、导览型、安全解说型等五个子系统。

通过解说，前往海洋文化旅游目的地的旅游者能够充分了解旅游地的来龙去脉，不仅能丰富自身的知识，还能发现景区的真正价值所在，进而唤起自身的环境意识。各地海洋文化旅游景区应积极统筹规划，召集各路有用之才加入海洋文化旅游解说系统的建设，通过不断完善该系统来提高游客的满意度和重游率。

2. 海洋文化旅游符号系统

符号系统简化了人类传播活动的过程，不同的符号代表不同的意义。对符号学的研究，开拓了文化研究的视角，而将符号学应用于旅游研究，也在很早之前就受到了国际学术界的广泛关注。

国内学者也对海洋文化旅游符号系统进行了相关研究。陈岗（2013）提出海洋文化旅游吸引物符号学的三种形态，分别是标志符号、文化符号和群体符号。在滨海旅游方面，李蕾蕾（2004）指出，海洋文化旅游空间的本质是一个符号指向过程。这些研究成果丰富了海洋文化旅游符号系统的研究视角和方法。

（四）海洋文化旅游的营销

对于旅游营销，不同的学者有不同的看法。总体来说，学者们主要是从营销行为和营销观念两个角度进行研究。海洋文化旅游营销是市场营销的一个分支，它与旅游营销有相似之处，又有其独特性。

时代在不断发展，海洋文化旅游面临的市场营销环境也发生了很大变化，因此海洋文化旅游的营销手段必须推陈出新、与时俱进。目前，海洋文化旅游市场营销面临以下挑战：一是国内竞争将进一步发展成为国际竞争；二是我国海洋文化旅游企业素质、管理机制面临国际同行的考验；三是海洋文化旅游人才短缺及人才需求变化是影响中国海洋文化旅游业长远发展的一件大事。

海洋文化旅游营销作为海洋文化旅游中源渠道性动力机制的组成部分，能够推动海洋文化旅游本土化模式的发展。具体来说，主要有以下四种营销策略：

1. 主题营销策略

海洋文化旅游主题营销策略是给原本单纯、枯燥的销售活动注入思想和理念，使营销活动成为旅游者和旅游目的地之间情感交流的媒介。由此，游客在游玩过程中会得到精神享受和欲望满足，产生心理共鸣。海洋文化旅游主题营销的重点在于海洋旅游目的地如何选择主题，以及通过何种方式表现主题。主题营销主要包括主题体验营销、主题产品营销、主题品牌营销和主题文化营销。

主题体验营销研究海洋文化对居民海洋文化旅游主题消费的影响，通过精心设计的旅游主题产品和适当的促销活动，使旅游者在获得物质利益满足的同时，也获得精神上的愉悦。

主题产品营销的焦点是产品，也就是说，通过各种手段和方法，改变原来的主题产品，使其更容易被旅游者接受。这种营销是主题营销中较低层次的营销，竞争十分激烈。在海洋文化旅游营销的过程中，既可将旅游产品理解为总体旅游产品，又可将其理解为单项旅游产品。主题产品营销就是为富有海洋文化特色的旅游资源和相关服务赋予特定的主题，使旅游者在选择产品后获得心灵上的满足。

主题品牌营销的焦点在于海洋文化旅游目的地主题产品的品牌，以及品牌的后续发展，它关注品牌为旅游目的地带来的长期的持续的经济效益。成功的海洋文化旅游主题品牌营销可以保证游客对旅游地的重游率，进而带来较高的经济效益。

主题文化营销是更高层次的主题营销手段，它的重点不是具体的旅游产品或某一旅游目的地的品牌，而是旅游产品中所蕴含的文化。海洋文化旅游中的主题产品是其主题文化的一部分，而其主题文化还可以通过其他方式表现出来，因此主题文化是一个复杂的多层次的综合体。

2. 品牌营销策略

品牌营销是通过市场营销手段让旅游者形成旅游品牌认知的过程。海洋文化旅游品牌营销策略见表7-3。

表7-3 海洋文化旅游品牌营销策略

品牌策略	具体内容
品牌个性	品牌命名、包装设计、产品价格、品牌概念、品牌代言人、形象风格、品牌适用对象
品牌传播	广告风格、传播对象、媒体策略、广告活动、公关活动、口碑形象、终端展示
品牌销售	通道营销、人员推销、广告促销、活动营销、顾客优惠
品牌管理	品牌维护、员工激励、渠道管理、平台建设、中间商管理

3. 网络营销策略

海洋文化旅游网络营销以互联网为基础。网络营销的概念有广义和狭义之分。从广义上说，网络营销可以理解为利用互联网开展经营活动，互联网相关的营销活动，都可以称为网络营销；从狭义上说，网络营销是指个人或者组织以互联网为基础开展的有关产品及服务的一连串经营活动。随着电子商务的不断发展，互联网技术水平在不断提高，网络经营的成本在不断下降。正因如此，网络营销呈现出以下特点：时域性、交互性、个性化、成长性、整合性、超前性、高效性、经济性和技术性。海洋文化旅游网络营销策略有以下基本职能：旅游网站推广、旅游目的地网络品牌建设、旅游地信息发布、旅游信息反馈在线调研等。网络营销的类型及手段见表 7-4。

表 7-4　网络营销的类型及手段

营销类型	营销手段
搜索引擎	交换链接
网络广告	信息发布
E-mail	邮件列表
个性化营销	会员制
网上商店	病毒性营销
来电付费	网络视频
论坛	网络图片
网络营销联盟	网上折扣

4. 绿色营销策略

绿色营销的产生是为了满足新时代人们消费需求的改变。绿色营销反映了人们在生活态度和生活方式上的更高追求，即绿色健康无污染。在营销方式上，要采用绿色环保的方式，满足旅游者休闲度假和身心健康的需求，实现人与自然的和谐相处。

五、外源激发性动力机制

海洋文化旅游本土化模式的外源激发性动力机制主要包括两方面的动力和两方面的压力。动力是指海洋文化旅游的政府规制促力和区域整合促力，而压力来源于同质化竞争和西化影响。

（一）政府规制促力

海洋文化旅游的政府规制促力是指政府为了满足人们日益多样化的旅游需求而提出的一系列与以往不同的有利于海洋文化旅游发展的新举措、新政策和新规划。

2017 年 5 月，国家发展改革委、国家海洋局联合印发《全国海洋经济发展“十三五”规划》。该规划主要包括以下内容：

一是明确规定了我国在“十三五”期间海洋经济发展的基础想法、目的和主要任务，为海洋经济的发展和空间扩大提供了指导。该规划指出，要对海洋经济的整体发展布局进行优化，不断拓展有助于海洋经济增长的产业，如海洋旅游业和海洋文化产业，并进一步推进“21 世纪海上丝绸之路”的建设。

二是提出要结合不同地区以及不同海域的自然环境因素和社会经济发展能力对全国海洋主要功能区域进行合理划分。以区域总体发展和“一带一路”建设来带动整个沿海地区海洋文化旅游业的健康成长。

三是提出加快建设展示海洋文化特色的项目基地，如一些海洋博物馆或海洋世界的开发，尽快形成区域示范地，给全国海洋旅游景区的可持续发展提供借鉴性意见。

四是要求政府积极推动海洋文化创新，加大对海洋文化旅游产业的扶持力度。要不断加大宣传力度，推广海洋文化旅游，增长人们有关海洋方面的知识。对海洋文化遗产要进行重点保护，并通过举办各类海洋文化性活动来推动海洋文化旅游产业的发展。

（二）区域整合促力

海洋文化旅游的区域整合促力是指以海洋旅游地为中心对整个地区的政治经济文化等进行大范围的整合，从而推动整个大环境下海洋文化旅游的可持续发展。例如，浙东地区可以结合自身优势，吸引外商投资，发展本地海洋文化旅游产业。诸多地区的实践充分证明，海洋旅游的区域整合能够很好地推动整个海洋文化旅游业的大发展。

（三）同质化竞争

同质化竞争是指内在本质上无实质差异的商品之间为了在市场上不被对方替代所展开的商业竞争。我们研究的同质化旅游产品竞争主要是指拥有相似旅游资源的旅游产品在一定区域内展开的争夺客源的竞争。依据相互之间的市场重合程度，可将竞争者划分为同区域客源市场竞争者、国内客源市场竞争者和全球客源市场竞争者三类。海洋文化旅游产品的同质化趋势日益明显，对海洋文化旅游本土化模式的发展造成了一定压力，需要各地区从自身优劣势出发，找到一种具有特色的旅游发展模式。海洋文化旅游产品的同质化竞争也是促进海洋文化旅游本土化模式发展的动力之一。

造成旅游产品同质化最主要的原因在于商业的侵袭。要想避免同质化，首先就要对自己所推广的旅游文化有足够深入的了解，挖掘出其深层内涵及独特性，然后根据这些内涵和特色去开发相关的旅游产品，这样开发出来的旅游产品才可能是独一无二的。

（四）西化影响

随着经济全球化进程的加快，我国对外开放水平日益提高，越来越多的国外旅游企业进入国内旅游市场，对整个旅游行业产生了一定的影响——在对旅游行业造成一定压力的同时，也带来了机遇。正是这种西化影响，促使海洋文化旅游寻求本土化发展，以求在市场竞争中占据优势地位。国内旅游公司应及时调研，把握机遇，积极应对挑战。

海洋文化旅游西化所带来的机遇主要表现在以下三个方面：第一，国外旅游企业进入中国市场后，将带来比较规范的内部管理和服务机制，可供国内旅游企业参考和借鉴。第二，国外旅游公司对现代化的信息手段应用得较为成熟，能够有效推进国内旅游企业改革当前的经营模式和服务方式，走向现代化的企业经营时代。第三，国外旅游企业的进入，有利于我国旅游企业拓展海外业务。国外旅游企业会给国内旅游企业带来海量的国外客源，有助于国内旅游企业更加顺利且迅速地走向全球化。

海洋文化旅游西化所带来的挑战主要表现在以下两个方面：第一，管理体制上的挑战。国外旅游企业的不断进入，将给国内旅游企业的管理体制带来不小的挑战。第二，旅游企业高素质专业人才的抢夺。随着国外一些旅游企业进驻中国旅游市场，一些高素质的专业旅游行业从业者可能会因为高薪而外流。

第八章 海洋文化旅游本土化模式动力机制案例研究

笔者曾多次前往相关海洋旅游城市，在对其海洋文化进行调查分析后，挑选出了最具有代表性的旅游目的地，包括舟山、青岛、上海、海南和盘锦，并对其海洋文化旅游发展数据进行收集和整理。本章从旅游目的地供给方视角检验本书提出的海洋文化旅游本土化模式及其动力机制。

一、舟山海洋文化旅游本土化模式

（一）海洋文化旅游概况

舟山是一个多岛屿的城市，1000 多个岛屿鳞次栉比，形成了舟山独有的海岛形态。祖祖辈辈都生活在舟山群岛的人们对海洋有着特别的情感，从而孕育了舟山的海洋文化，使舟山成为以海洋文化为品牌的旅游城市。

舟山市下辖两个市辖区和两个县，两个市辖区为定海区（岛屿 127 座）和普陀区（岛屿 454 座），两个县为岱山县（岛屿 404 座）和嵊泗县（岛屿 404 座）。舟山有将近 1000 种旅游资源，涉及绝大部分类型。舟山旅游的特点在于资源种类丰富，特别在近几年，对舟山海洋文化的挖掘越来越深入，大批优秀的海洋文化呈现在游客眼前。

舟山作为拥有数千座小岛的城市，是国内首选的海岛旅游去处，并且舟山群岛的海洋文化旅游本土化模式极具特色。以海洋佛教文化为核心的普陀山地区、以海洋历史人文为核心的定海古城历史文化区域和以海洋文化“非遗”传承展示为核心的东沙古镇等，都是舟山海洋文化旅游中较为知名的海洋文化与风景景观完美融合的代表，对其他地区海洋文化旅游的发展具有示范和引领作用。

（二）海洋文化旅游发展优势

1. 悠久的海洋历史文化

舟山群岛海洋文化旅游本土化模式的内源动力是富饶的海洋环境所产生

的旅游资源和悠久的历史文化铸就的历史景观。内源动力是通过舟山群岛自身的文化底蕴所散发出来的魅力形成的动力源泉。

（1）著名海禁历史

如今全球化进程不断加快，文化的趋同性越来越高，要摆脱旅游发展困境，就需要对本土文化进行深入的挖掘。舟山群岛具有非常独特的海洋文化，如舟山的海禁历史，是任何地方都无法复制的。舟山设县始于唐开元二十六年（738 年），原名翁山县，第一次海禁缘于起义军作乱，后至北宋熙宁六年（1073 年）才重开舟山岛，当时更名为昌国县。南北宋时期，统治者出于对国家安定的考虑，实施海禁。后来，又经历了元朝时期的四次海禁。明朝初期，郑和下西洋的海洋外交活动展示了明朝的国家权力与财富，但在明朝后期，海禁政策使中国进入闭关锁国的第一阶段。清朝的海禁政策更加严苛，对海洋权力处于忽视状态。清光绪时期的《定海厅志·寺观祖印寺》中记载，舟山的城墙尽毁，整个地区处于废弃状态，更有海禁政策“寸板不许下水”。直到康熙二十三年（1684 年）十月颁布“展海令”，召民众回舟山生活，舟山的历史才正式与海洋文化进行融合。舟山的海禁历史反映出中国千百年来对海洋发展的态度，舟山的海洋文明史是中国海洋文明史的缩影。

（2）非物质文化遗产及景区

舟山拥有十分丰富的海洋文化资源。目前对舟山群岛的海洋文化产业进行研究的学者很多。截至 2018 年 2 月，中国知网关于舟山群岛海洋文化研究的文献共有 244 篇，其中研究海洋文化旅游产业的有 51 篇。目前对舟山海洋文化旅游本土化挖掘的研究只是冰山一角。舟山群岛众多的海洋文化资源还有待挖掘与开发。

根据调查可知，舟山群岛的海洋文化旅游以物质资源和非物质资源为主要项目进行展开。舟山市海洋文化资源见表 8-1。作为一个占地面积不足 3 万平方公里的地区，舟山拥有众多国家 5A 级景区和国家级非物质文化遗产。其中，国家级非物质文化遗产分别为徐福东渡传说、舟山渔民号子、渔民开洋谢洋节、观音传说和舟山锣鼓，皆属于海洋文化范畴。可见，舟山的海洋文化能够在其旅游文化形态中起到主导性作用。

表 8-1 舟山市海洋文化资源

物质资源		非物质资源	
项目名称	数量	项目名称	数量
国家 5A 级景区	7	国家级非物质文化遗产	5
国家 4A 级景区	16	省级非物质文化遗产	7
省级景区	1	市级非物质文化遗产	18

舟山群岛的海洋文化旅游内源动力具有非常鲜明的渔民特色，在此基础上形成的本土化旅游模式可视为民族品牌的一种创新模式。舟山的海洋文化旅游发展也呈现出地区差异，各地发展主题不同（见表 8-2）。例如：定海区属于舟山市的中心地区，承载了其主要的海洋军事历史发展，以海洋军事文化见长；普陀区的海洋佛教文化因普陀山为佛教名山而逐渐被国内外所知，所以海洋佛教文化是其旅游品牌形象。

表 8-2 舟山市海洋文化分类

<table>
<tr><th>海洋文化类型</th><th>省级文物
保护单位</th><th>全国重点
文物保护单位</th><th>其他代表性
旅游景区</th><th>所属地区</th></tr>
<tr><td rowspan="3">海洋军事文化</td><td>三忠祠</td><td rowspan="3">浙东沿海灯塔</td><td>姚公殉难处</td><td>定海区</td></tr>
<tr><td rowspan="2">同归域</td><td>都神殿</td><td>普陀区</td></tr>
<tr><td>八甲街古建筑群</td><td>舟山群岛</td></tr>
<tr><td rowspan="4">海洋渔业文化</td><td colspan="3">东沙海产加工作坊</td><td>岱山县</td></tr>
<tr><td colspan="3">东沙菜市场</td><td>岱山县</td></tr>
<tr><td colspan="3">定海测候所旧址</td><td>普陀区</td></tr>
<tr><td colspan="3">短姑码头</td><td>普陀区</td></tr>
<tr><td>海洋名人文化</td><td colspan="3">海山许氏民居</td><td>定海区</td></tr>
<tr><td rowspan="2">海洋遗址文化</td><td colspan="3" rowspan="2">大舜庙后墩遗址、凉帽蓬墩遗址</td><td>岱山县</td></tr>
<tr><td>定海区马岙镇</td></tr>
<tr><td rowspan="3">海洋佛教信仰</td><td rowspan="3">潮音洞摩崖石刻</td><td>多宝塔</td><td rowspan="3">慈云庵、紫竹林庵
等寺庙近百个</td><td rowspan="3">普陀山</td></tr>
<tr><td>法雨寺</td></tr>
<tr><td>普济寺</td></tr>
</table>

2. 适宜的海洋文化旅游发展政策

（1）海洋文化与生态发展的政策

2013 年出台的《浙江舟山群岛新区发展规划》提出，“人海和谐”是舟山城市建设的理想目标，这一政策的制定与舟山的海洋属性相契合，有助于海洋环境的保护。海洋环境是海洋旅游的基础，海洋文化是海洋旅游的优势。2017 年，舟山出台《舟山市文化产业发展专项资金管理办法》，加大了对海洋文化产业的投入，加强了政策扶持，同时加大了对海洋非物质文化遗产的保护力度。舟山将绿色发展理念融入“十三五”发展规划，有助于实现海洋文化旅游的可持续发展。

（2）“人海和谐”的海洋文化旅游发展氛围

舟山人民的生活与大海息息相关。舟山的海洋文化可以追溯到几千年前，“海岛河姆渡文化”是舟山海洋文化发展的起点。一直以来，舟山的海洋文化生生不息的原因在于舟山人民认识到人和海洋相互依存才能长久繁荣发展，坚决贯彻“人海和谐”的理念，以人和海洋的可持续发展为根本。

3. 完备的信息交流平台

如今网络信息技术发展迅速，海洋文化旅游业的发展也需要网络媒介的支持。舟山海洋文化宣传媒介（见表 8-3）是目前信息传递速度最为快捷、影响范围最为广泛的海洋文化宣传渠道。其中，最有代表性的舟山网在舟山市委宣传部、市委网信办的指导下，着力打造“舟山海洋文化专栏”，突出海洋文化新亮点、网络传播的创新理念，并整合人才资源，重点推介舟山海洋文化，为舟山建设海洋文化名城发挥了独特作用。

表 8-3　舟山市海洋文化宣传网站一览

海洋文化宣传网站	海洋文化宣传网站主旨
中国海洋文化在线——舟山海洋文化专栏 http：//www. cseac. com/new	重点做好舟山群岛专题，以“一岛一专题”的形式，通过视频、图片、文字集中展示舟山群岛的海洋特色，让更多的人进一步了解舟山群岛及海洋文化
舟山市海洋与渔业局网站 http：//www. zsoaf. gov. cn/	加快建设舟山群岛新区，打造舟山速度、舟山精神、舟山形象
舟山网 · 大海网 http：//www. zhoushan. cn/	以海洋为特色的网络媒体，对舟山的海洋旅游景点进行宣传，对舟山的民生热点进行关注，承载着舟山人民海洋生活的过去、现在与未来
舟山海洋数字图书馆 http：//www. zsodl. cn/index. jhtml	舟山的发展优势在于海洋资源，因此舟山海洋数字图书馆以海洋为主题，涵盖各方面信息，在舟山海洋旅游城市建设和海洋文明生态观建立的过程中发挥了重大作用——提供相关的海洋知识，培养更多的海洋领域人才
浙江大学舟山海洋研究中心 http：//zoceanc. zju. edu. cn/	由舟山市人民政府与浙江大学联合设立的研究开发机构，重点研究舟山海洋发展

（三）基于民族品牌的创新模式

舟山海洋文化旅游本土化开发的关键是对舟山民族品牌的形象塑造和创新。舟山的海洋文化旅游本土化发展需要以品牌为先导，以创新为动力，对海洋文化进行深度挖掘。郭英之（2013）认为，旅游目的地品牌文化具有资源性特征，品牌文化资源具有地方性特征，即旅游目的地的品牌文化具有多元性、交叉性和区域性等特征。杨舒涵（2014）认为，民族品牌是民族文化的汇聚与表达，可以更加直观地表达民族文化信息，树立良好的品牌形象，从而提高游客感知度，吸引更多游客。王建文（2013）认为，民族品牌的建立有利于当地旅游文化形象的正面宣传，并且需要当地政府与环境文明相互配合。刘强（2013）认为，品牌定位建立在地缘分析和对旅游者分析的基础上，地缘分析揭示当地自然资源特色和文化背景，自然资源和文化背景对旅游者的吸引力通过文化品牌所传递的信息来反映。卢政营（2009）认为，旅游产品是以体验和情感感知为主的商品，并且无法依靠信息来准确判断目的地是否符合游客的喜好，因此游客在前往旅游目的地前会根据其旅游品牌形象来制订计划。结合以上对民族品牌文化的理解与分析，笔者提出舟山基于民族品牌创新形成的海洋文化旅游产品。

1. 色彩斑斓的舟山渔民画衍生为新颖的文化旅游产品

海洋渔民画是以渔民作为创作主体、以渔民捕鱼劳作或广袤无穷的大海为创作对象进行艺术创作而形成的美术作品。舟山渔民画起源于 1980 年，于 1987 年开始在国外参展，是中国海洋渔民画的代表，是渔民文化的缩影和写照（见图 8-1）。2006 年，舟山渔民画正式成为舟山市第一批非物质文化遗产。

图 8-1　舟山渔民画作

舟山的海洋渔民画不仅要继续传承，还要进一步发展，要充分发挥其影响力。目前，舟山海洋渔民画已经衍生出许多产业，除发展渔民画产业外，还举办画作比赛和展览，开发文旅融合的相关产品，如舟山市岱山县将渔民画制作在油纸伞和雨伞上，成功将渔民画与旅游产品相结合，成为舟山海洋文化旅游的特色产品。

舟山渔民画是一种极具地方特色和文化内涵的旅游产品，为舟山的海洋文化旅游树立了品牌形象，是舟山海洋文化旅游业持续发展的推动力。

2. “海天佛国”宗教文化享誉海内外

舟山的海洋宗教文化是舟山海洋文化中非常鲜明的存在，既承载了舟山文化的过去，也极大地推动了舟山海洋文化旅游的发展，使舟山成为具有品牌知名度的海洋文化旅游目的地。

最能代表舟山海洋宗教文化形象的是位于舟山群岛的普陀山，因其独特的海洋风光与佛教文化结合呈现出一片祥和的景象，被人们称为“海天佛国”。1979 年至今，普陀山共修复和重建佛寺与庵堂 10 万多平方米，复建和开发的名胜古迹作为景点的有近百处。从 1992 年开始，普陀山对游客收取门票，并将门票收入用于风景资源的维护、公共设施配套支出等。2006 年，舟山成功举办首届“世界佛教论坛”，成为世界佛教文化的交流中心。目前，普陀山正在做“减”法，以品质提升为主旋律，将与圣地打造关联度不高的部分功能外移，着力建设精致、清净的“世界佛教观音文化圣地”。普陀山海洋佛教文化品牌形象已经成为舟山具有代表性的民族品牌。

二、青岛海洋文化旅游本土化模式

（一）海洋文化旅游概况

青岛市濒临黄海，共辖 7 区 5 市，具有相当丰富的海洋景点和海洋人文环境，并且地处温带海洋性季风气候区域，是我国著名的滨海城市。青岛市的旅游发展与海洋息息相关，其民俗文化也大多缘于海洋。海洋文化的开发比单一的海洋资源开发更能形成良好的发展态势，本土的海洋文化作为内在发展动力，更能丰富游客体验，提高游客满意度，有助于形成可持续发展模式。

（二）海洋文化旅游发展优势

1. 海洋民俗文化

青岛市将海洋文化的发展作为旅游业发展的重中之重。2017 年，青岛举办了“最青岛”文化符号评选，以找出最能体现青岛海洋民俗文化的符号。评选出的青岛民俗文化及节庆类文化符号见表8-4。

表8-4 2017年“最青岛”文化符号（青岛民俗文化及节庆类）

青岛文化符号	文化属性	文化内容
田横祭海节	国家级非物质文化遗产	现代多以节日庆典为载体，以传达渔民海洋文化为核心
海云庵糖球会	中国十大民俗节会	青岛地区旧时祈求平安的一种庙会形式
胡峄阳传说	国家级非物质文化遗产	青岛地区有名的民间文学
胶州秧歌	国家级非物质文化遗产	胶州秧歌是山东省的传统民俗舞蹈之一
石老人的传说	古代文学传说	表现了古时候勤劳质朴的渔民对家庭亲情的向往，反映出当时的渔民生活与海洋文化
青岛国际啤酒节	现代海洋节庆活动	国家级大型节庆活动，融合了青岛海洋文化，展示了青岛人民热情好客的一面
“五王”大赛	青岛市民文化	评选“歌王、舞王、戏王、琴王、秀王”，是青岛古代文化走进市民与游客的一种方式
够级	青岛市井文化休闲	一种高智能、强竞争性、特别强调数学计算、特别重视联邦配合的趣味盎然的扑克娱乐活动
李村大集	非物质文化遗产名录	青岛李村河滩，集会当天会呈现一派热闹景象
崂山道士	海洋道教文化	崂山道教已有2000多年历史。崂山道士通过举办法事、传教布道、行医诊病等方式与周围的世俗世界发生密切联系。道教文化对崂山地区群众的社会生活及传统理论的形成和发展产生了重大影响

在这10个最能体现青岛文化的民俗及节庆中，根植于海洋、以海洋文化为内在动力源泉的有田横祭海节、海云庵糖球会、青岛国际啤酒节和李村大集。田横祭海节发生在田横岛，是专属于渔民的节日，能展现青岛的渔民文化，使游客在体验海洋文化的同时还能欣赏田横岛港湾的刚柔相济之美。海云庵糖球会也属于海洋文化节庆，起源于青岛渔民的海神信仰。海云庵糖球会1990年就被国家列为重点旅游项目，在庙会现场，游客可以看到各式各样的青岛以及山东其他地区的古典民俗活动，如柳腔、皮影、杂耍、秧歌大赛、锣鼓大赛等。李村大集出现在明朝时期，当时李村是声名远播的集市重镇，因其集市得以出名，因为独处青岛，有丰富的海鲜产品，成为远近闻名的海产品及其他产品的综合性市场，巨大的消费群带动了李村商业的发展，并且为青岛地区的海洋旅游经济繁荣作出了贡献。

2. 海洋自然环境

青岛市海洋文化旅游发展的基础和核心在于对海洋环境的保护。由于海洋环境开发或者管理不善导致水质污染而使旅游形象下跌的先例在我国已有不少，青岛市为了防止海洋文化旅游资源的浪费，展开了海洋环境治理和生态保护新模式，加速了“美丽海湾”构想的实现。近年来，胶州湾生态环境持续好转，水质优良比例稳步提高。2017 年，胶州湾海域优良水质面积达到 71. 8%，比 5 年前提升了 25. 4%。海洋与渔业局表示，2017 年全市近岸海域水质总体良好，98. 5%的海水水质符合优良标准。2016 年青岛市海洋环境公报显示，青岛市在发展海洋文化旅游的同时，也非常重视海洋环境的保护，正逐步兑现其“人海和谐”的承诺。2011—2016 年青岛市近岸海域海水情况见图 8-2。

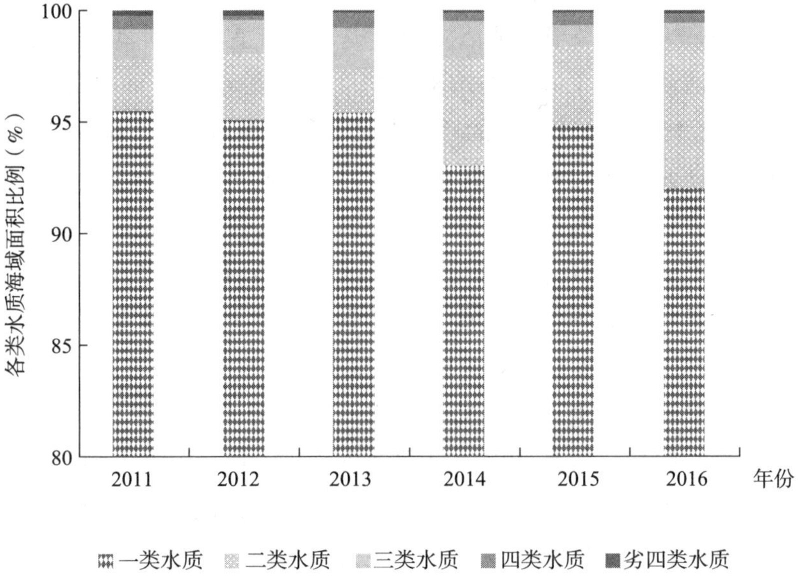

图 8-2　2011—2016 年青岛市近岸海域海水情况

3. 海洋文化环境保护政策

青岛市可以实现海洋文化可持续发展的根本原因在于政府对海洋生态文化的推动。有了政府的推动，青岛在海洋文化可持续发展的道路上走得又快又稳。

（1）完善海洋文化和海洋环境保护的法律、法规和制度

海洋文化旅游的可持续发展需要政府制定一系列的法律、法规和制度来

保障。为了防止海洋资源被过度开发，青岛市 2017 年在全国率先实施“湾长制”。“湾长制”以主体功能区规划为基础，以逐级压实地方党委政府海洋生态环境保护主体责任为核心，以构建长效管理机制为主线探索海洋生态环境管理的新模式。2020 年，青岛市的“湾长制”已经较为健全，管理保障能力显著提升，海湾生态环境明显好转，水质优良比例稳步提高，海湾经济社会功能与自然生态系统更加协调，实现了水清、岸绿、滩净、湾美、物丰的“蓝色海湾”治理目标。

（2）促进海洋文化旅游可持续发展，增强公众参与度

青岛政府不仅在政策规范上保障海洋环境与海洋文化旅游的可持续性开发，而且举办各种大型会议和活动来提高人们自觉保护海洋环境和宣传海洋文化意识，将“人海和谐”的发展理念渗透到人们的生活中。从 2015 年开始，青岛市环保局、青岛市体育总会、青岛市潜水协会联合组织“让岛城的大海更加蔚蓝——保护环境，清洁海洋”主题宣传活动，到 2017 年已经成功举办了三届，活动的对象有青岛市潜水协会 8 个潜水俱乐部的潜水志愿者、重点企业、7 所高校、中小学校的环保志愿者和“绿飘带”“青岛在行动”等公益组织，活动面向所有人群。2017 年 4 月，国际海洋学委员会西太平洋分委会国际科学大会在青岛举办。这些活动的举办，充分显示出政府对海洋环境的重视。在推动海洋可持续发展方面，国际社会目前需要在两个方面采取紧急行动：一是防治海洋污染，加强渔业管理，建立海洋保护区等。二是加强海洋生态系统研究，提高应对全球气候变化的能力。2017 年 11 月，世界海洋大会暨海洋发展黄岛论坛在青岛西海岸新区举行，围绕海上丝绸之路、海洋工程、船舶与航运、蓝色经济、海洋污染治理、国际公约与规则等领域的国际合作案例及经验分享等专题展开研讨。这一会议的举办有助于青岛市政府基于国际化视野对海洋文化旅游的未来发展作出总体规划，同时有助于突出海洋文化旅游本土化的可持续发展优势。

（三）基于“人海和谐”理念的可持续发展模式

一直以来，青岛都不遗余力地贯彻可持续发展理念，以“人海和谐”发展为核心目标。“世界海洋日暨全国海洋宣传日”连续几年在青岛举办，在让游客领略海洋风光的同时，也培养了他们的海洋保护意识，使他们学习了海洋知识、认识到海洋生态环境健康是发展海洋经济的前提。“人海和谐”的理念已经成为青岛市海洋文化旅游发展的核心源，围绕这一核心源形成可持续

发展的海洋文化旅游本土化模式，能够利好子孙万代。

1. 国际海洋运动赛事·节庆

青岛的海洋文化不仅是青岛的瑰宝，更是属于世界的，青岛海洋文化旅游本土化项目更倾向于将海洋文化与旅游节庆相结合，即以旅游节事活动为载体的可持续发展模式。

中国青岛海洋节从1999年开始举办，是中国最早举办的以海洋文化为节日主题的旅游活动。青岛海洋节的影响力越来越大，后来更名为“青岛国际海洋节”。一直以来，青岛国际海洋节通过多个板块、多个项目来宣扬海洋文化（见表8-5）。其中，青岛海洋帆船文化活动成功吸引了国内外游客的目光，成为青岛市独有的海洋赛事。2014年，青岛开启国际帆船周·国际海洋节双节合一的模式，以帆船项目作为海洋文化节的主要推动力，形成了以帆船文化为核心的海洋文化节。近年来，岛城国际海洋高端赛事和自主品牌赛事实现“齐步走”，亚洲帆船运动领军城市品牌影响力再获提升。青岛奥林匹克帆船中心是我国首批国家体育旅游示范基地之一。

表8-5　青岛国际海洋节主题

时间	节日名称	节日主题	活动内容
2009—2013年	青岛国际海洋节	拥抱海洋世纪，共铸蓝色辉煌	结合海洋文化与体育展现海洋运动的风采，使海洋文化旅游产业多方面发展
2014—2020年	青岛国际帆船周·国际海洋节	帆船之都助推城市蓝色跨越	以海洋帆船文化为核心，展现海洋体育的魅力，对帆船运动的普及有极大的推动作用。国际化的旅游文化互动，让更多游客了解海洋帆船文化

青岛旅游目前将海洋节庆品牌作为重点发展对象，在传承“青岛国际海洋节”文化本土符号和节日标签的同时，以海岛休闲主题日等提高市民参与度，吸引游客前来青岛旅游。游客在欣赏青岛海洋赛事及风光的同时，还能欣赏到“海洋文化国学六艺”等以中国传统文化与海洋帆船文化相结合的演出。这些活动拉动了青岛旅游经济的增长，展现了海洋文化与旅游的完美结合，既充分利用了海洋的特性，又保护了海洋环境，助推海洋体育产业新旧动能转换，实现了青岛海洋文化旅游的可持续发展。

2. 国际啤酒节

青岛国际啤酒节是我国最先举办也是最为著名的节日，已有近30年的历史。青岛啤酒是我国知名的啤酒品牌，在世界上也有一定的知名度，对游客的吸引力较大。

青岛国际啤酒节是青岛商业与旅游业的成功结合。据《中国日报》报道，2022年7月22日至8月7日第32届青岛国际啤酒节·“活力崂山”啤酒嘉年华期间，崂山区主要文旅企业接待游客141.9万人次，同比增长67.6%，实现旅游收入6743.1万元，同比增长48.5%，实现节庆活动与全域旅游的双向带动。节日往往是文化输送与传递的良好方式，青岛国际啤酒节的举办能让世界看到青岛的海洋环境、海洋产物和海洋文化氛围。青岛国际啤酒节的成功不只是因为青岛啤酒，更是因为青岛的海洋文化氛围。海洋的气息、海鲜的美味与啤酒的结合是一次味觉的狂欢，是滨海城市独有的氛围。海洋城市形成的啤酒文化也是现代城市海洋文化的一部分，旅游节日的效益将这一文化的传播范围扩大，并且充实到品牌文化中。啤酒节对海洋文化的展现是多维度的，不拘泥于形式，游客在海上、在沙滩上、在庆典上都能真实感受到。

三、上海海洋文化旅游本土化模式

上海占据优越的地理位置，旅游收入常年居于国内前十位。上海作为早期有名的商贸口岸，其海洋文化中商贸文化较多。从上海海洋文化旅游的发展踪迹中可以看出，它主要借鉴一些较为成功的国外海洋文化旅游发展模式，以全球化视角来对待海洋文化本土化的发展，找到了一条新的发展道路。

（一）海洋文化旅游概况

上海是长三角地区经济发展的中心，旅游业的发展是其经济发展的重心之一，其海洋旅游特色与其他国内滨海城市相比并不明显。上海市总面积6340平方公里，城市空间对其支撑力有限。上海如果单纯依靠现有的土地来开展传统的海洋旅游，相对比较困难。作为一座现代化大都市，上海要开展海洋文化旅游，必须以“人海和谐”作为核心源，要跳出开展海洋文化旅游必须依靠海洋自然资源的传统思路，借鉴西方较为成功的现代化模式，打造一个以城市文化为内核的海洋旅游城市。现代化城市的海洋文化作为上海的软资源是取之不尽、用之不竭的，将文化作为城市发展的核心源，才能使其海洋旅游拥有本土特色。

（二）海洋文化旅游的发展优势

1. 海洋文化旅游产品丰富

上海的海洋文化旅游产品相当丰富。临海的地理环境、深厚的文化底蕴和现代的管理模式使得上海在海洋文化旅游方面的发展较为突出。上海海洋文化旅游呈现出多元化的特征，有竞技类海洋旅游、休闲类海洋旅游、观光类海洋旅游、生态类海洋旅游、海洋知识类旅游和海洋主题公园旅游等各具风采的旅游形式（见表 8-6）。

表 8-6　上海海洋文化旅游产品分类

海洋旅游类型	代表性旅游产品
竞技类海洋旅游	上海金山城市沙滩“世界排球沙滩赛”
休闲类海洋旅游	上海奉贤碧海金沙“夏季音乐节”
观光类海洋旅游	洋山港深水码头、上海南港码头、吴淞港邮轮码头
生态类海洋旅游	崇明岛国家湿地森林公园、长兴国家森林公园、横沙岛湿地森林公园等
海洋知识类旅游	上海航海博物馆、上海博物馆
海洋主题公园旅游	上海海昌极地海洋世界、上海长风海洋世界、上海海洋水族馆

上海海洋文化旅游发展主要体现在现代化旅游产品的开发和建设方面，如邮轮、游船、游艇等高端产品，其中最负盛名的是国际邮轮旅游中心即上海吴淞港邮轮码头，还有海洋生态旅游，如崇明、长兴、横沙三岛为保护原有湿地森林旅游而开发的生态疗养、乡村渔岛旅游。上海的海洋主题公园也越来越多，并且各有特色，促进了海洋文化学习、海洋爱国主义教育以及国防军事意识的形成。

2. 旅游配套设施齐全

上海的旅游配套设施设备齐全，在全国处于领先地位，为其海洋文化旅游发展提供了良好的基础设施设备支持。每年上海节假日的旅游人数都处于全国第一或第二的位置。为了给数百万名游客提供良好的旅游体验，上海不仅要用心筹备景区的展示，还对旅游配套设施的建设进行规划。

上海的星级宾馆、旅游集散中心站点和旅游咨询服务中心等对自助游的游客来说有非常大的益处，能够让游客在细小的服务上感受到上海“海纳百川”的城市构建理念。上海作为国际化的大都市，在主打都市旅游形象的同时，也着力塑造海洋文化旅游的品牌形象。总的来说，旅游属于第三产业服务业，在基础设施服务理念到位的基础上，开展海洋文化旅游是大有可为的。2021 年上海旅游景点及配套设施见表 8-7。

表 8-7　上海旅游景点及配套设施

旅游景点		旅游配套设施	
类型	数量（个/家）	类型	数量（个/家）
A 级旅游景区（点）	130	星级宾馆	167
5A 级景区（点）	3	旅游集散中心站点	5
4A 级景区（点）	68	旅游咨询服务中心	60
红色文化景点	379	旅行社	1865
全国红色旅游基地	7	经营出境旅游业务的旅行社	0

3. 市场环境良好

上海海洋文化旅游的发展需要经济环境的支持。海洋文化与旅游的结合为上海旅游业创造出了新亮点，同时持续增长的旅游收入也为海洋文化旅游的创新提供了经济动力，文化与经济如同鸟之两翼、车之双轮，推动上海海洋文化旅游业的发展。

由图 8-3 可知，上海近年来旅游业产值呈持续稳定发展态势。海洋旅游创造的价值所占比重逐步提高，并且产品附加值增长速度较快。2020 年，受新冠肺炎疫情影响，旅游产业增长速度出现较大幅度下滑。上海海洋文化旅游业有一个较大并且稳定增长的国内市场，由于国际化程度较高，对国外游客的吸引力也比我国其他海滨旅游城市更大。目前，国内旅游市场接近饱和，需要大力开发国外市场。外国游客更容易适应上海的国际化海洋文化旅游发展模式，同时，对国内游客来说，不出国门就可以体验国际海洋文化的旅游风格，也不失为一种选择。

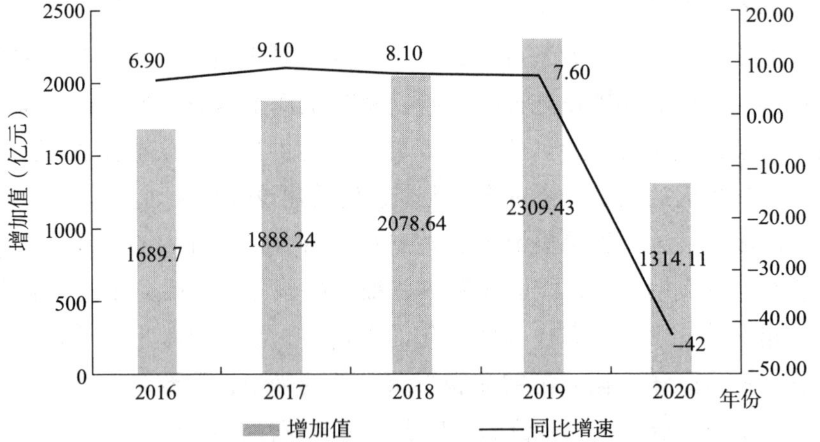

图 8-3　2016—2020 年上海旅游产业增加值及同比增速

（三）全球化视角下的中国本土化模式

美国城市经济学家理查德·佛罗里达（Richard Florida）认为，世界不是平均分散的，而是越来越集中的。无论是亚洲人还是欧洲人，都选择在沿海地区先创造属于他们的文明。如今我们知道，世界的五大古文明都结缘于水。海水是包容百川的存在，人口和经济的发展也依存于海洋的发展。

中国的经济发展也是从沿海地区开始的，沿海地区发展起来后，可以带动内陆地区的发展。在旅游方面，中国可以借用西方的海洋旅游发展模式，打造海洋旅游形象，让沿海岸线的城市开展各种海洋文化互动。

上海的迪士尼是中国大陆地区第一家迪士尼乐园，是迪士尼在海外开设的第四家主题公园。上海可以借鉴奥兰多迪士尼的发展模式，充分利用其“溢出效应”，使景区之间产生联动效应，使游客在前往迪士尼时也可以到其他交通较为便利的景区游玩，如上海动物园和上海海昌极地海洋公园。对上海来说，只有做好交通、住宿等外在配套设施，才能更好地发挥景区的联动效应。武传表（2009）在比较了中国 14 个沿海开放城市旅游竞争力后，得出上海硬件设施完善度在全国排在领先位置的结论，外在硬件配套设施的领先为上海发展海洋文化旅游景区联动模式提供了条件。因此，除了借鉴西方较为成功的海洋文化旅游经营模式，更要注重自身配套设施质量的提升，要鼓励周边地区发展酒店和生活配套设施。要依托度假区大规模旅游人口、就业人口，按照居住人口和职业需求相平衡的原则，带动周边地区的发展。上海要加强与周边重点产业园区的功能整合，真正使海洋文化与旅游及周边各类配套融为一个整体，才能保持长期稳定的发展。

1. 现代海洋主题公园

上海以“洋为中用”的方式将海洋文化与西方文化结合，放大了上海迪士尼的带动效应，将度假区与上海旅游城市建设紧密结合，推动了本土化与迪士尼项目的国际化融合，集成国内外文化、娱乐和创业，将度假区打造成为海派文化的新载体，引领上海海洋文化旅游发展。

1843 年，上海开埠通商，发展模式从以内陆为主转变为海洋与陆地相结合。西方海洋文化的进入，使上海逐渐突破原有的东方文化模式，通过突出城市的现代感来发展海洋文化旅游。上海是中国经济发展最快、现代化程度最高的城市，其海洋文化特色并不突出，但可以借鉴悉尼现代化的海洋文化旅游模式。悉尼的海洋文化旅游模式并不局限于海洋自然资源方面，还注重开发都市魅力，举世闻名的悉尼歌剧院是其旅游标志，各种国家公园远近闻名。上海的海派文化汇聚了冒险与创新精神，具有开放性、包容性、时尚性和交流性。

上海市内较为著名的海洋文化旅游场馆有上海长风海洋世界、中国航海博物馆、上海海洋水族馆、上海海洋大学——鲸馆、上海海昌极地海洋公园（见表 8-8）。这些海洋文化场馆具有现代化的海洋文化特色，是上海海洋文化旅游的新地标。

表 8-8　上海海洋文化旅游场馆主题介绍

海洋文化旅游场馆	场馆主题
上海长风海洋世界	上海市内最著名的综合性海洋主题公园，常年有大型海洋动物表演，水族馆中还有各种深海鱼类展示，游客在场馆内可将奇妙的海底世界尽收眼底。上海长风海洋世界倡导人与自然、人与生物的和谐相处，通过与游客的互动来展示和宣传海洋文化，是一所将自然和大众有机融合的海洋文化主题公园
上海海洋水族馆	运用现代化技术打造的国际一流的海洋水族馆，配有以高科技为基础的解说系统，能够为游客解答各种关于海洋物种的问题，有助于游客更加深入地了解海洋
中国航海博物馆	航海一直以来都是上海的强项。中国航海博物馆记录了上海航海的历史以及航海文化，游客和市民在参观时可以了解上海古往今来的航海文化
上海海洋大学——鲸馆	为了推动上海海洋生物文化的发展，鲸馆多次举办海洋生物文化之旅、水族文化之旅活动，海洋浮游生物学基础知识、海洋生物资源利用、食品安全宣传进社区活动，以及观赏鱼的分类、变异、繁殖等科普展览，让游客在游览的同时进一步了解海洋文化，通过展览也锻炼了一支志愿者讲解队伍，传播了海洋文化知识
上海海昌极地海洋公园	上海海昌极地海洋公园是 2018 年开园的新型海洋文化娱乐场馆，包含各种形式的海洋文化娱乐场景设施

为解决海洋文化场馆馆内解说及导引困难等问题，提高服务质量，提升游客观赏体验，上海海洋水族馆引进聚音宝，利用其定向传声和红外Wi-Fi系统，让游客享受高品质的解说，同时配备语音导览功能，实现了让游客自助游览。

中国航海博物馆自 2010 年开馆以来，经过多年的发展，已经逐渐形成了一套比较完整的解说系统。目前，中国航海博物馆的解说系统主要分为人工讲解和电子设备讲解两大类。人工讲解提供有偿导游服务讲解和无偿导游区域解说。电子设备讲解分为基于馆内租借设备的讲解和基于游客手机平台的讲解两种类型。这两大讲解类型构成了目前航海博物馆的解说体系，二者优势互补，为游客提供多样化的选择。

中国航海博物馆的电子设备讲解主要有语音导览器讲解、多媒体交互设备讲解、多媒体讲解、楼层导览器讲解、航海博物馆 App 讲解五种，涉及多个平台，是目前博物馆解说系统的主要组成部分。游客可以边听讲解边近距离地了解和接触展品。例如，在航海历史展览区内的多媒体交互设备，专门用于向游客介绍甲午海战的历史。该设备为一般的家用餐桌大小，游客可以通过触屏了解当时的历史背景、海战的整个过程以及结果分析等。整个讲解过程有详细的图像、视频展示，同时配上背景解说。游客在享受到便利的可视化操作的同时，能够直观地了解这段历史。

中国航海博物馆内有许多地方贴着标有“中国航海博物馆”字样的二维码，游客可以通过扫描二维码下载“中国航海博物馆”App。通过这款 App，游客可以获取航海公告、航海知识、志愿者活动、服务及影院信息等。App 内也有专门针对儿童的板块，专门介绍为儿童提供的游乐设施等。App 自带的扫码功能也可以用来识别展馆内部部分展品柜上的二维码，为游客带来相关介绍信息。总体来看，这款 App 的功能定位是信息发布和中间媒介，是中国航海博物馆讲解系统不可或缺的一环。

中国航海博物馆内的各类解说设施齐全、布局合理，无论是预约人工讲解服务还是没有预约人工讲解服务的游客，都能得到较好的体验。从功能性来看，中国航海博物馆的解说系统以介绍、解说功能为主，但并不局限于简单介绍，还搭配场馆内部的其他基础设施，能够为游客尤其是青少年提供全面的知识介绍，达到科普效果。从游客的用户体验来说，解说系统基本上能为游客提供其所要了解的信息。

2. 国际邮轮旅游中心建设

邮轮旅游业在世界上发展只有 30 多年的历史。在这 30 多年中，该产业逐步风靡全球，成为全球游客推崇的一种旅游方式。它由于较高的价格与周到的服务被旅游人士认定为高品质的旅游产品。上海借鉴欧美国家海洋邮轮旅游的发展模式，结合自身经济贸易中心的定位、临海的地理位置及良好的港口区位条件探索出邮轮旅游的本土化模式。

“上海中国邮轮旅游发展实验区”的运作，借助水“善利万物而不争”的秉性，使上海的海洋文化与邮轮旅游发展相辅相成。邮轮旅游通过邮轮将多个旅游项目和海洋文化有机联系起来。发展邮轮旅游，对上海经济社会发展的带动作用是巨大的，同时有利于上海海洋文化的传播。作为著名的港口城市，上海在发展海洋邮轮旅游的过程中，可以通过向邮轮企业和邮轮乘客普及港口历史及海洋文化，同时提倡自媒体的使用，鼓励游客分享在邮轮旅游中体验到的海洋文化，推动上海海洋文化的传播，形成了具有上海本土特色的海洋邮轮旅游模式。上海邮轮旅游发展历程见表 8-9。

表 8-9 上海邮轮旅游发展历程

年份	上海邮轮旅游发展大事记
2006	歌诗达旗下的“爱兰歌娜”号邮轮开设了以上海北外滩为母港的中日韩定班航线
2007	《国家发展改革委关于促进我国邮轮经济发展的报告》发布
2008	上海港国际客运中心建成启用、上海吴淞口国际邮轮港工程奠基
2009	上海第一家邮轮港发展有限公司成立
2010	成立亚洲邮轮港口协会
2011	上海吴淞口国际邮轮港开港
2012	“梦想起航——2012 上海吴淞口邮轮嘉年华”举行
	《宝山区邮轮产业发展战略规划》发布
2013	首届上海邮轮旅游节开幕
	亚洲各邮轮港口签署《吴淞口宣言》
2014	《邮轮绿皮书：中国邮轮产业发展报告》发布
2015	《上海市邮轮旅游合同示范文本》正式发布
2016	《上海市邮轮旅游经营范围》正式施行
	《上海市推进国际航运中心建设条例》正式实施
2017	Seatrade 亚太邮轮大会成功举办
2018	“邮轮直通车”正式上线
2019	获批创建中国首个邮轮旅游发展示范区
2020	上海邮轮旅游产业的“战役”历练
2021	《上海市“十四五”时期深化世界著名旅游城市建设规划》发布

3.“城市沙滩”海洋文化

“城市沙滩”起源于法国，发展于美国和德国。城市沙滩是对临海地区滨海资源的再开发，这种人造城市海滩受到全世界游客的关注，并且受到广泛喜爱，于是迅速风靡欧洲、北美地区及澳大利亚的主要城市。上海市金山区虽然靠海，但是没有沙滩，只有泥滩。2003 年，上海借鉴欧美国家开发城市沙滩的经验，在上海市金山区开辟了一片人造沙滩，成为上海市远郊旅游的一个亮点，同时为上海的城市旅游增添了一份海洋风光。上海的城市沙滩具有以下特点：

（1）体现本地文化特色

金山区城市沙滩根据上海都市文化旅游的理念进行开发与管理，不仅符合上海的文化气质，而且有利于上海海洋文化旅游的发展。金山区城市沙滩的存在就是为了让人们在繁忙的生活中能体验到海洋沙滩风光，让游客到上海旅游时不仅看到高楼林立，更能体验海洋风光。金山区城市沙滩最大限度地结合了金山本地的海洋特色，与鹦鹉洲生态湿地、金山嘴渔村、金山三岛交相辉映，成为金山本土海洋文化旅游的主要元素。

（2）以政府开发为主导

与欧美国家相关城市不同的是，上海的城市沙滩是由政府牵头建设的，而不是由中小型企业或个人开发。我国中小企业的海洋文化意识和环境保护意识相对比较薄弱，所以在海洋城市沙滩的建设上还需要政府掌舵。金山海洋面积辽阔，拥有丰富的海洋旅游资源，开发潜力巨大。碧海、金沙、海岛、海滩、海鲜等海产品使金山成为优良的滨海度假胜地，且具有一定的发展前景。城市沙滩海洋公园的创建，是金山区海洋生态文明建设和海洋文化旅游发展的一个重要举措。

（3）为国际赛事提供平台

金山区城市沙滩作为上海最大的滨海旅游度假区，每年都会举办烟花节、星尚音乐节、国际啤酒节、国际沙滩排球世界巡回赛、水上表演等各类活动（见表 8-10）。其中，世界沙滩排球巡回赛已经在金山连续举办了 10 余年，成功吸引了国内外游客。

表 8-10　上海金山城市沙滩活动介绍

活动分类	举办年份	活动名称
国际赛事	2004—2014	世界沙滩排球巡回赛
	2016—2021	STC 大铁联赛第二站之金山城市沙滩铁人三项赛
文化娱乐	2018	首届上海市金山城市沙滩沙地乒乓球赛
	2011—2016	热波金山沙滩音乐节
	2012—2021	上海金山国际沙滩烟花节
	2013—2019	上海金山国际啤酒节

上海作为国际化城市，在海洋文化旅游的开发过程中，除了借鉴发达国家的经验，还充分挖掘自身的文化资源与话语体系，形成了中国化的表达，本土化特色更加突出，海洋文化与旅游结合得更加紧密。

四、海南海洋文化旅游本土化模式

（一）海洋文化旅游概况

海南海洋文化是中国海洋文化的重要组成部分。海南从 2008 年开始就推出了国际旅游岛建设计划，是中国最为著名的海洋岛屿旅游目的地之一。文化是城市发展的核心源，那么海洋文化就是沿海城市发展核心源中最为核心的点，从核心向四周散发海洋文化的魅力之光。海南的海洋文化体现在衣、食、住、行等方面。古老的渔民文化、妈祖信仰，丰富的海洋产品，各具特色的渔家民宿，各式海洋出行工具和海上旅游、邮轮旅游等，都是海南海洋文化旅游本土化模式的重要体现。

（二）海洋文化旅游的发展优势

1. 得天独厚的地理位置

海南是中国唯一的热带省份，一年四季平均气温不会低于 20℃，是游客休闲度假的好去处。热带气候和丰沃的水土给海南带来了丰富多样的农产品，四面环海的岛屿地理特征又为海南带来了取之不尽的海产品。

地理环境是海洋旅游发展的物质基础，也是承载海洋文化培育与发展的有形实体。正是得天独厚的海洋环境滋养了海南岛的海洋文化，得益于其旅游产业的发展，海南的海洋文化作为“文化自信”输出的一种方式呈现在游客眼前。

2. 国家政策大力支持

海南省是我国著名的海洋旅游大省，每年的寒冬来临时，国内大批游客会选择去海南度假。不仅海南省政府将旅游业作为极为重要的经济支撑，在国家宏观层面，海南也是“海洋强国”战略和“21 世纪海上丝绸之路”建设的战略支点。我国政府对海南省建设国际旅游岛非常重视，2018 年发布的《中共中央、国务院关于支持海南全面深化改革开放的指导意见》对海南省生态文明、旅游消费、贸易港口等方面提出了发展意见，并且大力支持其海洋旅游业与文化产业的融合发展。

（1）建设自由贸易试验区

中共中央、国务院提出建设自由贸易试验区和中国特色自由贸易港。自由贸易港的建立使海南经济取得明显的增长。2020 年，海南对外贸易伙伴涉及全球183个国家和地区，东盟、欧盟和美国仍为前三大贸易伙伴。[①] 在新冠肺炎疫情影响下，2020年海南贸易进出口总值仍达到933亿元。这一现象说明，海南自由贸易港的建设使海南在自由贸易中逐渐占据主导地位，出口量的上升增强了海南贸易的经济竞争力，是海南海洋经济文化建设中重要的一环。

（2）入境旅游免签政策

从2018年5月1日起，海南省实施59国入境旅游免签政策。这一政策的施行，对海南省的旅游业无疑是一大推动力。海南省在建设国际旅游岛的过程中，离不开政府相关政策的支持。从图8-4中可以看出，2019年的入境游客人数比2018年有明显增长。同时，入境旅游收入的增长也为海南旅游发展带来了极大的动力。

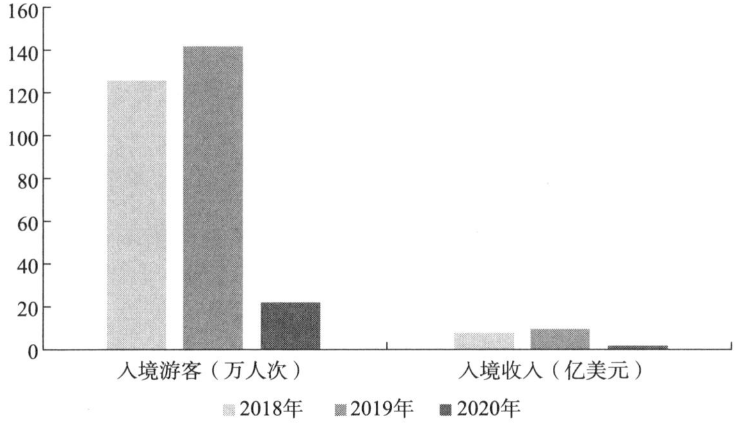

图8-4　2018—2020年海南入境旅游游客数量与收入

3. 丰富的海洋民俗文化

海南丰富多彩的海洋文化来源于当地居民与海洋的互动，并被世世代代传承下来。

（1）疍家婚俗

疍民生在海上、长在海上，其婚俗自然也与海洋密切相关。对疍民来说，贫瘠的生活让他们无法在陆地上安家，只能依靠船来进行重要活动，因此疍民的婚礼活动是在水上开展的。在疍民的婚礼上，所有亲朋好友都是坐船来到主人的家中。新娘的“花轿”也是疍民的渔船重新刷漆后制成的——这一

① http：//www. hkwb. net/news/content/2021/01/30/content_ 3941375. htm.

民俗被传承至今，寓意着未来的美好生活。

（2）海鲜饮食习俗

海南岛屿众多，四面环海。俗话说，“靠山吃山，靠水吃水”，海南人“靠海吃海”的饮食习俗一直沿袭至今。如今随着生活水平的提高，人们足不出户就能品尝到海鲜美食，但是仍有络绎不绝的游客前往海南，就是为了感受海南的饮食氛围与民俗习惯，感受当地原汁原味的文化。海南人如今的饮食，没有复杂的煎炸炒烩，多为腌制或者晒干，保留着海产物的鲜美与腥香。清蒸海产物是海南人喜欢的饮食方式之一，如清蒸海鱼、清蒸海蟹等。海南的酒席与喜宴上都少不了鱼羹。海南人还会用海马、海参和海蛇等海内珍品来泡酒，并称其为海珍酒。海珍酒有强身健体的功效。

（3）海洋民俗信仰

海南当地的民俗信仰多种多样。因为沿海，海南当地居民早期都是以出海捕鱼为生，因此海南的宗教信仰大多与海洋相关。海洋一直以来都很神秘，古代的渔民更是对海神的存在深信不疑，由此发展而来的祭海活动和海神庙的供奉体现了海南的海洋民俗信仰。虽然改革开放之后不支持开展宗教信仰类活动，但海南的海洋民俗信仰已经成为海南历史文化不可分割的一部分，也是中国特色海洋文化的重要组成部分。

（三）基于地域民生的本土化模式

我们在对海南进行了实地考察和研究后发现，海南岛的海洋文化非常丰富，这在海南旅游产业的各方面都有所体现。海南的海洋文化旅游本土化发展注重将当地的民生与海洋文化旅游相结合，让当地的居民能够理解海洋文化旅游发展的重要性，并且支持海洋文化旅游的发展。

（1）节庆旅游

节庆旅游的模式在海南备受欢迎。游客可以与当地的居民共同享受节日带来的欢乐，并在活动中进一步了解海南的海洋文化。

◆ 元宵节“鲤鱼灯游村”

琼海渔乡的“鲤鱼灯闹春”是展现海洋文化的一道风景线，其历史可以追溯到明朝。

◆“二月二”三亚龙抬头节

海南民间保留着淳朴的崇龙习俗。农历二月二，海南各地民众尤其是渔民，会自发地到龙神庙或者水畔边焚香祭祀龙族，开展祭海活动。

◆“洗龙水”的端午节

海南的端午节有“洗龙水”、洗艾水、赛龙舟等传统习俗。其中，“洗龙水”极具特色，海南民众坚信洗过“龙水”之后就会获得龙的保佑，身体健康。因这一美好的寓意，游客也会主动参与其中，从而加深海洋文化对游客的影响。

◆ 七月半“鬼节”

海南民众在这一天要“送水灯”，祭拜上、中、下多河侯王，沿海群众还要祭祀海神、“放海灯”。游客能在节日中加深对海南宗教信仰的理解。

◆ 海南潭门赶海文化节

根据潮涨潮落的规律进行海上与海边作业，即为赶海。赶海文化节是渔民每年最重要的节日之一，潮落的时候，渔民会获得大量的海产品，他们会对外进行售卖。文化节也吸引了大量的国内外游客。

◆ 三亚国际海洋文化节

每年都会有数百万名游客前来三亚，参加国际海洋文化节，感受热带海洋风光及海洋庆典。

◆ 三亚疍家文化节

疍家人为传统的水上居民，是依海而生的海上民族。无论是海洋渔文化、饮食文化、建筑文化还是海洋习俗文化，都在疍民生活中有所体现。

◆ 琼州妈祖文化节

妈祖文化起源于福建莆田，在宋朝时期流入海南，并被海南人民所信仰。“琼”是海南的简称，“琼州”是海南古时的叫法。琼州妈祖文化节对海南妈祖文化的传承与发展十分重要，同时可以向游客展现海南的民俗宗教文化。

（2）海洋文化主题民宿

旅游业最为重要的一环就是住宿。对游客来说，拥有满意的住宿体验，会使其对整个旅行活动的满意度大大提高。民宿主题与装修风格在旅行者的眼中变得越来越重要。海洋文化与海洋风情是海南民宿主要的吸引点，只要能将其完美诠释，民宿业的发展就会成为海南旅游业的动力。

据海南旅游局统计，2018 年春节期间，海南接待游客约 119 万人次，同比增长 20.5%，呈现大幅增长的趋势，海洋旅游收入约 1.7 亿元，同比增长近 70%，带有海洋民俗特色的民宿的入住率为 100%。

海南海洋文化旅游民宿代表见表 8-11。

表 8-11　海南海洋文化旅游民宿代表

民宿名称	民宿主题
云卷云舒海景家园客栈	椰子林原生态小渔村，游客在这里可以体验海洋渔村文化
万宁日月湾森林客栈	“海”文化主题的民宿，有手绘的海洋主题壁画和海洋主题的装修，每一个细节都体现出海洋文化的静谧与和谐
樱子家在海口	在靠海别墅中完成“面朝大海，春暖花开”的生活理想
菩墅	海南风情精致小园林风格，体现了现代东方禅意文化，旨在为高端商旅客户提供远离繁华都市的静谧归处
沐渔精品主题客栈	文艺清新的渔文化民宿，让海南渔文化的质朴感染身处城市生活的游客，让他们体验慢生活
哇艾鲁海岸别墅	在三亚标志性建筑“凤凰岛”对面，夜景怡人。酒店有 7 种房型，风格各异，装饰风格典雅，艺术气息浓厚，是一座独具特色的别墅式民宿
半夏光年海岸主题客栈	以海岸风情作为民宿的主题，在装修中融入海洋元素
亼乐冲浪客栈	依山傍海的地理位置让游客感到自由而没有拘束，与城市生活形成强烈对比

特色的海洋民宿能让住宿变成旅游景观的一部分。民宿大多由当地居民开设，其海洋风情体现了当地居民对海洋文化的理解。海南的海洋文化渗透在民宿的装修风格中，民宿成为游客最好的导游和海洋文化的“说明书”，能够让游客全面感受海南的海洋文化与人文地理风情，是地域民生与旅游模式的完美结合。

五、盘锦海洋文化旅游本土化模式

（一）海洋文化旅游概况

盘锦的海洋文化旅游本土化模式是一种内外兼修、兼容并蓄的本土资源活化模式。“内”是指盘锦对海洋文化的认知，以及对海洋文明的维护意识；“外”是指盘锦在海洋文化发展过程中将文化物化为旅游产品，让海洋文化更接近居民与游客的生活。“欲修其身者，先正其心”，想要发展海洋文化旅游，先要对其发展理念有清晰的了解。在人类与海洋的互动中，既有相互伤害，也有相互帮助。在本土化发展模式中，不能只注重利益，而轻视自然生态平衡的重要性，只有秉持“人海和谐”的发展理念，海洋文化旅游本土化模式才能取得真正的成功。盘锦在发展海洋文化旅游的过程中，最大的特点就是对海洋生态的关注和保护。盘锦没有急于寻求旅游经济上的增长，而是循序渐进地从长期可持续发展的角度对海洋文化旅游进行开发，形成其专有的本土化模式。

（二）海洋文化旅游的发展优势

1. 著名的海洋军事文化遗址

（1）甲午末战遗址公园

甲午末战遗址是国家级非物质文化遗产。甲午海战在我国抗日历史上意义非凡，而其中的一场战役就发生在盘锦市田庄台。海战是打开清朝国门最直接的方式——清朝政府将目光全部集中在陆地上而很少关注海洋，因此清朝的海洋军事实力较弱。但是，甲午战争中英勇的将士们的爱国精神会留在这片土地上，甲午末战遗址公园让人们不忘历史，在参观的同时受到爱国主义的熏陶。

（2）甲午末战纪念馆

甲午末战纪念馆是另一种对海洋军事文化的诠释，以展览和解释说明的形式让游客更加全面地了解甲午战争，加深对海洋军事发展重要性的理解，并且对当代的海洋军事发展起到了警示作用。要维护国土的完整，海洋军事实力是不可或缺的。游客在参观甲年末战纪念馆之后，能更加深刻地了解盘锦的海洋军事历史，从而对其海洋文化产生共鸣。

2. 和谐的自然生态环境

盘锦市地处渤海湾中心地区，拥有适宜的气候和丰饶的水土资源，是中国 2017 年“美丽山水城市”。美丽的自然环境是上天赐予盘锦的礼物，在盘锦市政府和居民的共同努力下，盘锦的生态环境变得越来越好。多年来，盘锦一直秉持着人与自然、海洋和谐相处的理念，努力营造生态健康的氛围。盘锦长期保持着良好的生态环境，为丹顶鹤、白鹳和天鹅等生活在海洋湿地的珍稀动物打造了高质量的生活环境。正是盘锦越来越好的自然生态环境，使其海洋旅游发展迅速，越来越多的游客关注到盘锦的旅游特色。

（三）内外兼修、兼容并蓄的本土资源活化模式

盘锦的海洋自然生态环境良好，海洋资源优势明显，盘锦市利用这些优势对海洋资源进行开发，将海洋文化融入旅游业的发展，形成了以海洋文化为核心、以外在旅游发展为动力的内外兼修、兼容并蓄的本土资源活化模式。

1.“鱼米”资源形成独特的海洋旅游产品

（1）海水大米

大米是盘锦市特有的广受喜爱的一项特产，是生长在海边盐场或者盐碱

地上经由海水的滋养形成的。袁隆平发现，长在海边的大米中含有对身体有益的微量元素，并且在盐碱地上害虫等难以存活。这是盘锦独一无二的农业资源与海洋资源的结合，这一结合形成的产品不仅是盘锦市的有名产物，更是辽宁省的著名特产。优质的大米在人人追求健康的时代成为一大旅游吸引点，成为盘锦市最受欢迎的海洋文化旅游产品。

（2）海洋牧场与海水增养殖

随着科学技术的进步，海产物也可以与农产品一样进行人工的养殖与培育。海洋一直以来都是人类获取能量与食物的来源之一，海洋生态健康是我国渔业的重要保障。因此，海洋牧场与海水增养殖的出现既能保证人类有充足的食物来源，又能保护海洋生态环境，使海洋旅游产品可持续发展。

盘锦海洋牧场以人工养殖为主要方式，利用健康合理的养殖技术对海洋资源进行可持续性利用，并以保持生态系统平衡为目标，注重海洋生态良好循环。近年来，盘锦市积极推动海洋牧场的发展。海洋牧场中所养殖的海产品，如海蟹、海鱼、海贝等，都得到了游客的高度评价，成为盘锦海洋文化旅游的品牌形象。

2. 以海洋湿地为基础形成多样的旅游景观

盘锦地区大面积的湿地环境十分适合各类野生动植物生长、栖息和繁殖。盘锦的自然生态非常完善，是中国的“湿地之都”。游客可以在盘锦享受到原生态的海洋湿地景色，提高海洋自然生态保护意识，成为海洋本土文明的传播媒介，让更多的人对海洋生态环境抱有敬意，与海洋生物和谐共处于同一个地球。盘锦海洋生态文化资源见表 8-12。

表 8-12　盘锦海洋生态文化资源

景观分类	代表性旅游资源
湿地景观	芦苇
珍稀鸟类	丹顶鹤、黑嘴鸥
滩涂植被	翅碱蓬
海洋生物	文蛤、泥螺

数百种鸟类、几十种哺乳动物，以及上百种鱼类构成了盘锦地区生态旅游动物资源。盘锦地区栖息着近 160 种国家一级保护鸟类、27 种国家二级保护鸟类，鸟类是该地区最具特色的动物景观。盘锦是野生丹顶鹤和黑嘴鸥的

主要迁徙地和繁殖地。丹顶鹤和黑嘴鸥在大片的自然湿地中自由飞翔，构成了盘锦海洋湿地仙境般的、令人神往的景象（见图8-5）。

图8-5　盘锦湿地珍稀生物

海洋文化旅游本土化模式形式多样，上述五个地区的本土化模式各有所长，鲜明的本土文化特色与旅游模式相结合，达到了“1+1>2”的效果。在海洋文化旅游开发中，本土化模式的探索带来了巨大的优势与机遇，但是通过对这些地区具体情况的分析可以发现，在本土化模式的探索中，仍存在一些问题。

本土化模式是未来海洋文化旅游开发的方向，但并非完美开发的代名词，过度的商业化会使海洋文化失去本真，但是未经雕琢的海洋文化又过于朴实，无法唤起游客的兴趣，因此本土化是海洋文化旅游在发展过程中不断修正、不断改进的过程。将中国海洋文化世世代代传承下去，同时保护海洋生态环境，才是中华民族真正的海洋文化旅游本土化模式的体现。典型地区海洋文化旅游本土化模式分析见表8-13。

表8-13　典型地区海洋文化旅游本土化模式分析

	舟山	上海	青岛	海南	盘锦
本土化模式	基于民族品牌的创新模式	全球化视角下的中国本土化模式	基于“人海和谐”理念的可持续发展模式	基于地域民生的本土化模式	内外兼修、兼容并蓄的本土资源活化模式

续表

	舟山	上海	青岛	海南	盘锦
优势	海洋文化历史积淀多，海洋非物质文化遗产丰富，海洋文化旅游开发程度深，海洋文化与旅游结合紧密	海洋展馆科学技术领先，旅游服务体系完善，经济发达，海洋文化创新性强	海洋生态环境良好，海洋文化旅游品牌趋向现代化，海洋资源的可持续利用	海洋旅游资源丰富，海洋民俗文化传承完整，海洋文化旅游节庆丰富多样，各种海洋主题民宿	海洋文化开发方向新颖，多产业结合发展，海洋生态环境良好，多种海洋生物栖息地，自然景观多样
劣势	海洋文化旅游本土化创新不足，岛屿旅游交通可达性有待加强	海洋文化属性不强，海洋文化旅游在整体经济产业中没有竞争力	缺少真正的海洋文化节日，古代海洋文化展现机会较少	整体经济发展水平有待提升，旅游业是其主要产业，但与其他产业结合较少	海洋文化旅游发展周期较短，发展不够全面，认知度不高
机会	以“海洋名城”为目标，建设海洋文化城市，有利于促进海洋文化旅游的发展	建设卓越旅游城市的目标、国际旅游战略中文化旅游地位的提升为海洋文化旅游发展带来机会	区域旅游的开展有利于青岛与其他滨海城市联合开展海洋文化旅游	海南是“海洋强国”战略和“21 世纪海上丝绸之路”建设中的关键省份	盘锦旅游需要文化产业的推动，海洋文化旅游可以作为推动力，为其城市发展创造机会
挑战	海洋生态环境可持续发展问题、景区管理问题成为发展中面临的挑战	海洋文化缺失，旅游者缺少共鸣，国外邮轮旅游吸引力更强	节日效益容易被模仿，导致同质性旅游品牌竞争激烈	中国香港、台湾地区的海岛旅游特色竞争性强，海南需要更鲜明的特色	盘锦海洋文化旅游产业盈利状况能否支持其进一步发展

第九章 海洋文化旅游本土化模式动力机制实证研究

本章基于消费者和游客的需求方视角研究海洋文化旅游本土服务质量和游客满意度之间的关系及作用机理，通过问卷调查法获得一手数据，进行统计分析，继而进行实证研究，以验证海洋文化旅游本土化模式动力机制的作用。

一、研究目的

目前我国对海洋文化旅游本土化服务质量的理论研究还处于研究成果的引进阶段，主要是借鉴国外较为成熟的服务质量评价体系直接对某地区、景点或者滨海城市的旅游服务质量进行评价与分析。这样的理论研究缺乏针对性，尤其是对海洋文化旅游这一全新概念。以往的评价指标能够全面体现海洋文化，但并不能有效体现海洋文化的旅游价值和游客感知。

本章主要研究海洋文化旅游质量对游客满意度的影响，即基于具体的滨海城市海洋文化旅游实践，分析游客满意度的影响因素，从而全面了解游客对海洋文化旅游的关注点，进一步提出滨海城市发展海洋文化旅游的优化策略以及提高游客满意度和忠诚度的重要措施。该领域的研究具有重要的现实意义：第一，有利于探究海洋文化旅游服务质量的基本构成要素，进而更为全面地对游客感知作出符号判断；第二，能够促使国家在发展海洋文化产业的同时，提高对海洋文化旅游服务质量的重视程度，为游客带来更好的旅游体验；第三，能够优化现有海洋文化旅游服务措施，专注于游客满意度的提升，提高海洋文化旅游综合效益，推动我国海洋文化旅游产业健康有序发展。

海洋文化旅游已经成为现代人类普遍追求的旅游体验，是时代发展到新阶段人类更高阶的精神追求。当前我国经济的快速发展带动了旅游业的发展，这为海洋文化旅游提供了发展契机。对旅游消费者（游客）而言，充满海洋气息的文化之旅承载着他们对滨海地区特别的文化记忆，是他们旅游经历中难能可贵的文化记录。因此，构建海洋文化旅游服务质量的游客满意度研究模型具有重要意义。

二、文献综述与研究假设

（一）文献综述

旅游行为的发生一定有旅游动机的存在。游客并不是盲目地进行选择，他们的海洋文化旅游行为是由海洋文化旅游动机引起的，因而其旅游动机是旅游行为的主要影响因素。有学者将旅游的需求层次分为五种，即社会需求、精神需求、文化需求、娱乐需求和人的自我超越需求。

我们对海洋文化旅游者的动机进行整理归纳，形成了三个重要维度，即旅游感知服务环境、服务质量和文化特色，相关研究见表9-1。

表9-1 游客感知服务环境、文化特色和服务质量维度的文献

学者	区域	视角阐述
Berry（1992）	北美	提出根据Parasuraman的研究角度对服务质量的期望与感知模型，认为能够体现服务质量标准的维度主要有诚信、礼貌、安全、理解、沟通、形式、反应性、可靠性等。正是这些细节和内在，让游客享受到真实诚信的良好体验，从而对服务质量给予高度评价，并认可与服务质量相关的服务内容
Parasuraman、Zeithaml和Berry（1998）	北美	将能够体现和概括服务质量的维度细化为5个方面，即礼貌、诚信、沟通交流、文化理解和服务形式。这5个方面也代表着服务质量体系的一般性基础准则，并广泛应用于服务产业。将诚信、礼貌和沟通交流作为现代服务行业的三大基本原则，因为服务行业最为重要的就是对游客诚信，时刻表现出礼貌和修养，并与游客做好沟通与交流，及时交换必要的信息
Parasuraman（2012）	北美	提出服务质量从本质上界定就是游客对服务满意度的一种外在体现。因此，游客感知服务质量实际上就是游客对旅游服务的主观评价
Akama（2013）	肯尼亚	认为影响游客满意度的重要属性还包括价格和感知，形成了含有七大属性的服务质量解释维度
Junaida和Ladisma（2015）	瑞典	提出基于Parasuraman的研究角度构建服务质量的期望与感知模型，认为有些服务特性是性质的经验，客户可以购买、消费并进行判断，如可达性、可靠性、响应性、礼节性，而其他两个属性能力和安全性具有信托的性质，消费者不能购买后评价

（二）研究假设的提出

基于游客感知的服务质量相关文献见表9-2。

表 9-2　基于游客感知的服务质量相关文献

学者	区域	视角阐述
Parasuraman、Zeithaml 和 Berry（1990）	北美	提出服务质量的差异化模型，认为服务质量有较明显的差异性，服务人员的素质、态度和服务能力决定着服务质量。一般来说，通过游客感知去捕捉服务质量比较困难，而且游客感知对服务质量的整体体现和还原度相对不高。只有与较好的服务模式相结合，服务质量才具有可信度。他们找到了这样一个能够体现服务差异性的分析模式，并通过研究判断出服务质量的内外差异，提出提升服务质量的合理化建议
范秀成（2010）	中国	通过分析服务质量的五个主要维度，对服务质量提出了更高的标准，认为服务质量不仅是对服务的体现，更是对客户满意度的衡量标准，只有好的服务质量，才能提升游客的满意度和忠诚度，并提升企业整体服务品质
Kenneth（2012）	波兰	基于 PZB 模型框架提出的服务质量感知模型的性能，结果通过经验模型验证，感知性能可以直接有效地反映认知过程的客户服务质量
Maryam Khan（2012）	北欧	基于 SERVQUAL 模型，建立了 ECOSERV（生态旅游服务质量）模型。生态旅游是一个阶段性的旅游产品，成本高，附加值高，教育功能要求高，强调旅游资源和旅游教育功能的可持续发展。ECOSERV 模型在五个维度具体的有形生态、环境破坏的生态手段和环境设施的基础上，提出服务质量
陆娟（2016）	中国	根据中国饮食业对服务质量分析模型和实证检验的 SERVQUAL 模型的尺度测试，发现服务质量的五个维度具有良好的可靠性和有效性，模型适用性较高

1. 文化感知与游客满意度

游客满意度的概念最早由 Zeithaml V. A. 等（1997）提出，他们将游客满意度定义为企业所有游客终生价值的贴现之和，并且认为游客满意度是一个相对较大的概念，应该按照不同的价值类型对其进行细致划分，这样才能更好地体现其价值。

（1）游客感知与游客满意度

Cardozo（2010）认为，应该从过程和状态两个角度定义游客满意度。从过程角度来看，购买前预期和购买后感受之间的差异即为游客满意度；而从状态角度来看，游客满意度是游客购买后的感受和之前期望值之间的差异所形成的心理状态。Anderson（2013）也持同样的观点，认为游客在某一特定场合购买产品或服务后所形成的特定评估，就是游客满意度。

Clemons（2015）指出，游客满意度是多层次的，游客获得的收益层次越高，其满足度就越高。Oliver（2016）认为，游客满意度是游客整个消费体验的综合反映，无论是对产品本身还是消费过程的体验，都属于游客满意度的范畴。

（2）游客信任与游客满意度

蒋中平（2013）认为，新时期消费者在高度自由化旅游环境下的游客信任是游客对现代旅游业的总体信任。游客在新时期的旅游环境中，面临更多的不确定因素与更大的风险。因此，旅游地能否与游客建立、保持、增强信任关系，是决定现代旅游业能否良性发展的一个关键因素。

（3）游客忠诚与游客满意度

施秀梅（2011）在研究中探讨了游客忠诚与游客满意度的关系，认为游客忠诚是游客满意度的一种具象体现。万三敏（2011）认为，从某种意义上说，游客的忠诚可以分为情感和行为两个维度，也就是说，在情感上和行为上对旅行地的忠诚。其中，情感上的忠诚是指某些旅行地所能展现的人文景观与游客的个人生活方式及精神文化需求相契合，这可以从游客乐此不疲的定点消费行为中体现出来；行为上的忠诚是指游客在拥有相当多可选择的机会时，依然坚持将某个旅行地作为出行首选地点，长期性和重复性地去该地旅游。

假设1：游客满意度与游客对景区的感知水平呈正相关关系。

2. 海洋文化旅游服务质量与游客满意度

学术界对旅游者动机中的服务质量、服务环境及文化特色与游客满意度的关系研究主要从三个层面展开，即旅游服务形式与游客满意度之间的关系研究、旅游服务内容与游客满意度之间的关系研究以及服务质量与游客满意度之间的关系研究（见表9-3）。

表9-3 旅游动机中的服务质量与游客满意度之间的关系研究

学者	区域	视角阐述
H. Iberahim, N. K.（2012）	北美	对旅游业来说，大多数游客最注重的是精神层面的享受，而能够直接体现在精神上的旅游动因无疑就是服务质量，只有让游客在旅游的过程中感受到宾至如归的服务和良好的体验，他们才能获得高质量的精神回馈
蒋中平（2013）	中国	旅游服务质量是指通过比较服务水平和游客的预期目标来看待特定服务

续表

学者	区域	视角阐述
彭嘉（2013）	中国	主要从出境游客的视角出发，通过建立结构方程模型，分析出境旅游服务质量与游客满意度之间的关系。出境旅游服务质量的移情性、安全性、有形性等因子与游客的满意度、行为意愿之间均存在正向的显著关系，而可靠性与响应性却表现不显著，由此提出相关建议，以促进出境旅游服务质量与品质的改善
S. P. Kothari（2014）	意大利	服务质量是游客旅游感知中最直接的作用因子，是游客与旅游供给方之间的一种高层次的关系，在旅游关系的顺延效应中作用重大

Kotler（2008）认为，服务质量是游客满意度的重要前提与基础。他通过实证研究发现，服务质量与游客满意度存在较为显著的正相关解释关系。Kak-Yom（2002）认为，游客满意度就是游客在实际旅游过程中对所得与付出的一种情感权衡，这其实是一种心理上的感知状态，如果游客觉得旅游所得到的情感体验值大于实际付出，就会产生幸福的消费感知，这就是游客满意的情感状态。Hashimoto A.（2002）认为，旅游环境下游客往往更难获得主观上的满意度权益，必须通过服务质量、服务环境和文化内容，才能带给游客更好的旅游体验和旅游感知。王坤和王洪莉（2010）把游客满意度看作游客在情感上对服务的认可，这主要是由服务过程中的诚信、善意、质量和综合实力共同决定的。李万莲和王梅（2010）指出，游客满意度实际上就是游客对旅游的一种最真实的体验和反映，旅游过程中游客所能感受到的服务质量、服务环境以及文化内涵，都会对游客满意度造成一定的影响。杨瑞和苏雪（2010）通过实证研究表明，旅游的服务质量对游客满意度有显著的直接影响。

假设 2：海洋文化旅游景区整体服务质量与游客满意度正相关。

3. 海洋文化旅游内涵与游客满意度

英国著名学者 Marilena Papageorgiou（2006）基于消费者需求层次理论对海洋文化旅游动机进行了分类，认为存在四种动机，即寄情生活和娱乐、浏览海洋风景、了解新鲜事物和参加特殊活动。海洋文化旅游态度是指海洋文化旅游消费者在海洋文化旅游消费过程中所持有的对海洋文化旅游景观、服务、教育以及人、事、物和观念等的评价与行为倾向。陈楠（2011）指出，游客对海洋文化旅游的态度会影响其出行决策。海洋文化旅游者的旅游决策不在于头脑中的念想，而是在接触相关信息后，在形成海洋文化旅游态度的基础上，形成一定的偏好。海洋文化旅游偏好是指一个人对某一海洋文化旅游目标的倾向。这种态度和态度的强度会对复杂性的偏好产生影响。郑岩和李晓敏（2013）认为，海洋文化旅游动机可以细分为两个方面：一是释放压力的动机；二是自我实现的动机。一般认为，释放压力的动机主要表现在以下四个方面：一是人们所处空间的转换；二是人们所处氛围的变化；三是人们从紧张的状态中解脱出来；四是人们多与自然进行接触。自我实现的动机包括社会存在的动机和自我完善的动机。社会存在的动机主要表现在非独自的海洋文化旅游，多与家人朋友进行接触，毕竟人是社会人，而不是单纯的自然人；自我完善的动机主要表现在自身价值的提升、品位的提高以及时刻充满正能量，从海洋文化旅游中更好地认识自己，减少负面情绪。

假设 3：海洋文化旅游景区的海洋文化丰富程度与游客满意度呈正相关关系。

三、模型构建与实地调研

（一）研究模型的构建

本章主要以舟山海洋文化旅游景区作为研究对象。舟山市位于浙江省的东北部、我国长江三角洲的核心地段，是进行海上贸易的必经之地。舟山素有“东海鱼舱”和“海鲜之都”之称，不仅有滨海城市独具一格的海洋景致，也有浓厚的历史文化气息。舟山传承下来的海洋文化可以追溯到吴国和越国时期。一直以来，这个城市的居民都是依海而居，他们热情好客，展现出包容性。舟山海洋文化旅游景区成立时间相对较早，已经具有一定的游客基础，而且各项基础设施也相对完善。对舟山进行游客满意度研究，具有较强的现实意义和理论意义，同时可行性较高。

1. 研究模型与研究假设

本章构建的模型以游客满意度为因变量，以游客旅游动机中的游客感知和服务质量为自变量。其中，游客感知是指游客在海洋文化旅游过程中旅游体验的影响因素，这一变量具有复杂性，因为游客的主观感受是善变的。服务质量就是旅游文化服务给游客带来的感觉，这也是本章研究的重点内容。这里的旅游文化服务主要是指海洋文化旅游目的地旅游项目相关工作人员的服务情况。游客满意度是游客在体验之后与自身对旅游目的地的预期进行比较后的评价。若体验的结果是符合预期或高于预期，则游客是满意的；反之，则游客是不满意的。基于游客满意度的海洋文化旅游服务质量模型见图 9-1。

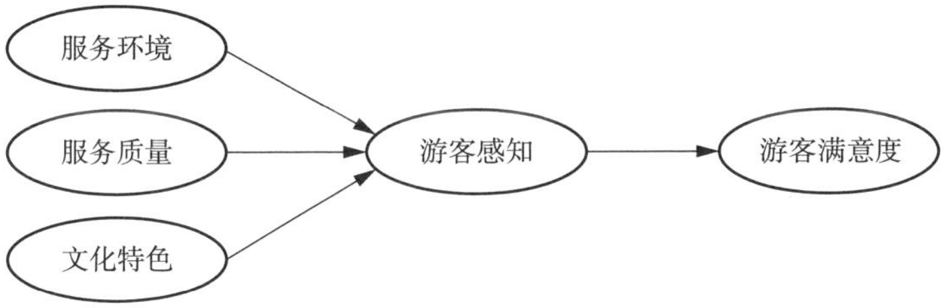

图 9-1　基于游客满意度的海洋文化旅游服务质量模型

2. 指标体系的建立原则

通过模型构建的游客满意度评价体系应符合以下五个原则：

第一，所要研究的问题一定要具有针对性。指标体系的构建一定要突出服务质量这一研究内容。游客满意度必须与景区服务质量紧密结合，才能保证研究结果的准确性和有效性，不属于服务质量内容的测评指标不具有代表性。

第二，所研究的问题一定要体现全面性。本章所建立的游客满意度评价体系应该包括两方面的内容：一是游客所评价景区的服务质量；二是旅游景区的海洋文化特色。

第三，所研究的问题要避免重复，宜精不宜多。研究指标主要是指对游客满意度不同方面服务质量的感知体现，问题一定要能全面地代表大的层次指标，要反复斟酌，不用设置过多，但一定要具有代表性，同时避免重复。

第四，建立的指标体系应该具有较强的可操作性。指标应尽可能简单明了，不要出现易产生歧义或者难以理解的内容。

第五，指标体系一定要逻辑严明、清晰合理。

3. 海洋文化旅游服务质量指标体系的构建

为了能够全面、完整地体现海洋文化旅游景区的服务质量，本章所选取的服务质量代表层次分别为服务感知层次、服务实践层次和服务期望层次。其中，服务感知层次主要是指游客能够主观感受到的海洋文化旅游景区的服务水平，是景区能够直观呈现给游客的感知信息；服务实践层次是指游客们通过实际的参与、观赏以及游览等形式去直观地对海洋文化旅游景区的服务质量进行实践认知；服务期望层次是游客们在掌握了海洋文化之后，与开始的海洋文化特色预期进行对比后的综合评价。在各个指标要素的问题设计上，一定要体现海洋文化旅游景区的特色。具体的指标体系见表 9-4。

表 9-4　基于游客满意度的海洋文化旅游服务质量指标体系

系统层	要素层	指标层
基于游客满意度的海洋文化旅游服务质量指标	服务感知层次（环境）	海洋文化旅游景区环境整洁卫生
		景区内有丰富的海洋文化展览
		景区内有精彩的海洋文化表演
		景区内有能够体现海洋文化历史特色的电影教育片
		海洋文化旅游景区工作人员穿戴整齐、形象得体
		服务设施设计美观，与海洋文化旅游景区环境相协调
		景区的海洋文化资源丰富，具有浓厚的人文色彩
		海洋文化景观和特色保存、维护状态完好
		景区内的建筑物、景观、服务设施都以海洋文化的特有方式呈现
		景区内设有完整的海洋文化旅游游览线路
		海洋文化旅游景区内餐饮服务干净卫生、价格合理
	服务实践层次（质量）	通过海洋文化旅游景区指示牌、路标、地图能找到各景点和服务设施
		海洋文化旅游景区为特殊游客群体（如伤残人士）提供专用通道和设施
		服务设施齐全、安全可靠
		服务人员能及时完成向您承诺的文化特色服务
		导游、讲解员对景区海洋文化历史的讲解准确、生动
		景区工作人员能够正确引导游客进行海洋文化特色旅游的参观游览
		海洋文化旅游景区工作人员对游客热情、友善
		海洋文化旅游景区工作人员具有较高的海洋文化素养和专业的服务技巧
		服务人员认真负责，言谈举止、着装能体现出海洋文化的区域特色
		海洋文化旅游景区工作人员随时乐意帮助游客
		海洋文化旅游景区工作人员能及时处理游客投诉
		海洋文化旅游景区宣传册精美、信息丰富实用、带有海洋文化特色气息
		景区内每一处展馆都有详细的海洋文化历史介绍
		景区内具有海洋文化特色的纪念品丰富、种类齐全
		景区内有海洋文化类的旅游体验活动，游客参与度较高

续表

系统层	要素层	指标层
基于游客满意度的海洋文化旅游服务质量指标	服务期望层次（特色）	海洋文化旅游景区的服务特色以游客利益为基础
		海洋文化旅游景区的文化景观和文化特色符合游客的基础需求
		游客能感受到海洋文化旅游景区的人文关怀
		海洋文化旅游景区能够考虑到游客的个性化要求，提供个性化服务
		景区海洋文化特色的价值体现
		景区有体现海洋文化知识和海洋文化特色的旅游项目
		景区的服务管理具有海洋文化特色

我们对表 9-4 中的相关指标赋予一定的分值，并体现在调查问卷中，作为衡量游客满意度的标准。

（二）调查问卷的设计、检验与调研

1. 调查问卷的设计

为了有效反映海洋文化旅游景区服务质量对游客满意度的影响，我们根据舟山海洋文化旅游景区的实际情况，结合表 9-4 的相关指标进行问卷设计。问卷的内容主要包括两部分：第一部分是对调查对象的个人信息进行收集，主要包括被调查者的职业、性别、年龄、学历和收入水平等。对基本信息的调查有助于从整体上了解游客，进而了解其满意度。第二部分是设计相关问题来研究游客对舟山海洋文化旅游景区服务质量的满意度感知。问题的设计主要体现在三个方面：①舟山海洋文化旅游景区的服务环境感知水平；②舟山海洋文化旅游景区的服务质量水平；③舟山海洋文化旅游景区的服务特色水平。对这三个方面问题的设计与调研，有助于了解游客对舟山市海洋文化旅游景区的真实评价及实际态度。根据上述思路，严格按照游客满意度指标体系进行调查问卷问题设计，主要采用 5 级量表，即非常满意、满意、一般、不满意、非常不满意。

2. 问卷的可靠性检验

本章的调查问卷设计主要参考曹红春（2010）的方法，但是因为研究的主要内容是海洋文化旅游景区，与红色旅游景区在景区特色和文化表达等方面存在较大差异，因而所设计问卷中的很多问题也具有一定的创新之处。

本章采用内部一致性系数 Cronhach's Alpha 对问卷的信度进行检验，通过 SPSS 软件计算各个变量的内部一致性系数 Cronbach's Alpha。计算结果见表 9-5。

表 9-5 模型总体信度

Cronbach's Alpha	基于标准化项的 Cronbach's Alpha	项数
0.863	0.771	33

一般来讲，当 Cronbach's Alpha 的值大于 0.8 时，数据的可信度比较高。从调查问卷数据来看，问卷收集数据整体可靠性为 0.771，没有达到 0.8 的标准，因此需要对问卷进行探索性分析，并重新进行问卷信效度检验。但是，因为本章问卷整体的可靠性与实际要求的信度相差不大，可以先进行问卷数据的收集，整理好数据之后，再进行深层次的分析。

3. 问卷调研实施

为了更加全面和有效地体现舟山海洋文化旅游景区的代表性，本章选择舟山市较为著名的三处海洋文化旅游景区作为试点区域，进行问卷的发放和收集，分别是桃花岛、普陀山和嵊泗列岛。

本章主要采取随机抽样的方式进行问卷调查，因为简单随机抽样的调查方式更为简单、直接，可操作性较强。本次对三个海洋文化旅游景区各发放问卷 120 份，其中普陀山海洋文化旅游景区回收问卷 115 份，嵊泗列岛海洋文化旅游景区回收问卷 109 份，桃花岛海洋文化旅游景区回收问卷 113 份。在整个调研过程中，我们共发放问卷 360 份，回收问卷 337 份，回收率为 93.6%；在 337 份问卷中，剔除问题回答不全或违规涂改的问卷，有效问卷共 312 份。考虑到数据分析的有效性，我们从 312 份问卷上筛选出 300 份问卷，用于后期的数据分析。

四、假设检验与研究结果分析

在对上述问卷进行收集、整理、分析后，我们采取描述性统计分析、因子分析以及线性回归分析的实证分析方法，对游客的满意度进行实证分析。

（一）假设检验

1. 描述性分析

从表 9-6 中可以看出：

从性别结构来看，男女人数相差不大，男性样本 141 人，占比为 47.0%，女性样本 159 人，占比为 53.0%，男性样本人数少于女性。

从年龄层次来看，18~25 岁的样本占比最大，达到 37.0%，60 岁以上的人数较少，仅占总调查人数的 9.7%，这与现实相符，因为年龄越大的老人出去旅游的越少，年轻人是旅游群体的主力军；45~60 岁的为 50 人，占总调查人数的 16.7%；26~45 岁的为 71 人，占总调查人数的 23.7%。综合来看，本次随机抽样调查的年龄结构比较合理，与现实中旅游人员年龄结构吻合。

从文化程度来看，大专及本科学历受调查者占总调查人数的 39.7%；而硕士及以上学历者仅有 36 人，占总调查人数的 12%。

从职业属性来看，来自企业的占多数，样本人数达到 89 人，占总调查人数的 29.7%，学生和商业/服务业经营者占比分别为 21.3%和 14.7%，为第二梯队。

从收入水平来看，样本收入为 3001~5000 元的有 140 人，占总调查人数的 46.7%；而收入在 3000 元及以下的有 31 人，占总调查人数的 10.3%；收入为 5001~8000 元的有 65 人，占总调查人数的 21.7%；收入为 8001~10000 元的有 35 人，占比为 11.7%；收入在 10000 元以上的占总调查人数的 9.7%，相对较少。整体来看，海洋文化旅游的群体收入水平还是相对平均的。

表 9-6　游客基本情况

变量		样本数（人）	有效百分比（%）
性别	女	159	53.0
	男	141	47.0
年龄	0~18 岁	39	13.0
	18~25 岁	111	37.0
	26~45 岁	71	23.7
	45~60 岁	50	16.7
	60 岁以上	29	9.7
学历	初中及以下	50	16.7
	高中及中专、职校	95	31.7
	大专及本科	119	39.7
	硕士及以上	36	12.0
职业	企业职员	89	29.7
	政府/事业单位工作人员	23	7.7
	商业/服务业经营者	44	14.7
	学生	64	21.3
	离退休人员	12	4.0
	农业工作者	27	9.0
	军人	20	6.7
	其他从业人员	21	7.0

续表

变量		样本数（人）	有效百分比（%）
收入	3000 元及以下	31	10.3
	3001~5000 元	140	46.7
	5001~8000 元	65	21.7
	8001~10000 元	35	11.7
	10000 元以上	29	9.7

2. 问卷的因子分析

（1）因子分析

• 原理概述

因子分析最初应用于心理学中人类行为和能力的分析，目的是降低维度，简化工作量。因子变量具有命名解释性，不同的人对提取的主因子的命名各不相同，我们往往以能反映原始变量信息、容易使人理解为准则。

• 因子分析模型

因子分析法是把原来多个变量转化为少数几个代表性指标的一种统计分析方法，它主要应用的是数学降维的思想。一般来说，实证研究分析的变量过多，变量之间会表现出一定的关联性，但大部分变量对研究内容的反映并不明显，如果我们逐一分析处理，就会极大地增加统计分析的难度。因子分析就是利用降维的指标处理方法解释原来多个指标变量的绝大多数信息，并保证在这个过程中缺失的信息最少。因子分析的数学模型为

$$\begin{cases} Y_1 = \mathrm{u}_{11}X_1 + \mathrm{u}_{12}X_2 + \cdots + \mathrm{u}_{1\mathrm{p}}X_\mathrm{p} \\ Y_2 = \mathrm{u}_{21}X_1 + \mathrm{u}_{22}X_2 + \cdots + \mathrm{u}_{2\mathrm{p}}X_\mathrm{p} \\ \vdots \quad \vdots \quad \vdots \quad \vdots \qquad \vdots \qquad \vdots \qquad \vdots \\ Y_\mathrm{p} = \mathrm{u}_{\mathrm{p}1}X_1 + \mathrm{u}_{\mathrm{p}2}X_2 + \cdots + \mathrm{u}_{\mathrm{pp}}X_\mathrm{p} \end{cases}$$

其中，p 为指标个数，$X=(X_1, X_2, \cdots, X_n)$ 为随机向量，X 的均值为 μ，协方差矩阵为 $\sum$，Y 为综合变量。

• 因子分析步骤

一是计算变量的相关矩阵。原始变量之间具有相关性是使用因子分析法的前提，因此我们必须对相关矩阵进行检验，只有相关系数大于 0.3，才能使用因子分析。

二是提取公共因子。因子分析并非面面俱到，而是选取其中的重要因子

进行分析，因而在实际的因子分析中，我们通过特征值的计算来提取能够涵盖大部分因子信息的公共因子作为研究的主要因子。

三是进行因子旋转。在进行上述两个步骤后，要确定所找出因子的实际内涵，以便进行分析。因子旋转的意图就是解决上述问题。通过因子旋转，可以使问题简单化，其所用方法就是通过斜交旋转或正交旋转改变坐标轴位置。

四是解释因子并计算因子值。得到因子值后，就可以对各个样本案例进行比较和分析，同时，可根据各因子对样本案例的解释程度计算出其综合得分，从而对样本进行综合排序和评价。

（2）因子分析的主要过程

- 描述性统计分析

问卷调查各问题的描述统计量见表 9-7。

表 9-7 问卷调查各问题的描述统计量

问题变量	Mean	Sd	N
X_1 海洋文化旅游景区环境整洁卫生	4. 54	0. 695	300
X_2 景区内有丰富的海洋文化展览	4. 42	0. 742	300
X_3 景区内有精彩的海洋文化表演	4. 40	0. 856	300
X_4 景区内有能够体现海洋文化历史特色的电影教育片	4. 36	0. 577	300
X_5 海洋文化旅游景区工作人员穿戴整齐、形象得体	4. 27	0. 765	300
X_6 服务设施设计美观，与海洋文化旅游景区环境相协调	4. 22	0. 692	300
X_7 景区的海洋文化资源丰富，具有浓厚的人文色彩	4. 15	0. 518	300
X_8 海洋文化景观和特色保存、维护状态完好	4. 12	0. 753	300
X_9 景区内的建筑物、景观、服务设施都以海洋文化的特有方式呈现	4. 07	0. 517	300
X_{10} 景区内设有完整的海洋文化旅游游览线路	2. 77	0. 946	300
X_{11} 海洋文化旅游景区内餐饮服务干净卫生、价格合理	3. 21	0. 871	300
X_{12} 通过海洋文化旅游景区指示牌、路标、地图能找到各景点和服务设施	3. 45	0. 727	300

续表

问题变量	Mean	Sd	N
X_{13} 海洋文化旅游景区为特殊游客群体（如伤残人士）提供专用通道和设施	3. 61	0. 761	300
X_{14} 服务设施齐全、安全可靠	3. 92	0. 781	300
X_{15} 服务人员能及时完成向您承诺的文化特色服务	4. 26	0. 671	300
X_{16} 导游、讲解员对景区海洋文化历史的讲解准确、生动	3. 27	0. 689	300
X_{17} 景区工作人员能够正确引导游客进行海洋文化特色旅游的参观游览	3. 16	0. 871	300
X_{18} 海洋文化旅游景区工作人员对游客热情、友善	3. 71	0. 712	300
X_{19} 海洋文化旅游景区工作人员具有较高的海洋文化素养和专业的服务技巧	3. 59	0. 778	300
X_{20} 服务人员认真负责，言谈举止、着装能体现出海洋文化的区域特色	3. 52	0. 615	300
X_{21} 海洋文化旅游景区工作人员随时乐意帮助游客	3. 50	0. 643	300
X_{22} 海洋文化旅游景区工作人员能及时处理游客投诉	3. 41	0. 852	300
X_{23} 海洋文化旅游景区宣传册精美、信息丰富实用、带有海洋文化特色	3. 39	0. 746	300
X_{24} 景区内每一处展馆都有详细的海洋文化历史介绍	3. 36	0. 692	300
X_{25} 景区内具有海洋文化特色的纪念品丰富、种类齐全	3. 35	0. 753	300
X_{26} 景区内有海洋文化类的旅游体验活动，游客可参与性较强	3. 35	0. 715	300
X_{27} 海洋文化旅游景区的服务特色以游客利益为基础	3. 32	0. 692	300
X_{28} 海洋文化旅游景区的文化景观和文化特色符合游客的基础需求	3. 30	0. 540	300
X_{29} 游客能感受到海洋文化旅游景区的人文关怀	3. 30	0. 729	300
X_{30} 海洋文化旅游景区能够考虑到游客的个性化需求，提供个性化服务	3. 25	0. 685	300
X_{31} 景区海洋文化特色的价值体现	3. 21	0. 732	300
X_{32} 景区内有体现海洋文化知识与海洋文化特色的旅游项目	3. 17	0. 536	300
X_{33} 景区的服务管理具有海洋文化特色	2. 95	0. 617	300

- 可行性检验

从问卷调查中可以初步发现，所选择的 33 项影响因素之间存在相关关系，但是能否进行因子分析，还必须用 KMO（Kaiser-Meyer-Olkin）检验和巴特利特球度检验（Bartlett's test of sphericity）来检测。

根据相关文献，我们采用 KMO 衡量标准来判定能否进行因子分析。若 KMO<0.5，说明不适合进行因子分析；若 0.6<KMO<0.7，说明不太适合进行因子分析；若 0.7<KMO<0.8，说明适合进行因子分析；若 0.8<KMO<0.9，说明比较适合进行因子分析；若 KMO>0.9，说明非常适合进行因子分析。

KMO 检验和巴特利特球度检验的结果见表 9-8。由表 9-8 可知，KMO 统计值为 0.810，属于较高水平，适合做因子分析；巴特利特球度检验值是 967.218，显著性水平为 0.000，小于 0.01，检验结果显示，相关矩阵不是单位矩阵。据此得出结论，此因素模型是合理的，适合进行因子分析。

表 9-8　KMO 和巴特利特球度检验

取样足够度的 KMO 度量		0.810
巴特利特球度检验	近似卡方	967.218
	df	27
	Sig.	0.000

- 因子提取

因子方差解释见表 9-9。

表 9-9　因子方差解释

成分	初始特征值			提取平方和载入			旋转后平方和		
	合计	方差百分比（%）	累计百分比（%）	合计	方差百分比（%）	累计百分比（%）	合计	方差百分比（%）	累计百分比（%）
1	2.886	31.315	31.315	2.886	31.315	31.315	2.471	31.315	31.315
2	2.104	12.603	43.918	2.104	12.603	43.918	2.014	12.603	43.918
3	1.965	10.214	54.132	1.965	10.214	54.132	1.971	10.214	54.132
4	1.142	9.214	63.346	1.142	9.214	63.346	1.627	9.214	63.346
5	1.032	8.741	72.087	1.032	8.741	72.087	1.032	8.741	72.087
6	0.730	1.587	73.984						
7	0.725	1.576	75.560						

续表

初始特征值				提取平方和载入			旋转后平方和		
成分	合计	方差百分比（%）	累计百分比（%）	合计	方差百分比（%）	累计百分比（%）	合计	方差百分比（%）	累计百分比（%）
8	0.688	1.496	77.056						
9	0.672	1.462	78.518						
10	0.645	1.403	79.920						
11	0.626	1.360	81.280						
12	0.598	1.299	82.579						
13	0.592	1.288	83.867						
14	0.567	1.232	85.099						
15	0.555	1.206	86.305						
16	0.506	1.099	87.404						
17	0.490	1.065	88.469						
18	0.475	1.032	89.501						
19	0.463	1.007	90.508						
20	0.456	0.992	91.500						
21	0.414	0.899	92.399						
22	0.401	0.871	93.27						
23	0.385	0.837	94.107						
24	0.359	0.78	94.887						
25	0.342	0.744	95.631						
26	0.331	0.719	96.35						
27	0.309	0.672	97.022						
28	0.289	0.629	97.651						
29	0.266	0.578	98.229						
30	0.228	0.496	98.724						
31	0.218	0.474	99.199						
32	0.199	0.432	99.631						
33	0.170	0.369	100.000						

注：提取方法为因子分析法。

从表9-9中可以看出，在经过主成分提取后，28个因素变量的特征根小于1，因此问卷数据中实际上有五个维度具有完全的解释效力，对问卷内容进行完整的概括和呈现，能充分反映出游客对海洋文化旅游的满意程度。

● 因子载荷矩阵

因子载荷矩阵一方面能够表示第 i 个变量 X_i 与第 j 个因子 F_j 的实际相关性，另一方面能够反映 X_i 在 F_j 上的相对重要性。因子分析中因子载荷矩阵的每一列数值都等于因子分析中标准化数据的相关系数矩阵的特征值 λ_i 的平方根乘以特征值 λ_i 所对应的特征向量 U_i，因子载荷量的计算原理用数学语言可表示为

$$R=\sum=AA^T+D_\varepsilon=(\sqrt{\lambda_1}U_1,\ \sqrt{\lambda_2}U_2,\ \cdots,\ \sqrt{\lambda_m}U_m)\cdot$$
$$(U_1,\ U_2,\ \cdots,\ U_m)T+diag(\sigma_1^2,\ \sigma_2^2,\ \cdots,\ \sigma_p^2)$$

其中，U_1，U_2，…，U_m 为相关系数矩阵 R 所对应的特征值 λ_1，λ_2，…，λ_m 单位正交的特征向量。由上述公式可知，因子载荷矩阵 $A=(\sqrt{\lambda_1}U_1,\ \sqrt{\lambda_2}U_2,\ \cdots,\ \sqrt{\lambda_m}U_m)$。

运用最大方差法和因子分析法提取的特征数值比 1 大的因子负荷矩阵见表 9-10。最大方差法（Varimax）采取的是正交旋转法，意在使每个因子有较高负荷的变量数目达到最小，公共因子的负荷向正负 1 或 0 靠近，旋转以后，因子负荷矩阵就会向两头靠拢。它的优点在于简化了因子的解释，提高了分析的有效性。

表 9-10 旋转后的因子载荷矩阵

问题指标	F_1	F_2	F_3	F_4	F_5
X_1	0.875	0.025	0.493	0.116	0.341
X_2	0.426	0.279	0.792	0.125	0.251
X_3	0.432	0.452	0.835	0.379	0.351
X_4	0.379	0.376	0.795	0.482	0.145
X_5	0.824	0.451	0.382	0.353	0.214
X_6	0.156	0.395	0.335	0.921	0.351
X_7	0.875	0.271	0.297	0.361	0.148
X_8	0.295	0.285	0.095	0.705	0.174
X_9	0.374	0.336	0.103	0.843	0.153
X_{10}	0.358	0.359	0.921	0.420	0.195
X_{11}	0.722	0.246	0.115	0.216	0.041
X_{12}	0.756	0.275	0.214	0.075	0.144
X_{13}	0.850	0.392	0.247	0.163	0.462

续表

问题指标	F_1	F_2	F_3	F_4	F_5
X_{14}	0.742	0.410	0.412	0.425	0.412
X_{15}	0.392	0.901	0.214	0.269	0.098
X_{16}	0.163	0.815	0.157	0.152	0.214
X_{17}	0.619	0.769	0.251	0.382	0.351
X_{18}	0.438	0.785	0.412	0.375	0.331
X_{19}	0.411	0.826	0.361	0.224	0.461
X_{20}	0.271	0.851	0.114	0.405	0.217
X_{21}	0.317	0.749	0.341	0.193	0.314
X_{22}	0.147	0.692	0.084	0.058	0.471
X_{23}	0.812	0.241	0.331	0.409	0.027
X_{24}	0.298	0.471	0.356	0.756	0.124
X_{25}	0.412	0.148	0.249	0.822	0.452
X_{26}	0.187	0.284	0.876	0.116	0.423
X_{27}	0.165	0.211	0.456	0.454	0.695
X_{28}	0.372	0.254	0.035	0.216	0.742
X_{29}	0.458	0.322	0.426	0.279	0.725
X_{30}	0.228	0.271	0.354	0.362	0.836
X_{31}	0.179	0.254	0.054	0.445	0.759
X_{32}	0.365	0.145	0.162	0.126	0.915
X_{33}	0.426	0.211	0.437	0.371	0.863

由表9-10可知，基于游客满意度测评数据的服务质量各指标问题主要在五个维度上表现显著，其中 F_1 主要在 X_1、X_5、X_7、X_{11}、X_{12}、X_{13}、X_{14}、X_{17}、X_{23} 9个指标上载荷量大于0.5，因此可以认为 F_1 对这几个问题具有较好的服务绩效体现；F_2 主要在 X_{15}、X_{16}、X_{17}、X_{18}、X_{19}、X_{20}、X_{21}、X_{22} 8个指标上载荷量大于0.5，因此可以认为 F_2 对这8个问题具有较好的服务绩效体现；F_3 主要在 X_2、X_3、X_4、X_{10}、X_{26} 5个指标上载荷量大于0.5，因此可以认为 F_3 对这5个问题具有较好的服务绩效体现；F_4 主要在 X_6、X_8、X_9、X_{24}、X_{25} 5个指标上载荷量大于0.5，因此可以认为 F_4 对这5个问题具有较好的服务绩效体现；F_5 主要在 X_{27}、X_{28}、X_{29}、X_{30}、X_{31}、X_{32}、X_{33} 7个指标上载荷量大于

0.5，因此可以认为 F_5 对这 7 个问题具有较好的服务绩效体现。

- 因子命名

本章根据每一个维度所代表的主要问题，对其重新进行命名。

第一个要素层（F_1）为服务环境，体现海洋文化旅游景区服务环境各方面的内容，主要包括“景区服务人员的形象美观、言语得体”“服务设施设计美观，与海洋文化旅游景区环境相协调”“海洋文化旅游景区环境整洁卫生”“海洋文化旅游景区内餐饮服务干净卫生、价格合理”“通过海洋文化旅游景区指示牌、路标、地图能找到各景点和服务设施”“海洋文化旅游景区为特殊游客群体（如伤残人士）提供专用通道和设施”“服务设施齐全、安全可靠”等。

第二个要素层（F_2）为服务态度，主要是指景区服务人员对游客的态度，同时要在服务中体现出海洋文化的特色。该要素层主要包括“服务人员能及时完成向您承诺的文化特色服务”“导游、讲解员对景区海洋文化历史的讲解准确、生动”“景区工作人员能够正确引导游客进行海洋文化特色旅游的参观游览”“海洋文化旅游景区工作人员对游客热情、友善”“服务人员认真负责，言谈举止、着装能体现出海洋文化的区域特色”“海洋文化旅游景区工作人员能及时处理游客投诉”等。

第三个要素层（F_3）为服务内容，主要是指海洋文化旅游景区所设置的能够体现出海洋文化特色的服务项目和具体实施内容。该要素主要包括“海洋文化旅游景区宣传册精美、信息丰富实用、带有海洋文化特色”“景区内有丰富的海洋文化展览”“景区内有精彩的海洋文化表演”“景区内有能够体现海洋文化历史特色的电影教育片”“景区内有海洋文化类的旅游体验活动，游客可参与性较强”“景区内设有完整的海洋文化旅游游览线路”等。

第四个要素层（F_4）为服务文化，这是海洋文化旅游景区文化特色的重要体现。在服务中体现海洋文化特色与历史景观气息，是海洋文化旅游景区与一般景区的主要区别。该要素层包括“景区的海洋文化资源丰富，具有浓厚的人文色彩”“海洋文化景观和特色保存、维护状态完好”“景区内的建筑物、景观、服务设施都以海洋文化的特有方式呈现”“景区内每一处展馆都有详细的海洋文化历史介绍”“景区内具有海洋文化特色的纪念品丰富、种类齐全”等。

第五个要素层（F_5）为服务绩效，这是基于游客满意度水平的服务质量的绩效体现。该要素层主要包括“海洋文化旅游景区的服务特色以游客利益为基础”“海洋文化旅游景区的文化景观和文化特色符合游客的基础需求”“游客能感受到海洋旅游景区的人文关怀”“海洋文化旅游景区能够考虑到游客的个性化需求、提供个性化服务”“景区海洋文化特色的价值体现”“景区内有体现海洋文化知识与海洋文化特色的旅游项目”“景区的服务管理具有海洋文化特色”等。

（3）基于因子分析的新指标体系

我们通过优化和升级现有体系，使基于游客满意度的问卷评分能够更为细致、全面地反映海洋文化旅游景区的整体服务质量。完善和优化后的指标体系见表9-11。

表9-11 基于游客满意度的海洋文化旅游服务质量指标体系

系统层	要素层	指标层
基于游客满意度的海洋文化旅游服务质量指标体系	服务环境	海洋文化旅游景区工作人员穿戴整齐、形象得体
		服务设施设计美观，与海洋文化旅游景区环境相协调
		海洋文化旅游景区环境整洁卫生
		海洋文化旅游景区内餐饮服务干净卫生、价格合理
		通过海洋文化旅游景区指示牌、路标、地图能找到各景点和服务设施
		海洋文化旅游景区为特殊游客群体（如伤残人士）提供专用通道和设施
		服务设施齐全、安全可靠
	服务态度	服务人员能及时完成向您承诺的文化特色服务
		导游、讲解员对景区海洋文化历史的讲解准确、生动
		景区工作人员能够正确引导游客进行海洋文化特色旅游的参观游览
		海洋文化旅游景区工作人员对游客热情、友善
		海洋文化旅游景区工作人员具有较高的海洋文化素养和专业的服务技巧
		服务人员认真负责，言谈举止、着装能体现出海洋文化的区域特色
		海洋文化旅游景区工作人员随时乐意帮助游客
		海洋文化旅游景区工作人员能及时处理游客投诉
	服务内容	海洋文化旅游景区宣传册精美、信息丰富实用、带有海洋文化特色气息
		景区内有丰富的海洋文化展览
		景区内有精彩的海洋文化表演
		景区内有能够体现海洋文化历史特色的电影教育片
		景区内有海洋文化类的旅游体验活动，游客可参与性较强
		景区内设有完整的海洋文化旅游游览线路

续表

系统层	要素层	指标层
基于游客满意度的海洋文化旅游服务质量指标体系	服务文化	景区的海洋文化资源丰富，具有浓厚的人文色彩
		海洋文化景观和特色保存、维护状态完好
		景区内的建筑物、景观、服务设施都以海洋文化的特有方式呈现
		景区内每一处展馆都有详细的海洋文化历史介绍
		景区内具有海洋文化特色的纪念品丰富、种类齐全
	服务绩效	海洋文化旅游景区的服务特色以游客利益为基础
		海洋文化旅游景区的文化景观和文化特色符合游客的基础需求
		游客能感受到海洋文化旅游景区的人文关怀
		海洋文化旅游景区能够考虑到游客的个性化要求，提供个性化服务
		景区海洋文化特色的价值体现
		景区体现海洋文化知识与海洋文化特色的旅游项目
		景区的服务管理具有海洋文化特色

3. 信效度检验

在因子分析的基础上，我们对原有指标问题进行新的归纳和总结，使研究更加全面和具体，并对指标体系各个维度的信效度进行分析检验。

（1）信度检验

可靠性统计量检测结果见表 9-12。

表 9-12　可靠性统计量检测结果

项目维度	项目数	基于标准化项的 Cronbach's Alpha
整体问卷	33	0.854
服务环境	7	0.865
服务态度	8	0.821
服务内容	6	0.835
服务文化	5	0.867
服务绩效	7	0.825

从表 9-12 中可以看出，优化改进后的基于游客满意度的海洋文化旅游景区服务质量指标体系整体的信度检验值为 0.854，其中服务环境部分的信度检验值为 0.865，服务态度部分的信度检验值为 0.821，服务内容部分的信度检验值为 0.835，服务文化部分的信度检验值为 0.867，服务绩效部分的信度检验值为 0.825。从可靠性统计量的检测结果来看，游客反馈的满意度指标体系

各项目维度的信度都在 0.8 以上，说明这五个维度的可信度均较高，是具有可靠统计效果的高信度问卷。

(2) 效度检验

为了进一步了解问卷的反映效果，我们对指标体系的整体检测性和各维度检测性进行了相关性分析，即检验区分效度，分析结果见表 9-13。

表 9-13 问卷区分效度的检测结果

	服务环境	服务态度	服务内容	服务文化	服务绩效
问卷整体	0.345***	0.462***	0.319***	0.335***	0.372***

注：***表示在显著水平 $p=0.001$ 的检测条件下显著。

优化改进后的指标体系所使用的指标具有良好的区分效度，能够对所要反映的问题进行较好的呈现，质量较高。

4. 线性回归分析

经过初步的区分效度分析，我们证实了这五个测评维度与游客最后的满意度评价具有显著的相关性，但具体哪一维度的体现度更加有效，还需要进一步应用回归分析进行实证研究。

本章在新指标体系基础上得出以下结论：①游客满意度与景区环境正相关；②游客满意度与景区服务水平正相关；③游客满意度与服务内容的丰富程度正相关；④海洋文化旅游景区文化价值的内涵体现与游客的满意度正相关；⑤海洋文化旅游景区的服务项目创新性、服务绩效与游客满意度正相关。

构建回归模型如下：

$$游客满意度=\lambda_0+\lambda_1服务环境+\lambda_2服务态度+\lambda_3服务内容+\lambda_4服务文化+\lambda_5服务绩效+\Sigma$$

具体的实证分析结果见表 9-14。

表 9-14 模型总体回归参数

N	R	R^2	AD-R^2	SD	Durbin-Waston
300	0.758	0.609	0.607	1.6309	2.456

表 9-14 显示了回归的总体情况，模型的拟合度为 0.758，调整后的拟合优度为 0.609，并且方程的 D-W 值为 2.456，可见方程整体效果明显，且拟合程度较好。

回归系数及显著性检验见表 9-15。

表 9-15　回归系数及显著性检验

变量	非标准化系数		标准系数	t	Sig.
	B	SD	Beta		
常数	1.3436	0.3492		2.550	0.011
服务环境	0.3294	0.1363	0.265	6.251***	0.000
服务态度	0.3549	0.7351	0.224	5.785***	0.000
服务内容	0.4450	0.3562	0.017	6.892***	0.000
服务文化	0.5420	0.2215	0.035	5.369***	0.000
服务绩效	0.3246	0.2525	0.036	6.969***	0.000

注：***表示在显著水平 $p=0.001$ 的检测条件下显著。

从表 9-15 中可以看出，服务环境、服务态度、服务内容、服务文化和服务绩效对游客最终的满意度感知都有重要影响，根据回归分析结果可以认为，游客满意度与相关研究维度成正相关关系，其中游客满意度受服务内容影响程度最为显著。服务内容和服务文化最被游客所重视，具有海洋文化气息和文化底蕴的服务项目更能够让游客感受到景区的服务特色。服务文化对游客满意度感知的解释系数为 0.5420 体现了这一点；服务内容是海洋文化旅游景区服务项目的重要载体，也是游客旅游过程中第一感知的重要因素，它对于游客满意度感知的解释系数为 0.4450；服务环境、服务态度和服务绩效三个维度指标的解释系数都相对较高。整体来看，对海洋文化旅游景区来说，服务项目对游客满意度的提升最为重要，因此需要在提升服务项目水平上下功夫。

（二）研究结果

我们基于建立的指标体系进行描述性分析、问卷的因子分析、信效度检验以及线性回归分析后得出以下结论：

1. 海洋文化旅游者呈年轻化

通过描述性分析可知，选择海洋文化旅游的群体呈现年轻化的趋势，以企业职员和学生居多，而且收入比例相对适中。这一研究结果表明，就目前来看，海洋文化旅游是相对主流的一种旅游形式，吸引着我国旅游人口中最为核心的群体，具有广泛的发展空间。

2. 游客满意度受海洋文化旅游质量影响

我们通过主成分提取、因子分析、因子载荷对原有的指标体系进行了优化，提取出五个更具代表性和研究性的分析维度，分别是服务环境、服务态度、服务内容、服务文化和服务绩效，并构建了新的评价指标体系。从这五个维度可以更为全面和具体地对游客满意度做出感知评价。

3. 优化后的指标体系更能体现游客对海洋文化旅游景区服务质量的要求

通过信效度检验可知，优化后的新指标体系对服务质量的体现更为显著，更能够体现出游客满意度的评价方向和游客的个性化需求，是具有重要意义的评价指标体系，而通过因子分析提取出的五个维度对海洋文化旅游景区服务质量的体现也较为显著。

4. 海洋文化旅游景区在建设过程中需要提高游客服务质量

通过回归分析可知，服务环境、服务态度、服务内容、服务文化和服务绩效五个维度与游客满意度都存在较为显著的正相关关系，其中服务文化和服务内容的解释系数更为显著，但是这五个方面都会直接影响到游客满意度的实际感知，因此，在进行海洋文化旅游景区建设的过程中，对这五个方面都应进行完善和加强。

五、研究结论与管理启示

（一）研究结论

本章主要研究游客对海洋文化旅游的满意度与海洋文化旅游景区的服务质量之间的关系。游客在进行海洋文化旅游的过程中，最主要的是要感受海洋文化的氛围和深度，以海洋文化为核心的景区旅游服务能为游客带来最直接的感知体验，从而影响游客对海洋文化旅游的满意度，这一结论已经在前文中得到验证。对于这一结论，我们在舟山调研时有深切的感受。海洋文化是舟山作为旅游城市的品牌形象，但是要维护这一形象，不仅需要内在文化动力的支持，更需要外在服务质量的协调。只有这样，才能使海洋文化旅游本土化模式的特色得到充分发挥。因此，海洋文化旅游景区需进一步提高服务质量。

（二）管理启示

目前我国海洋文化旅游蓬勃发展，虽然已经逐渐成为旅游业的主流趋势，但是根据我们对以往游客满意度评价的调查研究，我国海洋文化旅游的服务质量在很多方面还存在不完善之处。本章构建了针对海洋文化旅游服务质量的游客满意度评价体系，并运用信度和效度分析、因子分析等方法对评价体系进行了相关优化和升级，总结出服务环境、服务态度、服务内容、服务文化和服务绩效五个维度。研究表明，这五个维度对游客满意度的反映程度较高。在理论研究与实证分析的基础上，本章主要从这五个维度提出我国海洋文化旅游服务质量的改进与完善措施。

1. 优化服务环境，完善服务设施

服务环境是海洋文化旅游景区的门面，也是游客满意度感知中首要的要素，其重要性不言而喻。我国海洋文化旅游发展时间相对较短、各方面基础措施不够完备，在初期的发展中也没有重视环境卫生管理，这些都在一定程度上影响了海洋文化旅游景区的整体形象和服务质量。我们以舟山市为例，在提升服务管理水平方面应采取以下措施：第一，舟山市政府应该重视海洋文化旅游景区的服务设施建设，因为旅游业是舟山市的主要经济产业，对全市的生产总值具有重要的经济贡献。应该加大对海洋文化特色旅游景区基础服务设施的建设力度，调整布局，优化景区的服务环境，给游客更好的服务体验。第二，在海洋文化旅游景区的服务环境优化中，要重点突出统一、整洁、美观的环境特色，服务人员应该统一着装、统一服务动作，各景点的布置要和谐美观，与整体环境融为一体，给游客以完整统一的美感。第三，要加强海洋文化旅游景区的服务环境管理。要对景区内的卫生、环境、服务情况进行有效的管理与监督，提升服务的总体质量。

2. 培训服务人员，提升服务素质

服务态度综合反映了景区服务人员的素质。景区的发展不仅依托其得天独厚的资源优势，更依托平易近人、综合素质高的服务人员。服务人员用专业的服务态度去温暖每一个游客的心，可有效提升景区的整体服务质量。加强海洋文化旅游景区服务人员的服务态度，要从以下几个方面着手：第一，加强对服务人员综合素质的专业培训。素质培训内容主要就是待人接物时的行为、举止、态度等。服务人员应该落落大方，对游客的咨询做到耐心和礼貌，对游客的无理取闹也能平静地微笑解决。文化教育主要是加强景区内服务人员关于海洋文化知识、历史、景观风貌的常识性基础培训。海洋文化旅游景区的服务人员应该对景区内的文化景观有一定的认知和了解，这样在面对游客的询问时才能侃侃而谈，让游客在观赏景观的同时获得知识，从而提升对景区的综合满意度。第二，除了素质与文化基础的培训，还应该加强服务人员关于服务标准、服务规范、环保意识以及服务管理等综合内容的培训，因为这关系着景区服务质量能否切实提高。只有规范化的服务章程、标准化的服务制度、高意识的环保态度和科学的服务管理相互配合，才能呈现出高质量的服务。

3. 丰富服务内容，开展文化体验

从对以往数据资料的研究中可以发现，我国海洋文化旅游景区的服务内容相对单一，缺乏新意，大多与海洋文化没有建立必然联系，而且服务内容多以观赏为主，游客体验度较差，不能身临其境地感受文化旅游的真实价值。因此，对服务内容的完善与改进措施应主要体现在两个层面：第一，进一步丰富服务内容，使其充分反映海洋文化特色。在服务内容及项目的设计上，要注重创新，既不能千篇一律，也不能缺乏特色。过于单一且缺乏特色的服务项目会使游客感到审美疲劳，不能充分地满足其需求。要有全面而丰富的服务内容，让游客尽可能多地体验，全程融入海洋文化的氛围。第二，随着游客个性化需求的增加以及体验消费时代的来临，过去“走马观花”式的旅游经历已不能满足游客的现代化旅游需求，游客需要亲身的体验与参与。海洋文化旅游景区应该从游客的角度去考虑，设计更具娱乐性和参与性的活动，即便是在简单的观赏性旅游中，导游人员也可以通过一些小活动来活跃气氛，增强与游客的文化互动，让游客在亲身参与中深刻感知海洋文化，从而增强旅游体验感知。

4. 充分挖掘海洋文化，突出景区海洋文化特色

海洋与文化相融合的特殊性是海洋文化旅游景区有别于一般景区的重要特色。大多数海洋文化旅游景区都具有较为丰厚的文化底蕴，海洋生态环境、文化传承景观、嫁娶祭祀、民俗风情以及传统的海文化都是海洋文化旅游景区独特的魅力，对于久居内陆的游客而言，有强大的吸引力。因此，海洋文化旅游景区应该充分挖掘文化特质，切实体现景区的文化内涵。关于海洋文化旅游景区服务文化的内容建设，应主要从以下几个方面着手：第一，要突出“自然性”。海洋生活的悠闲、自然、无拘无束是城市游客渴望感受的，也是城市游客在日常生活中所体会不到的，所以在海洋文化旅游景区的特色布局中，不应该追求现代化的服务设施，要尽可能还原一些原始的文化生活场景和文化生活用具，让游客们感受到自然与真实。第二，要突出“文化性”。海洋文化旅游景区都会保存一定数量的文化景观，一定要重视对这些传承文

化完整性的保护，因为这些项目不仅是游客们所希望看见的历史遗迹，更是国家重要的物质文化资产，是海洋文化旅游景区重要的文化标志和符号。第三，要体现“文化品位”。景区内所特有的文化景观是景区吸引游客的根本，所以在开发和策划海洋文化旅游产品时，要充分挖掘海洋文化，展现旅游产品的文化品位，将海洋自然景观资源与人文景观资源相融合，使人文因素贯穿游客的整个旅游体验过程。

5. 提升服务质量，完善绩效管理

游客满意度的绩效实际上就是游客心理需求与实际参与体验契合的一种表现，是真正体现服务质量的核心内容。加强服务绩效、提升整体服务质量应采取以下两种具体措施：第一，对游客的心理需求要有全面的认知和了解。要采用访问、面谈等形式，全面了解游客对海洋文化旅游景区的期望与要求，深入了解游客希望在景区感受到哪些特色服务和文化，根据调查研究结果在服务绩效完善时重点体现。第二，要加强对服务绩效的后期管理。服务绩效是海洋文化旅游景区服务质量的效果呈现，因此必须加强管理，对每一个阶段性过程都做好监督，提出改进措施，并不断进行优化。

第十章 海洋文化旅游本土化模式动力机制的建设完善

本章主要从内源推力机制、内源拉力机制、中源渠道性动力机制以及外源激发性动力机制等方面，探讨如何对动力机制系统进行建设完善。

一、内源推力机制的建设完善

我们提出的内源推力机制建设，可主要从树立共建共享的发展理念、深入挖掘海洋文化内涵以及构建海洋文化旅游带等方面展开。例如，在深入挖掘海洋文化内涵方面，要在探析新旧海洋文化内涵的基础上对挖掘海洋文化内涵的策略进行研究，挖掘新时代海洋文化的内涵，赋予其新的鲜明特征。

（一）加强旅游景区之间的共建共享

我们将共建共享的发展理念分为共建的发展理念和共享的发展理念。要在海洋文化旅游目的地居民和游客之间保持利益平衡，就需要秉持共建共享的发展理念。

1. 树立共建的发展理念

树立共建的发展理念是建设完善的重要路径，主要包括旅游品牌共建和旅游产业共建两种模式。

一是旅游品牌共建。不同海洋文化旅游区域之间应当存在着共赢点，当单个海洋文化旅游区域的旅游品牌无法对现实游客和潜在游客产生足够吸引力时，可以考虑和另一个区域进行旅游品牌共建，在弥补自身不足的同时，有效提升吸引力。跨区域海洋文化旅游品牌共建，不仅可以有效整合各个海洋文化旅游区的特色旅游资源，还可以提高海洋文化旅游资源的配置效率，保证旅游效益最大化。要打破传统行政区划和观念的限制，不再将其他旅游区域视为直接竞争对手，而是将其发展为合作伙伴。要勇于创新，敢于创造，建立跨区域的沟通渠道，开展跨区域合作，走出一条符合本区域实际情况的海洋文化旅游发展之路。品牌共建能够实现自然要素（海洋景观）和文化要素（渔文化等）的兼容并包，将资源优势转化为经济优势，实现海洋文化旅游的创新性发展。

二是旅游产业共建模式。进入新时代，我国海洋文化旅游的发展面临新的机遇和挑战，对海洋文化旅游本土化模式的发展和应用提出了更高的要求。我们对海洋文化旅游产业一体化共建提出了几点建议，见表10-1。

表10-1　海洋文化旅游产业一体化共建对策

对策	具体内容
政府主导与市场驱动相结合	政府的参与在海洋文化旅游产业发展过程中发挥着重要作用。政府参与可通过以下两种方式实现：一是政策方面的扶持，区域旅游协调机构的建立离不开政府的支持；二是区域信息平台的构建需要海量的信息，而这也需要政府的支持
围绕“海上丝绸之路”做文章	创新开发“海上丝绸之路”旅游产品系列。隔海省份在海洋文化方面具有极强的相似性，这为建立合作提供了前提条件。利用双方的资源优势，可开发具有互补性的旅游产品
延展国际旅游链条	开展国际旅游业务更需要加速实现旅游产业一体化，以开辟国际旅游市场，不断提升区域海洋文化旅游产业的软实力和硬实力

2. 推进旅游资源和旅游收益的共享

一是旅游资源共享。可尝试在海洋文化旅游建设中应用旅游资源共享机制，进一步打破海洋文化旅游区之间的界限，以各个旅游区合作为基础成立旅游资源共享组织机构，形成具有统一管理决策权又相对独立的区域性管理模式。以资源共享的方式将各参与区域联系在一起，形成合力，进行统一的开发与管理，各参与区域共同致力于树立良好的品牌形象，打造优质旅游范例，最后在“品牌共创、责任共担”的前提下分享所获得的旅游收益。

二是旅游收益共享。建立旅游收益共享机制，打造一个统一协调的、有效的、公平的共享体系，解决海洋文化旅游目的地景区的旅游收益分配问题。例如，构建公平的收益分配机制，这需要突出政府参与的作用：第一，需要界定收益来源，要对那些通过共享机制获得的收益进行分配；第二，界定海洋文化旅游产业的投入，这是收益分配机制的前提。只有做到这两点，才能保证旅游收益在各参与方之间得到公平的分配。

（二）深入挖掘海洋文化的内涵

海洋文化旅游发展中表现出来的融合性、开放性等要求我们不断创新和发展海洋文化表现形式，赋予其新的时代内涵。面对新时代的海洋文化旅游者，旅游目的地的海洋文化如何始终保持吸引力是个难题，而赋予海洋文化物质载体新的时代内涵和充满现代化的表现形式将极大地提高其吸引力。

1. 新旧海洋文化内涵探析

中国古代海洋意识中蕴藏着浓重的本土特征。无论是“人海合一”思想还是开放进取精神，无不表现出明显的本土化海洋文化特征。这些文化特征将成为新时代我国发展海洋经济、建设海洋强国的思想渊源和理论基础。例如，海洋意识中的开放进取精神将鼓舞我们为海洋经济建设献策献力；“天人合一”思想集中了中国古代对于人与自然和谐关系的高度认知，是古代海洋意识文化内涵的思想来源。我们对海洋的开发与利用应始终保持在科学适度的范围内。

新时代的海洋文化内涵将突破区域、国家的地理隔阂，在全球化视野下不断延伸和发展。不断涌现的海洋文化旅游新业态、新服务、新产品等，无不彰显着鲜明的时代性。

2. 挖掘海洋文化内涵策略研究

挖掘海洋文化内涵主要是在原有海洋文化内涵的基础上进行适当的拓展，以延伸出新的海洋文化内涵。这种文化内涵更多的是人所赋予的，因此主要指的是人文文化。

开发特色旅游产品。特色海洋文化旅游产品在具备原有特定内涵的同时，被赋予了新的时代内涵。应利用旅游当地的海洋文化背景，打造具有鲜明地方特色的海洋文化旅游项目，而不是追随大众化的海洋文化旅游项目建设，这对于海洋文化旅游本土化模式的发展至关重要。韩志强等（2007）认为，在对传统海洋文化（如海洋人文历史文化、海洋船政文化、海洋民俗文化等）进行开发利用的基础上，应结合当下文化的演变，添加新元素，着重丰富海洋文化的内涵并提升文化品位。应打破传统海洋文化内涵诠释的局限，形成集时代性、文化性、创新性于一体的海洋文化旅游产品。

应尊重海洋文化的特定历史背景，在对历史背景的解析中进行内涵延伸。例如，妈祖文化，最初妈祖只是作为海神而存在的，中国古代航海前必先祭拜妈祖，以祈求保佑顺风和平安。随着时代的不断进步，妈祖文化也逐渐有了新时代的含义，如爱国主义文化和博爱精神等。这些表明传统海洋文化正在被赋予时代特征，不同时代的海洋文化具有不同的特征。

二、内源拉力机制的建设完善

内源拉力机制主要是从增强内源动力出发，不断增强海洋文化旅游目的地自身的旅游吸引力，以提升其“拉力”。例如，深入挖掘传统与现代海洋文化旅游资源，并将其转化为海洋文化旅游产品；加大对海洋物质文化遗产的保护，一方面，海洋物质文化遗产是人类的精神财富，理应得到保护，另一方面，对其进行有效利用，也未尝不是一个更好的发展方向；打造新型旅游项目更是提升海洋文化旅游目的地吸引力的有效手段，只有新颖、新奇的项目不断涌现，才能使旅游目的地始终保持对旅游者的吸引力。

（一）深入挖掘传统与现代海洋文化旅游资源

发展海洋文化旅游，必须做好旅游资源的开发工作，无论是传统的还是现代的，都可以利用。对传统资源的开发要掌握深度，对现代资源的开发则要注重宽度。一方面，必须将传统海洋文化发扬光大；另一方面，必须不失时机地向旅游者展现现代海洋文化。有学者指出，海洋文化旅游资源可分为海神信仰、海洋风情民俗、海洋人文与自然风貌交相辉映、海洋性建筑艺术、造船和航海技术、海上丝绸之路、海洋民族的文化遗存等。已知的传统海洋文化旅游资源包括历史、信仰、民俗等；现代海洋文化旅游资源则包括节庆、海洋遗迹、博物馆、滨海旅游等。

1. 深入挖掘海洋文化内涵，增强发展潜力

海洋文化发展空间存在差异，涉及海洋农业、海洋节庆、海洋体育等诸多方面。相应地，也可以从多个方面挖掘海洋文化旅游资源，促进海洋相关产业的发展。对于现有的海洋文化，要进行新的定义，以延伸其内涵，突出其时代特征。例如：海南天涯海角被赋予海洋婚庆文化元素；南山佛教在传统祈福的基础上也可以朝长寿、敬老文化方向发展。应对现有海洋文化旅游项目的内涵进行多角度、多维度、多层次的诠释，赋予其新的内涵，既还原其真实性、本土性，又彰显创新性、时代性。

2. 不断丰富海洋文化旅游资源的表现形式

海洋文化旅游除了具备一般旅游资源的特征外，还具有独特性，其表现形式更加丰富多彩。目前海洋文化事业取得了一定进展，如已经形成以海洋文化为主题的海洋博物馆群。海洋文化节庆活动更是丰富多彩，如中国海洋文化节、象山开渔节、国家航海日活动等，逐渐形成品牌优势。整合海洋文化资源，挖掘海洋文化资源潜力与价值，丰富其表现形式，如将开渔节和风筝、赛龙舟等活动结合，发展渔村游、渔家游。应通过丰富的旅游活动项目，不断吸引旅游者参与，形成完善的海洋文化旅游布局、科学合理的产业链。

（二）加大对海洋物质文化遗产的保护

海洋物质文化遗产本身极为脆弱，需要我们的保护。在对海洋物质文化遗产进行开发的同时，必须重视对其进行保护。发挥海洋物质文化遗产的旅游功能不是我们的根本目标，我们的目标是通过旅游职能，使更多的人参与到海洋物质文化遗产保护中来。因此，如何在充分利用海洋物质文化遗产的同时加强对它们的保护，处理好开发与保护之间的关系，是我们现阶段研究的重点。

1. 海洋物质文化遗产简介

根据《保护世界文化和自然遗产公约》，物质文化遗产主要包括历史文物（碑刻、雕塑、书籍铭文、洞窟等）、历朝历代的文化建筑及遗址等。物质文化遗产记载了人类历史上的各种生产和生活情况，给我们留下了宝贵的精神财富。

笔者认为，涉海博物馆的形式作为对海洋物质文化遗产的保护手段稍显不足，它更多的是发挥教育作用，将历史悠久的海洋文化记录下来供游客欣赏等。据调查，海洋物质文化遗产主要有自然和人文两大类。前者是自然造物，如各种奇特的海底景观等；后者是人类活动的产物，如各种涉海文化遗址、古船、海防遗迹等。与非物质文化遗产略显不同，物质文化遗产以指定的载体作为承载物，通过载体将文化元素呈现出来，而不是人们世代相传，以各种传统文化的形式来展现。拥有物质载体的文化遗产相对而言更容易遭到破坏，不管是自然因素还是人为因素，或是两者兼而有之。海洋物质文化遗产记录着人类历史上的各类活动，历史港湾、历史码头、港口海岸、岸上庙宇、历史灯塔、造船遗址等，无一不是中国海洋文化世代相传发展历史的记录者。广为人知的“南海一号”就是一处典型的海洋物质文化遗产，更有“海上敦煌”的美誉，记载着当时中国海上丝绸之路的事迹，带给我们新的启发。

总结各位学者的观点可得出结论，海洋文化遗产与人类的涉海活动有关，是有形的，其所蕴含的文化内涵记录在物质载体上以各种形式体现，如港口海岸、海神庙宇、妈祖庙、灯塔、古船遗址、海防遗迹等。

2. 海洋物质文化遗产保护路径

在了解海洋物质文化遗产的前提下，才能谈及如何去保护。应在拓展其旅游功能的基础上，进行科学的保护，达到既开发又保护的双重目标。

应建立数字化保护体系。将数字技术应用于保护体系的构建，将为遗产保护打开一扇新的大门。假设海洋物质文化遗产的生命周期是有限的，那么信息技术的运用能够很好地延长其生命周期，甚至是实现“永续”。数字化平台的出现为海洋物质文化遗产保护提供了便利，无论是将海洋物质文化遗产制作成可视化的虚拟产品，还是建立线上数字博物馆，都能实现对海洋物质文化遗产的保护。一方面，减少了对现实中海洋物质文化遗产的利用；另一方面，能够丰富其展现形式，吸引广大旅游者。

（三）丰富海洋文化旅游产品，提升旅游吸引力

步入21世纪，海洋受到越来越多的重视，海洋文化旅游在海洋经济中的重要性也逐步提高。突破海洋旅游的空间限制，应不仅仅局限于滨海、海上、近海等，还可延伸至陆地，实现陆地上的海洋文化旅游。例如，特色海洋主题公园的建设为游客提供了更多的出行选择——香港海洋公园、珠海长隆海洋公园、武汉极地海洋世界作为“最佳海洋主题公园”人气榜的前三名，博得了不少游客的眼球。海洋主题公园受季节影响较小，这为扭转传统旅游的淡旺季现象提供了很好的参考。

1. 滨海旅游项目

滨海旅游是以滨海旅游资源为对象展开的一系列旅游活动，具备一系列旅游功能和一定的文化价值。在上海临港新城滨海旅游项目的设计开发上，可从以下几方面着手：一是打造海滨浴场，设计冲浪、海上飞机、海上游艇等多种海上项目，展现碧海金沙的独特魅力；二是开发生态海鸟景观，以修建栈道、廊道、观景平台等设施推广观鸟旅游活动，突出绿色生态理念；三是倡导滨海休闲运动项目，如放风筝、垂钓、野营等，吸引更多旅游者；四是建设海上主题公园，具有海洋特色的水上主题公园，能满足旅游者亲近海洋、体验海洋的需求。要着力打造滨海城市旅游新形象，提升滨海城市知名度，在推动海洋文化旅游发展建设的同时，推动旅游产业结构优化调整。

2. 海洋体育旅游项目

海洋体育旅游项目既具有海洋旅游的特点，也包含各种体育项目，不管是观摩还是亲身参与，其自主性、参与性、娱乐性、竞技性、刺激性都将成为吸引旅游者的元素。海洋旅游业是当前我国经济转型发展的重要增长点，将形成新的空间布局。应以体育运动作为主打旅游项目进行建设，争取形成具有吸引力的海洋体育旅游项目品牌。

3. 海洋博物馆

海洋博物馆中收藏的是一个国家或地区的海洋历史，包括海洋自然和人

文历史。当它作为一项旅游项目时，不仅能产生经济效益，还会产生文化效益，在重塑海洋文明价值观、爱国主义教育等方面都发挥着重要作用。例如，丹麦奥尔堡海洋博物馆中有许多关于人与海洋关系的展品，这对于丹麦人民进行爱国主义教育、重塑国家海洋安全理念具有不可估量的意义。我国最南端的海洋博物馆——西沙海洋博物馆，在树立海权意识、重视海洋国土方面更是具有非同一般的意义。作为重要的海洋文化旅游项目，海洋博物馆不应只是开发旅游功能（休闲娱乐），更重要的是传递海洋文化知识（知识教育），帮助旅游者在亲近海洋、了解海洋的同时，增长知识，树立海洋保护意识。国家海洋博物馆已突破传统博物馆的功能（收藏展览），逐渐拥有了学术研究、历史教育、文化交流甚至旅游功能。

4. *海洋节庆旅游*

海洋节庆旅游是指结合旅游目的地当地的海洋民俗风情和传统节日庆典开展旅游活动的一种旅游现象。可根据不同地区的海洋文化与传统，举办各式各样的节庆活动。可预见的是，旅游者在旅游目的地停留时间越长，越能产生更多的旅游效益，促进地方旅游业的发展。文化是海洋节庆旅游当中最重要的组成部分，一系列节庆活动的背后是海洋文化传统，这不仅可以提升旅游的趣味性，还能帮助游客从侧面了解该地区的海洋文化。

关于海洋文化节庆品牌的建立，可从以下三方面着手：一是从知名度着手。知名度对品牌建设来说至关重要，只有在游客或者潜在游客心目中树立鲜明的品牌形象，才有可能吸引他们来旅游。二是培养游客的忠诚度。只有培育出一批高度忠诚的游客，才能有稳定的市场。三是提升美誉度。忠诚度不足以让更多的潜在游客选择来此旅游，只有尽可能地提升美誉度，才会吸引更多的游客。

在自媒体时代，新媒体具有不可忽视的力量，官方微博、官方微信等是旅游者在旅行过程中接收实时信息必不可少的媒介。忠诚度的建立重在提升旅游者的参与度。可结合各种海洋节庆活动，如祭海大典、妈祖节、海鲜美食节、民俗文化游、群众性海洋文化演出、渔家谢洋千人宴、渔歌广场舞等，策划丰富多彩的文化活动，吸引更多游客的参与，逐步建立游客的忠诚度。提升美誉度，以海洋节庆提升所在地区城市旅游形象可从两方面着手：一是官方主导的宣传与运作，主要来自第三者视角。二是旅游参与者（旅行社、导游、酒店、居民）的口碑。基于第一视角建立起来的口碑比官方运作下的美誉度更能得到旅游者的认同。

三、中源渠道性动力机制的建设完善

中源渠道性动力机制建设完善最重要的是对海洋文化旅游营销渠道进行拓展。主要有以下几种营销渠道：活动营销、事件营销、文化营销、服务营销、品牌营销等。可加强活动营销和事件营销，利用活动或事件的新颖性和新奇性，吸引足够多的旁观者（即潜在旅游者）。只有在潜在旅游者心目中树立鲜明的形象，才有可能将其转化为现实的旅游者，这就是活动和事件营销的最终目的。文化营销更适合海洋文化旅游项目的宣传。文化是海洋文化旅游活动的灵魂，在营销传播中更应将其放在核心位置。服务营销和品牌营销则是为了使旅游营销渠道更加完善。最终，会形成以文化营销为核心、以活动营销和事件营销为两翼、以服务营销和品牌营销为补充的中源渠道性动力机制。

（一）加强旅游活动营销和事件营销

活动营销就是利用各类活动展开营销的一种方式。活动主要以新颖性、新奇性来吸引旁观者，从而达到营销的目的。活动本身是广告的一种。

事件营销则充分利用消费者的好奇心理，以一种新奇、有趣、形象、生动的方式向消费者传输所要表达的内容。

加强旅游活动营销和事件营销，能为海洋文化旅游本土化模式的发展提供助力。

1. 加强旅游活动营销

随着海洋文化旅游项目的多样化和游客需求的个性化，加强旅游活动营销、设计更有吸引力的旅游活动成为旅游营销的首要目标。旅游活动营销的主体为旅游企业、赞助商等组织，对象是游客或者潜在游客。对游客实施营销，主要目的是提升其忠诚度，对潜在游客实施营销，则是为了在其心中打下烙印。

针对不同国度的游客，可推出不同的海洋文化旅游活动，如温泉旅游、秘境旅游和探险旅游、商务会议旅游以及一系列特色海洋体育游（如高尔夫、游艇、潜水、帆船、冲浪等）。针对游客的出游动机，可设计合理的旅游产品开发策略，例如，南山寺可以开发鉴真和尚东渡日本相关活动，同时注重地区少数民族饮食、生活风俗、生产劳作等方面的旅游活动营销。有针对性地设计旅游活动营销可做到事半功倍，举办具有地区特色的旅游宣传活动可成功吸引旅游者的注意力。

2. 加强旅游事件营销

旅游事件营销的主体同样是旅游组织，只不过与活动营销相比，事件营销并不经常为旅游组织所用。事件营销以具有新闻价值的事件或者可产生名人效应的知名人物为依托，开展营销活动，以博得媒体的关注、社会的兴趣、游客的眼球等。该类营销的间接目标是打响知名度，在游客心中树立存在感，将自身加到游客的出行选项当中。此外，事件营销凭借其广泛传播性，可在改变接受者思维和记忆的同时，完成营销目标。

实现短期内的轰动效应，提升海洋文化旅游目的地的形象及知名度，吸引更多的旅游者，是事件营销的本意，但不宜将其作为日常营销方式。该类营销在短期内的任务是提高当前旅游营销事件参与者对海洋文化旅游景区的认知和认可，而长期的目标则是通过事件的不断发酵逐渐将影响扩大到整个区域，提升整体海洋文化旅游价值。简单而言，第一步就是让尽可能多的游客知道海洋文化旅游目的地的存在，将游客吸引来，第二步是不断扩大游客群体。可见，事件营销是一个系统的不断演进的营销过程，在事前要进行充分的营销准备，事中要适时变通，事后要做好资料收集，以不断巩固营销成果，扩大事件的影响力。

（二）突出海洋文化旅游的文化营销

旅游文化营销是指旅游供应商在利用旅游资源的基础上，通过对其所蕴含的文化理念进行改造来增加其附加值，满足旅游者的文化需求，最终实现其文化价值的传播。海洋文化旅游的核心是海洋文化，因此开展文化营销非常有必要。海洋文化旅游文化营销的关键点是为游客创造独一无二的海洋文化体验，争取使旅游产品附加价值最大化，以尽可能地满足旅游者需求。海洋文化旅游营销框架见图 10-1。

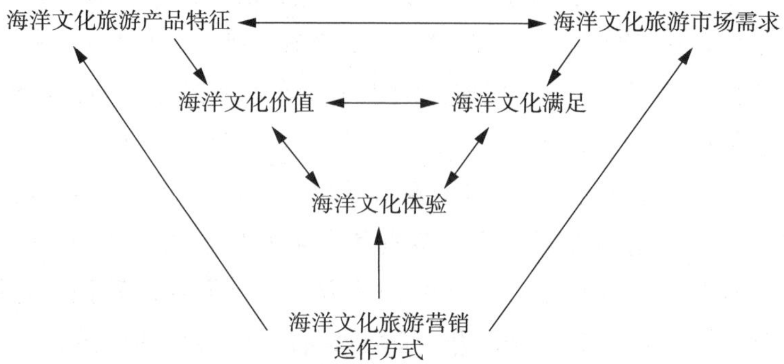

图 10-1 海洋文化旅游营销框架

1. 旅游文化营销的类型

一是知识文化营销。旅游者的需求从低层次向高层次不断提升，他们在旅游活动过程中实现自我成长、满足自我需要。在海洋文化旅游活动中，应加强对相关知识的宣传和推广，使游客了解不同地方的风俗习惯，开阔眼界，学习海洋文化相关知识，积累海洋文化体验。

二是审美文化营销。这类营销将审美元素（如与海洋相关的传说、诗歌、文学艺术等）投入活动中，赋予营销活动美的意义，为旅游者提供别样的体验。

三是精神文化营销。这类营销向旅游者传播各种精神理念、价值观等，如海洋文化旅游项目中的宗教之旅、黎苗之旅等，能满足人们在宗教文化体验、民族风俗感受等方面的需求。

四是娱乐文化营销。海洋文化旅游当中的沙滩体育活动、温泉旅游、海底世界、潜水等活动能满足旅游者的娱乐需求，是旅游者的主要选项。

2. 旅游文化营销的运作

旅游文化营销受到三方面因素的影响：一是文化；二是产品；三是需求。

张玉香（2012）肯定了市场和需求对旅游文化营销的影响。实施旅游文化营销，必然要针对一定的目标群体，除此以外，还需要充分考虑目标群体也就是游客的需求，只有这样，营销才能获得成功。漫无目的地广泛开展营销一来最优目标受众不一定能够接收到，二来营销成本会大幅增加。故此，在这一过程中，我们以产品（P）、需求（M）、文化（C）作为阶段点，提出了四种关于旅游文化的营销模式，分别是 P-C-M 模式、M-C-P 模式、C-P-M 模式和 C-M-P 模式。以 P-C-M 模式为例，即以产品（P）作为出发点，其次考虑文化（C），最后才考虑需求（M）。以文化为产品与需求的连接点，可发挥文化的媒介作用。该模式将文化作为一种手段运用于推销过程，而不是改变产品以迎合需求，即将文化元素添加到现有产品中，传播给旅游者。妈祖文化节、二月龙抬头节、泼水节、海上观音旅游文化节等均能体现海洋文化习俗；妈祖庙、南山寺、黎苗风情苑、崖城孔庙、石山火山群世界地质公园等让人体会不一样的海洋历史人文；大小洞天、天涯海角、五公祠、秀英炮台、黄道婆纪念馆、南海观音佛像、天竺胜迹等拥有不同的海洋历史典故。这些海洋文化旅游产品可满足不同游客群体的需求，打造混合产品项目也是不错的选择。

这里借鉴龙玉祥（2012）的文化营销策略（见图 10-2）。

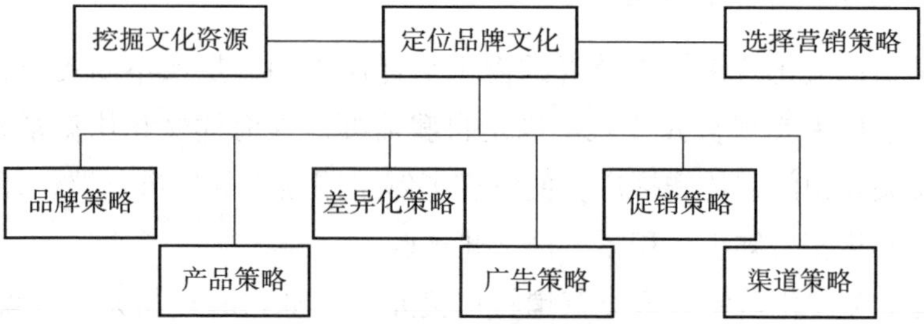

图 10-2　文化营销策略模式

资料来源：龙玉祥．基于文化遗产的旅游文化营销策略：以湖北省安陆市为例 [J]. 商业经济，2012（8）：55-57.

我们提出以下海洋文化旅游的文化营销对策：以文化为主线，深入挖掘海洋文化旅游资源，针对本地区特色资源，对品牌文化进行合理定位，打造出具有竞争力的独特文化品牌。在营销策略选择上，要因地制宜、因时制宜，采用多渠道、多种方式，有针对性地运用。例如，在差异化策略中，设计以及提供充满个性化和人性化的海洋文化旅游产品和服务是首要目标。广告营销更多地体现在旅游网站、电话、发布会、宣传会上，以广而告之的形式向游客传输海洋文化旅游信息。我们可以将差异化策略和广告策略结合起来使用。

（三）完善海洋文化旅游的服务营销

旅游业从本质上说就是服务性行业，或者就是服务行业的集合体，提供给旅游消费者的服务多于产品。因此，虽然海洋文化旅游产品质量很重要，但是游客在旅游过程中感受到的海洋文化旅游服务在顾客满意度中占有更大比重。服务的无形性和不可分离性将不可避免地导致服务这一“无形产品”出现时间和空间上的不平衡问题，那么如何调节供需矛盾，就成为服务营销所要解决的问题。

1. 旅游服务营销策略

应建立完善的产品体系。以旅游咨询服务为例，旅游服务商的任务是为游客提供更新颖、更细致、更具个性化的咨询服务，使游客产生强烈的旅游欲望。在旅行方案设计上，可以遵循个性化原则，提供“一对一”的服务，设计出细致完善的旅行方案。海洋文化旅游企业必须改进自身的营销策略，在信息化、公平性、参与性、满意度等方面下功夫，不断提升服务水平，为游客提供系统周全又充满人性化的旅游服务。

2. 旅游服务营销创新模式

旅游服务营销创新就是旅游企业根据营销环境的不断变化，结合自身发展状况，提出新的理念和思路，适时调整营销策略，以应对不同情况下出现的各种变化。王利琴（2008）在以4PS（产品、价格、渠道、促销）为核心的市场营销理论的基础上提出，应将服务模式、服务传播、服务协调、服务延伸等作为旅游服务营销过程管理的主要内容。为了培育出对企业忠诚的顾客群体，王利琴还建议企业重视良好社会环境的经营，特别是要在传统旅游服务营销的基础上（面对面服务、一次性交易）对旅游服务的内涵进行深层次开发。只有和一次性交易达成的消费者建立追踪联系，提供人性化的服务，才有可能将这类消费者转化为对企业忠诚的顾客群体。马学梅（2007）将传统的4P策略扩展为7P策略，从而使旅游服务营销更加完整，这里只讲述人（People）、过程（Process）、有形展示（Physical Evidence）。这也是由服务的特征决定的。旅游服务企业在制定服务营销规划时，应注意树立高质量的服务形象，并制定细致的服务质量判别准则。海洋文化旅游的服务营销和一般旅游的服务营销相似，第一步是要加强市场调研，确定游客群体的存在。第二步则是进行市场细分，因为不同地区、不同文化背景的顾客有着截然不同的海洋文化旅游需求。第三步是重视与游客进行互动。一线服务人员必须始终保持与游客的信息沟通，实时掌握游客的需求，以帮助旅游企业掌握第一手资料，为设计和创造新型海洋文化旅游产品和服务打下良好的基础。第四步也是最后一步，即对服务设计的每一个环节进行细致的分解和剖析，找出影响服务质量的关键因素，以便及时纠正，这样才能保持高质量的服务水平。

（四）扩大海洋文化旅游的品牌营销

成功的品牌营销具有以下特点：第一，有助于旅游企业开辟旅游市场，在激烈的市场竞争中树立起旗帜鲜明的品牌形象。第二，有助于提升旅游企业的综合素质。一家企业的品牌是这家企业的服务水平、服务意识的综合体现。第三，品牌从某种程度上说也是竞争力的构成要素。在业内，品牌在一定程度上代表了竞争力的大小。第四，品牌营销到一定程度后，旅游企业就不需要频繁地开展营销活动了，而是要将更多的精力转移到维持现有的品牌地位上。相对而言，维持品牌比树立品牌所需成本低。

1. 旅游品牌营销策略

海洋文化旅游的品牌意识需要加强，为此必须对旅游品牌营销给予足够的重视。国内外一些著名的海洋文化旅游景点和景区就是因为承载了深厚的海洋文化内涵，才得以树立起其特有品牌，此时海洋文化就是品牌、就是标签和符号，对于海洋文化旅游企业开展营销活动具有极大的激发作用。本章提出加强海洋文化旅游品牌营销的策略，见表10-2。

表10-2　加强海洋文化旅游品牌营销的策略

塑造旅游的总体形象	这是旅游地品牌管理的核心，建立旗帜鲜明又便于记忆的品牌形象是这一阶段的主要任务
开发特色化产品	保持持续不断的游客意味着需要不断增加旅游产品的吸引力。海洋文化旅游作为一种生态旅游方式需要考虑过去和未来，既要保证海洋文化的继承性，又要保证海洋文化的发展性
强化品牌管理	品牌管理的目的是创建知名品牌，这是企业长久不衰的重要保障。应不断提升品牌价值，积累品牌资产，探析旅游者的旅游动机和需求，进行准确的品牌定位
完善营销渠道	应构建宣传渠道，展示旅游目的地的品牌形象，利用多种方式向旅游客源市场进行组合宣传，如通过摄影作品、广告等展现海洋文化旅游景观

2. 不同模式下的品牌营销

（1）微博模式

胡鸿影（2013）主张利用微博这一流行的社交媒体展开旅游营销。所谓微博营销，是指借助微博平台为旅游目的地创造价值的一种营销方式。在品牌营销实施过程中，微博作为一种有力的武器，不断吸引着旅游者的注意力。实施品牌营销过程中，通过微博塑造品牌形象需要做到以下三点：第一，明确战略目标。究竟是短期、中期还是长期的战略规划，将直接影响企业的下一步发展。第二，选取适当的内容和丰富的形式。喜闻乐见的话题，新颖、幽默的语言风格以及图文并茂的表现形式更能吸引用户注意，进而提升其参与度。第三，建立并不断完善监督体系。旅游目的地应对媒体舆论的监督进行及时反馈，保证及时开展危机公关。

（2）游客感知模式

基于游客感知视角对所实施的品牌营销效果进行检验十分有效，有助于对下次的品牌营销执行进行调整。本章提出游客感知下的海洋文化旅游品牌营销策略，见表10-3。

表 10-3　游客感知下的海洋文化旅游品牌营销策略

精准化选择客源群体	海洋文化旅游品牌营销必须确定客源市场，只有满足不同客源市场的不同旅游需求，才能够获得成功
精深化挖掘海洋文化	海洋文化旅游作为文化旅游的一种，核心内容就是海洋文化，只有充分挖掘海洋文化资源，才能营造出特有的文化氛围
清晰化定位品牌形象	所谓清晰化，在于找出本地区特有的海洋资源和文化底蕴，塑造清晰的品牌形象定位，向游客传递独一无二的旅游体验
精细化设计旅游产品	海洋文化旅游品牌的产品设计在于将文化寓于旅游产品生产制造的不同环节、不同流程中，以增强旅游产品的附加价值
合理化善用营销渠道	在继续发挥旅游媒体和电商平台营销作用的同时，以自媒体作为补充营销手段
立体化构建营销体系	利用各种媒介传递品牌形象信息，使旅游者接收到完整的信息，产生鲜明的印象

通过表 10-3 中的六大海洋文化旅游品牌营销策略，可逐渐提升企业在海洋文化旅游业内的知名度。

四、外源激发性动力机制的建设完善

外源激发性动力机制的建设完善主要从突出区域海洋文化特色、整合资源做好区域联动发展、提升区域海洋文化旅游竞争力等方面进行。例如，不同区域因其地理位置、人文因素、自然因素等条件的不同，形成了各不相同的海洋文化特色，而这是采取差异化战略的前提条件。整合资源就是将不同区域的优势进行互补，强强联手，共同发展。最后是提升区域海洋文化旅游竞争力，如：丰富海洋文化内涵，增强其产品的吸引力；营造良好环境，建立基础优势；重视人才培养，满足市场需求等。

（一）突出区域海洋文化特色

海洋文化具有明显的地域性，有地理原因，也有人文因素的影响，如移民迁徙等。因此，不同地域的海洋文化也可能存在一定的相似性。目前，我国已经形成了不同地域的海洋文化，以地域划分有齐鲁、江浙、岭南、闽粤等。在这些地域，无论是海洋民俗还是饮食文化，都有着显著的差异，即使是同一海神信仰，也会有不同的表达方式（敖攀琴，2017）。目前，海洋文化旅游产品的同质化问题较为严重，大多数海洋文化旅游产品层次单一、缺少文化附加值，这不仅不利于当地海洋文化旅游的发展，也不利于旅游目的地提升整体形象。为此，海洋文化旅游的发展必须突出区域特色，树立鲜明的品牌形象，以便对游客形成独一无二的吸引力，而不是陷入产品同质化竞争的泥沼。

1. 区域海洋民俗文化

不同地区的海洋民俗文化存在显著差异。这是因为，不同地区在自然历史、文化、社会、政治、经济、宗教等方面的发展情况不可能完全一致。例如，北部湾地区以其独特的自然地理区位，形成了多文化交融的海洋文化发展格局（杨熊炎，2016），究其原因是北部湾地区独特的地理区位使其形成了“以舟为宅”的疍家文化、在海洋特色中带有中原民俗特征的客家文化，以及以哈节为标志的京族文化，甚至佛道教文化等并存的局面。在这种情况下，打造北部湾本土化模式的海洋文化旅游项目，就应突出其多种文化形成的独特性，这有助于树立北部湾旅游城市形象并提高知名度。

闽台地区特殊的地理位置和环境形成了当地特殊的海洋民俗文化遗产，无论是渔家生活习俗，还是民间节庆活动，无不彰显着这一地区的特殊性（刘芝凤，2014）。除了妈祖文化旅游节外，还有以畲族为主体的一系列海洋民俗文化，如三月三乌饭节、祭祖节、观音节等，凤凰花旅游节更是和海洋文化旅游节交相辉映，共同展现了闽台地区丰富的人文资源和独特的海洋民俗。

海洋民俗文化经过转化，尤其是向旅游方向转化后，能够产生旅游经济效益，这既是对海洋民俗文化的开发，也是对它的保护，特别是在当今海洋民俗文化出现断层的情况下，发展海洋民俗文化旅游显得更加迫切。因此，应以海洋民俗文化为核心，因地制宜，结合当地地理和生态特色及历史渊源，设计开发相应的海洋民俗产品，促使海洋民俗文化与旅游深度融合，加大对海洋民俗文化旅游资源的开发与利用。

2. 区域海洋饮食文化

饮食文化是海洋文化中的重要一环，对游客而言，有着难以道明的吸引力。各沿海地区凭借不同的海鲜品种、加工方法、养殖手段等逐渐形成了别具一格的海洋饮食文化。

疍家饮食文化作为海南海洋文化的一部分，具有明显的海洋文化的各种特征，也有一定大陆文化的留存。南海独特的地理区位和丰富的海洋资源造就了海南有别于两广、福建、云南等地的疍家饮食文化。2014 年，首届疍家文化节的成功举办，更是让疍家饮食文化进入大众视野。疍家饮食文化在海洋文化旅游中的作用让人耳目一新，借助一条跨海观光索道，将整个南湾猴岛风光与“疍家民俗风情”和渔家排连成一线（席晓丽，2016）。旅游与饮食的结合、海洋休闲活动与疍家饮食文化的结合形成了疍家饮食文化别样的风情。

海洋饮食文化旅游正在逐渐兴起，各地的海洋文化旅游目的地正在开展丰富多彩的海洋饮食文化项目，以海洋饮食为吸引力，从而延伸出旅游项目。例如，浙江就在海洋饮食文化旅游发展道路上积累了一些经验，促使海洋饮食与文化节深度融合，通过举办各种海鲜饮食论坛及赛事，充分发挥出雄厚的旅游资源与丰富的海洋文化的独特优势（翁源昌，2011），进一步打响了海洋饮食文化的知名度，加快了浙江本土海洋文化旅游的发展进程。

3. 区域海洋历史文化

海洋历史文化记载了人类的海洋发展史，海洋历史文化旅游就是体验人类历史上的海洋活动：海洋文化遗址是一部活的史书，详细记录了人类的海洋发展史；海洋宗教文化是由人类对未知海洋的敬畏心理而逐渐形成的一种信仰。

随着全球化进程的加速推进，文化呈现出多元化的特征，为此各国民众普遍希望提高本国文化竞争力。我国作为海洋大国，具有丰富的海洋文化资源，然而对海洋文化遗产的保护始终有所欠缺。直到“南海一号”等重大海洋遗产的出现，才引起足够的重视（曲金良，2013）。在海南海洋历史文化中，贬谪文化可以说是一个特殊的存在。在历史上，海南因其地理位置成为官员贬谪之地，较为有名的有李德裕、李光、苏轼等，所留遗址五公祠更是成为爱国主义教育基地和理想的海洋文化旅游场所。

观音信仰是浙江最具代表性的海洋宗教文化。普陀山凭借其积淀的佛教文化大力发展旅游业，磐陀石、梵音洞、露天观音铜像等均是观音信仰的衍生物。沿海的地理位置优势发挥出最大作用，呈现出明显的海洋特色，这也是我国唯一的海岛风光与佛教文化兼具的旅游景区。这里每年都吸引大量中外游客，由此产生了一系列旅游活动，如佛教观光旅游等，不仅丰富了普陀山的海洋文化旅游活动，更为我国海洋文化旅游的发展开辟出一条与众不同的道路。

（二）整合资源，做好区域联动发展

当前旅游市场呈现出多元化和个性化的发展趋势，为此应整合旅游资源，做好区域联动工作。戴艳平、梁戈夫（2017）提出，可从两方面出发整合区

域资源，实现联动发展：一方面，突出各自资源特色，打造本区域特有的海洋文化旅游品牌项目，实现区域化发展；另一方面，可以将“海上丝绸之路”这一载体作为沟通的桥梁，加强区域内各城市在海洋文化旅游开发中各方面的合作，共同打造大型海洋文化旅游项目，实现优势互补。这一举措将极大地增强区域旅游吸引力，以联动方式形成综合性的海洋文化旅游项目。

本章提出产业、空间、市场和生态四方面联动，将海洋文化旅游目的地之间的旅游发展合作提升到一个新的高度（见表10-4）。

表10-4 海洋文化旅游的区域联动

产业联动	海洋文化旅游包含的产业很多，具备合作的基础，可以互补不足为目标，建立跨区域的产业联盟
空间联动	空间联动旨在对原有的空间构成进行拓展和延伸，如建立跨区域旅游区。区域旅游就是对不可移动的旅游资源进行活化，以灵活利用各方面的旅游资源，这样既能避免一地的海洋文化旅游资源被过度开发，又能有效利用闲置资源，实现共同发展
市场联动	市场联动以建立完善的区域市场体系为目标，旨在确保各类生产要素在区域间顺畅流动，减弱甚至消除各种形式上的市场壁垒，如可以利用一方发达的产业、技术和雄厚的资金、人才等优势条件为另一方开发丰富的海洋文化旅游资源提供条件，共同构建流通的旅游市场环境，促进大旅游市场的形成和发展
生态联动	海洋文化旅游造成的生态问题更需要多区域共同解决。构建沿海生态走廊、合作建立生态旅游圈需要实现跨区域的合作，走人海和谐、陆海统筹的可持续发展之路

在旅游经济进入区域竞争的时代，实现区域联动，走区域旅游一体化发展之路显得很有必要。应充分利用各区域旅游联动开发的优势条件，形成“你中有我，我中有你”的发展格局。不同区域海洋文化旅游的发展虽有差异，但也具有很多相似性。妈祖文化就存在于不少地区，这就为区域联动发展创造了条件。通过区域联动整合海洋文化旅游资源，既可丰富旅游资源的种类和数量，又可解决单一景区资源单薄难以对旅游者形成足够吸引力的问题。

（三）提升区域海洋文化旅游竞争力

区域海洋文化旅游竞争力的影响因素包括海洋文化旅游内涵、周边环境以及海洋旅游资源拥有情况等。要提升区域海洋文化旅游的竞争力，可从以下几方面着手，因地制宜地制定切实可行的战略。

1. 丰富文化内涵，提升海洋文化旅游吸引力

各种海洋文化旅游活动的核心就是不同的海洋文化，如果只是一味地传承过去的文化，恐怕难以勾起游客继续参与的欲望，因此必须不断丰富海洋

文化的内涵。例如，引进外部的文化元素，在提升文化内涵的同时，实现产业融合；也可将地区民俗、渔业生产与滨海旅游相结合，实现捕捞、游玩、海鲜美食一体化；还可将观海、看潮、泛舟相结合，使旅游者充分感受到海洋生态景观。对不同的游客群体，应当迎合其不同的旅游需求，而不是一味地灌输价值主张。总之，开发高质量的海洋文化旅游产品，尤其是具有明显地方特色的海洋风俗文化性质的旅游产品，可有效提升海洋文化旅游本土化特色优势。

2. 营造良好环境，建立基础优势

良好环境的营造可从硬件和软件两方面着手。硬件包括海洋文化旅游相关产业基础、各项旅游设施设备、投资环境等。软件则包括海洋生态环境、海洋自然资源、海洋人文资源等。要树立生态文明理念。海洋旅游环境较为脆弱，治理难度大，在发展海洋文化旅游的过程中，必须坚持适度开发、绿色开发的原则。必须切实保护海洋环境，始终把对海洋旅游资源的开发保持在其环境承载力之内，在“美丽中国”建设中实现“美丽旅游”。要不断完善基础设施，如建设一批符合海洋生态环境保护要求的酒店、旅行社、景区、旅游通道、购物中心、康体中心等，为游客提供标准化、完备的旅游服务。

在海洋文化旅游本土化模式动力机制的建设完善中，首先是内源动力机制的完善，其实质就是提升海洋文化旅游目的地的竞争力和吸引力；其次就是中源渠道性动力机制的建设完善，也就是如何将海洋文化旅游目的地的各种产品和服务推送出去，使其被游客知晓和接受；最后才是外源激发性动力机制的建设完善，即从一点（某个单一海洋文化旅游目的地）走向一面（形成海洋文化旅游区域），建设区域海洋文化旅游，这样既能突出区域海洋文化特色，又能充分整合资源，切实提高区域的旅游竞争力。

第十一章 海洋文化旅游本土化模式及其动力机制的创新与实施保障

一、海洋文化旅游本土化模式及其动力机制的创新

（一）本土化模式的创新

在新形势下，创新驱动是我国主导的发展战略，各行各业都掀起了创新的热潮。在此背景下，海洋文化旅游本土化模式也需要随着理论和实践的发展不断创新。

创新的本质是质的提高，具体包括技术创新、知识创新、服务创新等。创新对我国海洋文化旅游业的发展具有重要的促进作用。

旅游模式创新主要有以下三种类型：

1. 协同发展模式

我国的旅游资源十分丰富，但不足的是从空间上看差异性非常大，而且资源分布很不均匀，区域之间的旅游经济发展水平参差不齐。协同发展模式很好地解决了地区之间发展不平衡的问题。这是一种旅游合作的高级形式。旅游产业的协同发展模式不仅包括旅游地之间的横向合作，还包括旅游相关产业之间的纵向合作，以及横向合作与纵向合作混合的合作。要使旅游产业更好地发展下去，各旅游地区以及相关产业之间要加强合作，将自身优势发挥到极致，互相弥补不足，同时扩大对外开放的程度，形成统一、共赢的旅游模式。

旅游业作为市场经济的一部分，追求经济效益。营利性是旅游企业的基本特点，其运作遵循市场导向性原则。追求经济效益是旅游企业顺利发展的保障。在旅游协同发展中，旅游企业既要遵循市场导向性原则，又要根据企业发展现状和市场情况做到及时调整。市场本身存在一定的盲目性，旅游协同发展的目的是弥补区域旅游发展的不足，拓宽旅游客源市场，吸引更多旅游者。在区域合作中，要坚持市场导向原则，以旅游者需求作为开发旅游产

品的标准，为旅游者提供多样化、高质量的个性化服务。旅游企业是旅游协同发展的主体，旅游景区、旅行社、酒店等相关企业在合作中要根据市场需求状况及时提供相应的服务。旅游市场是不断发展的，旅游地要根据客源情况、市场规模、游客消费能力等，及时调整旅游发展策略和发展目标，主动与区域内其他城市以及区域外其他地区加强交流与合作，减少行政阻隔，推动区域旅游协同发展由低级向高级转化。旅游协同发展模式主要有三个重要作用：第一，能很好地解决旅游地之间发展不平衡的问题。第二，有利于充分发挥各地区旅游资源的比较优势；第三，有利于满足旅游者越来越多元化、个性化的旅游需求，提高旅游服务水平。

2. 产业融合模式

产业融合最初开始于信息产业，然后逐渐向其他领域扩散。产业融合的意义在于使传统产业之间明显的界限划分模糊化，以建立庞大的、涵盖多领域的经济体系。随着产业融合模式优势的不断显现，这种模式在旅游产业开始有了发展的迹象。这种现象在目前旅游者个性化需求越来越丰富的情况下表现得尤为明显，如商务旅游、乡村旅游、海洋旅游、观光旅游等。

旅游产业之间的融合是旅游产业发展演变过程中的一种全新的形式。就旅游产品而言，其创新是为了满足旅游者的需求，于是旅游产业的融合就变得势在必行，只是单一产业、单一产品必然满足不了旅游者多样化的需求。从组织视角创新出发，旅游企业也不仅具备单一的旅游功能，而是要逐渐与其他企业组织进行更多更充分的合作，形成以旅游功能为核心的多元化格局。因此，旅游产业融合是从多角度对原有发展格局的创新，将为海洋文化旅游产业的可持续发展提供助力。

3. 产业集群模式

所谓产业集群模式，就是将与旅游相关的各个产业联系在一起共同发展。这种模式有两个特点：一是以旅游吸引物为核心而聚集在一起的旅游及相关企业；二是强调旅游产业与相关企业的联系。我们认为，产业集群将形成一种新的发展模式，而不仅仅局限于简单现象的描述。总之，产业集群模式将彻底改变旅游产业传统的经营模式，是我国旅游产业的一次革命。

海洋文化旅游本土化模式的创新可以依托上述三个旅游创新模式展开。例如，在协同发展模式中，加强地区与地区之间的旅游合作是必要的，不仅可以解决海洋文化旅游发达地区与落后地区之间发展不平衡的问题，还能充分利用各地区海洋文化旅游资源的优势，最大限度地提升海洋文化旅游地的吸引力；在产业融合模式中，海洋文化旅游企业将摆脱单一发展格局，转向多领域发展，最终形成以旅游功能为核心的发展模式；而在产业集群模式中，海洋文化旅游企业之间会加强联合，提升双方乃至多方的竞争力。

（二）动力机制的创新

在提出海洋文化旅游本土化模式创新的同时，动力机制的创新也是关键的一环。例如，对动力机制进行完善时，应不断丰富和创新内源、中源和外源等动力机制。目前网络大数据的应用、互联网的发展和计算机技术的进步给社会各个方面都带来了新的变化，也给海洋文化旅游本土化模式的创新带来了新的机遇。

在这样的背景下，我们认为海洋文化旅游本土化模式动力机制的创新路径主要包括海洋文化旅游本土化产品的创新、海洋文化旅游本土化服务的创新、海洋文化旅游本土化文化的传承与创新、海洋文化旅游本土化品牌营销的创新等。

1. 海洋文化旅游本土化产品的创新

旅游本土化产品属于内源拉力机制中的旅游吸引物要素。与传统的海洋文化旅游产品相比，海洋文化旅游本土化产品的创新主要突出两点：一是本土化；二是创新。从本土化角度来看，传统的海洋文化旅游产品很多是效仿西方的开发模式设计的，很少加入本地区的特色。本土化产品就是根据本地区海洋文化旅游地特殊资源开发出来的具有地域特色的旅游产品，如开展各种海洋文化旅游节来吸引旅游者，通过旅游节来宣传当地的风土民情。

2. 海洋文化旅游本土化服务的创新

旅游服务的提供者是旅游服务企业及其工作人员，也就是动力机制系统中内源推力机制所提出的利益相关者视角下的旅游主体。我们认为，旅游主体不应只包括旅游者群体，还应包括旅游业的相关从业人员、海洋文化旅游目的地的居住者等。据此可以认为，海洋文化旅游本土化服务的创新就是在移动电子商务的基础上为旅游者打造定制化服务，根据旅游者的个性化需求开发出一系列定制海洋文化旅游专线，如专门为商务人士打造的邮轮海上休闲游，专门为青少年和儿童打造的海底世界探险之旅，专门为文化爱好者打造的海洋文化专线等。同时，可利用各种移动旅游 App，如携程、去哪儿等，推出个性化定制旅游，旅游者可以从网站上找到属于自己的专享服务。

3. 海洋文化旅游本土化文化的传承与创新

在海洋文化旅游本土化模式的开发过程中，对文化的传承与创新十分重要，也就是动力机制系统中的中源渠道性动力机制所指的海洋文化旅游节事活动。这些活动一方面可以体现各地的海洋民俗，另一方面也代表着对所在地区海洋文化的传承。每一个海洋文化旅游地都拥有其独一无二的海洋文化，如福建厦门的妈祖文化、舟山的河姆渡文化等。对于海洋文化旅游本土化文化，要吸收其精华的部分进行加工、改造和利用，同时对其糟粕进行舍弃。可以通过在海洋文化旅游地举办一系列活动来增强对本土化文化的传承，并且利用网络手段将当地值得传承的文化传扬出去，让更多的人参与到传承与创新的过程中。

4. 海洋文化旅游本土化品牌营销的创新

品牌营销就是通过形成品牌优势而得到消费者认可的一种销售手段。在动力机制系统中，中源渠道性动力机制明确指出，海洋文化旅游的营销能够有效推动海洋文化旅游本土化模式的发展。海洋文化旅游市场环境的变化，要求品牌的内涵及呈现方式也作出改变。海洋文化旅游想要持续地发展下去，就要有本土品牌。品牌的形成能够更好地宣传海洋文化旅游地，吸引更多的旅游者前来参观游览。

二、海洋文化旅游本土化模式及其动力机制的实施保障

海洋文化旅游本土化模式及其动力机制的实施保障体现在四个层面，分别是政府层面、产业层面、企业层面和旅游者层面。

（一）政府层面

在新时代，应展开对海洋文化旅游发展的创新对策研究，以适应发展中出现的新挑战。只有适时调整对策，适应环境的变化，充分利用新时代的有利条件，才能实现我国海洋文化旅游飞跃式的大发展。应充分发挥政府主导下的发展体制机制的作用，有效促进海洋文化旅游本土化模式的建立。

1. 推广全域旅游理念和模式

学者们对全域旅游的概念有不同的看法。杨振之（2016）建议从两个方面（空间和产业）着手对区域旅游资源进行重新配置，增强区域旅游竞争力。

张辉（2016）对全域旅游的理解更多的在于对“域”的把握。例如，空间域能是从空间范围上对区域海洋文化旅游资源进行优化配置，而产业域则更多的是从产业发展角度对既有产业进行调整。杨帆（2017）认为，全域旅游就是打破传统旅游的景点景区限制，形成以旅游业为中心、以其他产业为辅助、域内多产业一体化发展的旅游开发模式。全域旅游是实现主客结合的一种旅游发展模式。

结合以上学者对全域旅游概念的阐述，本章从“全”与“域”两个方面对全域旅游进行解释。“全”即全局性，旅游业发展到现在，已经不再是纯粹的单一产业了，而是关联性较大的综合性产业，涉及电子商务、节能环保、医药健康、会展、康体养生等新兴产业，事关区域经济的整体发展。应以旅游六要素共同发展作为出发点，树立目的地统筹发展的全局观。从空间角度出发，应打破传统景区“域”的限制，形成以景点景区为核心的“面式”拓展，让旅游要素向外渗透，跳出海洋文化旅游景区景点的限制，帮助旅游产业向全区域覆盖，实现全域的海洋文化旅游。综上所述，全域旅游既是一种新的旅游发展模式，也是一种新的发展理念，景区景点不再处于核心位置，充其量只能算是中心位置。全域旅游覆盖的是旅游地所在区域的方方面面。全域化景区模式有助于实现旅游目的地内外一体化，通过海洋文化延伸，积极拓展海洋文化旅游项目，形成“陆上海洋文化旅游”项目。无论是海岛文化、渔文化，还是民族风情、海洋信仰等，均可在陆地实现，这才是真正的突破区域限制，实现旅游全域化。

（1）全域旅游发展历程

全域旅游作为新生事业，尚处于发展初期，可塑性极大，需要政府的积极引导和相关政策的支持。为此，国家为全域旅游建设发展开展了一系列指导工作，出台了一系列政策，提供了良好的政策保障（见表11-1）。

表11-1　国家全域旅游相关政策与解读

发布时间	发布单位	政策名称	政策解读
2015年8月	国家旅游局	《关于开展“国家全域旅游示范区”创建工作的通知》	解读全域旅游的概念，为各地全域旅游的发展明确了方向
2016年4月	国家旅游局	《全域旅游示范区创建验收标准》	根据国家旅游局创建示范区文件和国家推动全域旅游发展创建的要求，明确了各省市发展全域旅游的验收标准

续表

发布时间	发布单位	政策名称	政策解读
2016 年 8 月	国家旅游局	《关于深化导游体制改革加强导游队伍建设的意见》	顺应全域旅游发展需求，将导游这一旅游发展要素彻底解放出来，加快这一要素在旅游市场中的自由流动
2016 年 9 月	国家旅游局	《国家全域旅游示范区认定标准》	对全域旅游示范区建设划定细则，确定近期和长期发展目标
2016 年 12 月	国务院	《“十三五”旅游业发展规划》	改变传统景点景区旅游发展方式，走全域旅游发展道路，整合区域旅游资源，调整产业结构
2017 年 3 月	国务院	《2017 年政府工作报告》	大力加强旅游基础设施建设，完善旅游服务流程，打造优质服务，确立服务规范体系，支持农村、渔村发展旅游
2017 年 6 月	国家旅游局	《全域旅游示范区创建工作导则》	做好全域旅游示范区创建工作，打造新型的全域旅游景区景点，为全域旅游在全国的推广积累丰富的发展经验
2017 年 8 月	国家旅游局	《2017 年全域旅游发展报告》	对全域旅游的发展取得的成效做出阶段性的汇总，对全域旅游发展成果给予积极的肯定和鼓励
2018 年 3 月	国务院	《关于促进全域旅游发展的指导意见》	对加快推动旅游业转型升级、提质增效，全面优化旅游发展环境，走全域旅游发展的新路子作出部署
2018 年 3 月	国务院	2018 年政府工作报告	创建全域旅游示范区，降低重点国有景区门票价格
2019 年 3 月	国务院	2019 年政府工作报告	发展全域旅游，壮大旅游产业
2020 年 5 月	文化与旅游部	《全域旅游示范区验收、认定和管理实施办法（试行）》、《国家全域旅游示范区验收标准（试行）》	对全域旅游验收办法和验收标准进行修订，降低申报全域旅游的门槛，更加重视智慧旅游建设
2021 年 3 月	国务院	2021 年政府工作报告	发展健康、文化、旅游、体育等服务消费
2021 年 12 月	国务院	《“十四五”旅游业发展规划》	服务构建新发展格局，创新体制机制，广泛应用先进科技，发展智慧旅游。增强生态文明意识，合理利用自然资源，加快推动绿色低碳发展

2016 年，全域旅游示范区创建工作正式开始。2 月，国家旅游局公布 262 个市县成为首批国家全域旅游示范区创建单位。11 月，国家旅游局又公布了

第二批238家创建单位，并于距离首届会议不过4个月的时间召开了第二次全域旅游推进工作会议。这既说明全域旅游工作开展得如火如荼，也体现出全域旅游发展理念深入人心，得到越来越多人的认可。

从图11-1中可以看出，2016年500家创建单位无论是旅游人次还是旅游收入都有不错的表现。这些数据表明，我国全域旅游工作取得了巨大的进步，全域旅游模式得到了肯定。这对于下一步在全国范围内全面展开全域旅游提供了良好的借鉴。

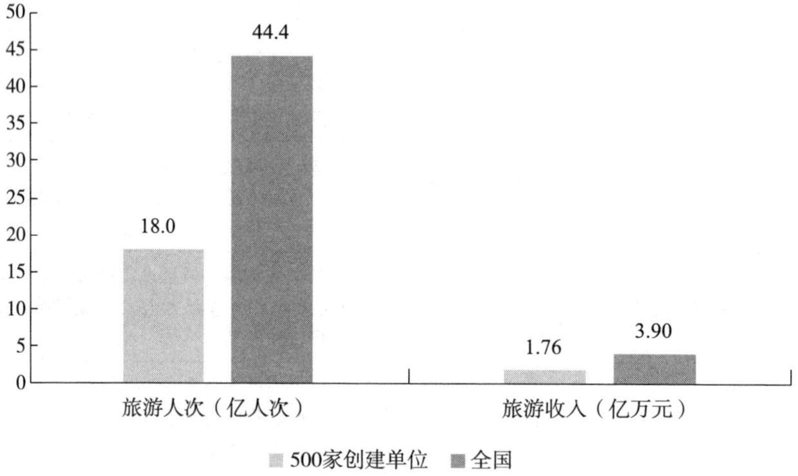

图11-1　2016年全域旅游创建单位发展成果

资料来源：《2017年全域旅游发展报告》。

从图11-2中可以看出，在2016年的旅游投资总额中，全域旅游投资约占1/4。总额从投资方向来看，全域旅游投资主要集中于商务旅游、亲子旅游、农业旅游、工业旅游等领域，这说明全域旅游理念正在向全社会弥漫，不仅为海洋文化旅游提供了机会，也为其他产业的发展创造了前所未有的机遇。在此背景下，全域旅游不仅在未来很长时间内将成为我国旅游业发展的战略方向，也意味着我国全域旅游将迎来新一波热潮。

（2）全域旅游发展理念

主客共享理念。主客共享理念强调的是一种体验，共享的是更高的城市信息化水平、完善的交通基础设施建设和环境建设，以及人性化的旅游公共服务。有学者认为，所谓“主客共享”，是指旅游目的地各方面的基础设施和服务不仅对游客开放，也向当地居民开放。在此理念下，当地居民也会成为

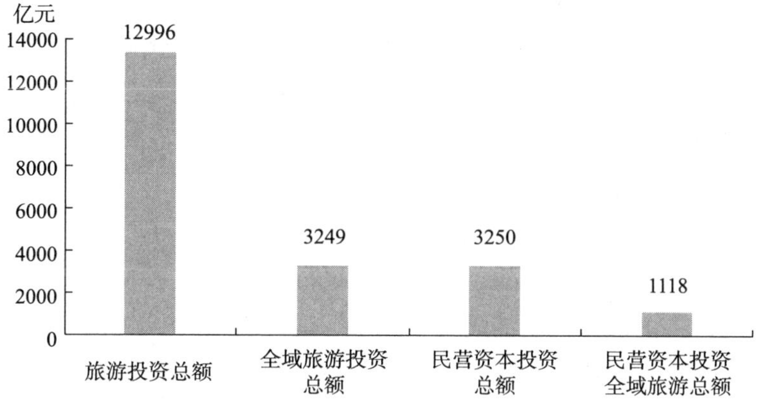

图 11-2 2016 年全域旅游投资状况

资料来源：《2016 年全域旅游发展报告》。

旅游者，与外来旅游者享受到同等的旅游服务。也就是说，在全域旅游理念下，旅游公共资源成为旅游公共产品，打造的是一种主客共享的旅游业态。例如，海洋文化旅游活动中的环岛自行车道建设，不仅满足了游客的骑行需要，也在某种程度上为当地居民提供了便利；而在海岛旅游建设中，岛上文化馆、旅游卫生设施、排水设施等更为当地居民的生活提供了便利。旅游基础设施不纯粹是为旅游服务，还要为当地居民服务，这才是真正的主客共享。

共建共享理念。共建共享理念作为全域旅游理念的一个重要组成部分，应当引起足够重视。应以一种更加开放的形式来发展海洋文化旅游经济，促进海洋文化旅游资源在更大范围内自由流动，以充分利用潜在的资源，使旅游者和当地居民在共同建设下共同享有其所带来的利益。例如，将沿海村镇宅院改造成一栋栋保留海洋乡土田园气息的精品民宿，既能给游客带来别具风情的海洋文化体验，又能为当地居民解决就业问题。在共建共享理念下，海洋文化旅游景区景点的居民不再是旁观者，而是和旅游者一样，也是参与者，能共同享受海洋文化旅游体验。

在全域旅游理念下，海洋文化旅游目的地的居民和游客将突破传统居民和游客的界限，形成一种主客共享、共建共享的模式，当地居民将摆脱旁观者的身份，逐渐参与到海洋文化旅游活动中，成为游客的“伙伴”，而游客也将摆脱游客的身份，作为海洋文化旅游目的地居民中的一员，融入各项日常活动，以体验真正的海洋文化。

（3）全域旅游发展模式

“互联网+旅游”模式。这种模式不仅可以为海洋文化旅游提供丰富的产品，更可以为广大网上旅游消费者提供方便快捷的智能化服务。例如，游客可以通过网络渠道充分了解海洋文化旅游目的地的信息、相关旅游产品或旅游服务类别，突破时间和地域的局限。

特色小镇模式。“文化+产业+旅游”的浙江特色小镇模式，为海洋文化旅游本土化指明了一条可行的道路。浙江的海洋文化旅游特色小镇，不只是旅游风景区、文化馆、产业链的简单相加，而是将海洋、文化融于一体的旅游产业的新发展。对特色小镇进行深度解析，可以得出以下结论：特色小镇糅合了特色产业、特色功能、特色形态和特色机制（见图 11-3）。海洋文化旅游特色小镇以本地基础产业为根基，以当地海洋民俗文化、海洋生态环境、海洋历史遗迹等为特色旅游资源，形成旅游特色格局。海洋饮食、海洋历史、海洋景观生态、海岛探险、海洋军事都是构成旅游吸引力的核心要素。

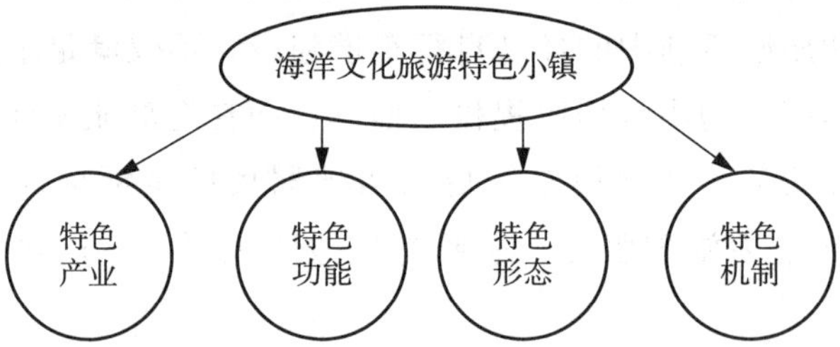

图 11-3　海洋文化旅游特色小镇结构示意

我国相关政府部门也积极支持特色小镇建设，并做出战略规划——计划培育 1000 个各具功能的特色小镇（既有休闲娱乐项目，又集教育科技、美丽宜居于一体），为全国海洋文化旅游特色小镇建设提供范例，积累发展经验。

产业融合模式。产业融合的条件体现在政府、企业、技术三个方面。产业融合是现代旅游业态创新的趋势之一。在这一潮流的推动下，我国旅游业呈现出新的发展趋势，旅游新业态不断涌现，特别是海洋文化旅游新业态，如海鲜工业游、海上贸易体验游、海洋康体游等新型产业融合形态逐步出现在旅游者的视野中。海洋文化旅游作为一种旅游业态创新方式，其本质也是产业融合。

2. 实施“中国优质旅游”品牌战略

海洋文化旅游本土化的发展应该积极实施“优质旅游”品牌战略。

习近平总书记曾明确提及“质量第一”和“质量强国”。放到旅游产业，就出现了“优质旅游”这一概念，相比以往的旅游，优质旅游更多的是注重服务质量的提升。优质旅游在为游客提供优质服务的同时，也帮助游客树立文明旅游的理念及主人翁意识，使他们能够自觉主动地帮助海洋文化旅游目的地打造文明旅游的环境氛围，推动优质旅游目的地建设。

随着经济社会的发展，游客对旅游服务的要求越来越高，如何为游客提供优质服务成为当下旅游企业面临的主要问题，这既是挑战，也是机遇。服务是旅游行业的生命线，将优质服务融入旅游资源，助推旅游业转型升级，是游客享受快乐旅游的前提。旅游业本身就是服务行业，优质的服务是其本质要求。“党员服务岗”“青年志愿者”“文明旅游劝导员”“旅游交通疏导员”等无一不是优质旅游的体现。

3. 对海洋文化旅游产业进行科学规划

相关旅游部门制定了相对完善的制度，并对游客的旅游感知和体验进行回访，以不断完善、修正相关规章制度，推动旅游产业的规范化、程序化、科学化管理，引导该产业的良性健康发展。旅游产业与其他产业的融合需要旅游部门的指导，海洋文化旅游开发也需要政府发挥作用。海洋文化旅游布局需要政府来主导，一方面要限制旅游开发商损害当地居民的利益，另一方面要保护居民得到公平地享受发展成果的权利。海洋文化旅游的建设更需要凸显本土特色，并以一种明确的方式向游客传达，使游客能够亲身体验到。政府应该加大对海洋旅游产业的扶持力度，强化公共基础建设，完善旅游交通网络，如海滨绿道、环岛自行车道、旅游专用通道等的建设，为旅游者出行提供便利。在对海洋文化旅游业进行长远规划时，需要处理好各方（各级政府、各个部门及旅游企业等）之间的利益关系，务必做到相互协调、整体推进。各类政府机关需明确各自的职能范围，共同推进海洋文化旅游的健康发展。

随着新时代的到来，海洋生态文明得到越来越多的重视。例如，山东省坚持“陆海统筹、湾河共治”的思路，大胆推进“湾长制”试点改革，进行污染源头整治等工程。应在规划中突出生态优先发展理念，在满足游客对海洋文化生态产品需求的同时，积极探索海岸带资源利用的新思路，以海岸带规划为引领，促进海洋产业（海洋文化旅游产业）的高质量发展。

政府在海洋文化旅游发展过程中的作用不可忽视。必须充分发挥政府在旅游规划方面的重要作用，为我国海洋文化旅游本土化模式的发展创造一个良好的发展环境。国务院制定的《“十三五”旅游业发展规划》为我国旅游业的发展指明了方向，更为海洋文化旅游的发展指明了道路，主要体现在以下三个方面：

一是加快休闲度假产品开发。东部沿海地区具有丰富的海洋文化资源，充分发挥地区资源优势，努力开发休闲度假旅游产品，有助于该地区旅游产业的发展。

二是大力发展海洋、海岛旅游。在海洋旅游活动中，游客体验的是自身得到参与机会的海洋文化旅游，属于参与性的旅游活动。当游客作为旁观者时，海洋文化旅游活动就表现为静态的。鉴于参与性的海洋文化旅游活动已经较为成熟，我们接下来要做的就是加强对旁观类海洋文化旅游活动项目，即静态旅游体验活动的开发。

三是加大旅游与文化的融合深度。发展海洋文化演艺旅游，大力扶持特色海洋文化的挖掘与利用，不仅要着眼于大众熟知的海洋文化，还应该对区域内流传的海洋文化进行深入挖掘，集中打造一批海洋文化旅游村镇。帮助海洋文化走上陆地，提供陆上的海洋文化旅游体验，是海洋文化旅游下一阶段重点要做的。

4. 加强旅游专业人才培养，为海洋文化旅游提供智力支持

随着海洋文化旅游产业的不断发展，对旅游人才的需求也在不断增加。海洋文化旅游作为新兴行业，更需要既了解当地海洋文化背景，又能够进行旅游项目策划、接待流程安排等的人才。黄燕玲等（2015）提出了一种新的旅游人才培养模式，即“课堂教学+社会实践+校园活动”的教学体系，以整合政府控制力、产业吸引力、高校推动力和社会辅助力。其中，校园活动能够以一种轻松愉快的方式传送特定文化内涵，如开展海洋与旅游文化展示、导游模拟大赛、专业知识竞赛、旅游项目策划大赛、饮食文化节等，既能加强学生对其专业以及相关知识的理解，也能提高学生的实践能力。

新形势下海洋文化旅游也面临新的机遇：一是专业对接产业链。“十三五”规划下的海洋文化旅游业将带来更多新的工作岗位，同时也意味着知识和技能的更新。二是注重人才综合素质培养。新时代的海洋文化旅游需要更多既熟悉海洋旅游又熟悉文化旅游的复合型人才。三是加大校企合作力度。旅游企业对人才的培训注重实践能力，而这是学校所欠缺的，因而要加大校

企合作力度。四是改革人才培养模式。要改变单方向的专业选择性，促进邮轮专业、导游专业、餐饮专业、旅行社专业、酒店专业等的融合，争取培养出一批新时代的“全能”人才。

国家旅游局出台的相关文件中也提到，应鼓励各省市加大旅游人才培养力度，因地制宜，设立人才培训基地，更好地发挥区位优势，培养出符合新时代海洋文化旅游发展要求的人才。

5. 加大海洋文化宣传力度，提升国民海洋意识

据调查，在沿海省份，人们的海洋意识存在较大差异，这明显不利于我国海洋文化旅游本土化模式的发展。因此，必须在提升国民海洋意识方面加大力度，如：大力开展海洋意识宣传教育活动；为不同区域（高水平海洋意识和低水平海洋意识的省份城市）制定与地区实际相符的发展规划；将海洋意识建设加入国家和地区总体发展规划，及时掌握海洋意识发展动态等。

（二）产业层面

在产业层面，应对传统海洋文化产业进行改造，推出创新型海洋文化旅游产品和文化活动，以一种既符合旅游目的地文化传统又能满足游客旅游需求的方式传播海洋文化。

1. 加快海洋文化产业发展

海洋文化产业是海洋经济中的“新生业态”，现阶段，应以创新等理念为指导，加快海洋文化产业转型升级，促使海洋文化旅游项目向多样化方向发展，助力我国从“海洋大国”向“海洋强国”转变。处理好海洋文化旅游各利益相关者的权利与责任关系，才能推动海洋文化产业的大发展、大繁荣。例如，公益性海洋文化产品和服务需要依靠政府的主导，而经营性海洋文化产业则需要充分发挥市场和社会组织的作用。

改造传统海洋文化产业，推出创新型海洋文化旅游产品。对海洋文化旅游产品的开发，既要立足本土打破传统，又要突出创新。例如，舟山国际沙雕有限公司把舟山沙雕节打造成为集策划、传播、生产、销售、研发于一体的创意文化产业。

加快发展海洋文化内容产业，促进产业结构调整。近年来，我国广电传媒逐渐加大了对海洋文化的宣传力度，制作出一批脍炙人口的关于海洋文化的作品，如电视纪录片《走向海洋》《广东沿海行》《海之南》，电视电影

《海上新丝路》《向东是大海》《妈祖》《大鱼海棠》以及《印象普陀》《印象海南岛》《观世音》《丝海梦寻》《梦海》等特色演出等。通过对海洋文化的诠释，促使海洋文化向旅游产业延伸。民间社团的力量也不容小觑。它们通过制作海洋文化系列影视作品，既做大做强了本地区的海洋文艺事业，也对本地区的海洋文化旅游进行了很好的宣传。鉴于新式网络媒体的普及，可以鼓励当地居民构建群众参与平台，利用微信朋友圈、微博等进行宣传，塑造良好的海洋文化旅游城市形象。在当前海洋生态环境问题较为严重的情况下，可以将电视、广播、报纸、图书、网络等现代媒体作为教育宣传渠道，积极倡导绿色生活，提高海洋生态环境保护意识，引导游客和当地居民进行健康和绿色的海洋文化旅游消费。

加强海洋文化产业集聚将为海洋文化旅游的发展提供浑然天成的文化素材，如广东省作为海上丝绸之路的起点，也是我国海洋文化的起源地之一，其得天独厚的海洋文化为海洋文化产业的发展提供了支持。随着21世纪海上丝绸之路战略的实施，广东省可以充分发挥自身的地理优势，与国际接轨，将自身建设成为集聚的海洋文化产业大省。在海洋文化产业集聚过程中，必须树立品牌意识，避免陷入无序的同质化竞争。

2. 建立海洋文化传承机制

在海洋文化传承中，社会力量的参与十分重要。应鼓励社会组织和个人积极支持相关海洋文化研究机构、海洋文化展示机构（如海洋博物馆），对创新性的海洋文化研究进行力所能及的资助和宣传。应利用网络技术推动海洋文化的传承，逐渐改变海洋文化“静态”的传统传承模式，使海洋文化“动态”化发展。要建立科学的社会参与机制，培养海洋文化传承意识，实现人与自然、人与海洋和谐共处。

3. 促进海洋文化资源与旅游产业的深层次融合

应挖掘海洋文化资源，并将其转化为旅游资源。需要注意的是，对不同地区海洋文化旅游资源的开发，必须坚持因地制宜原则。为满足不同游客的旅游需求，可设计一些旅游项目组合，如“海上丝绸之路+海洋饮食文化游”等。深层次挖掘海洋渔业旅游资源，发展科普教育等业态，有助于海洋文化旅游本土化模式的形成。可以本地区传统渔文化为根基，发展多种旅游项目，如可将捕捞和生态养殖水域发展为旅游景观。在策划相关旅游项目时，可以海洋、海滩、海岛作为主要活动场所，开发多元化的海洋体育旅游活动或赛事，如帆船拉力赛、环岛自行车赛等。同时，可加入人文元素，如举办妈祖文化节、佛教文化节、嬉水节等，为游客提供文化与体育交织的旅游互动。还应积极开发新型海洋文化旅游产品，在海洋文化旅游发展中迎合当代文化环境。

4. 落实五大发展理念

2015 年党的十八届五中全会首次提出“创新、协调、绿色、开放、共享”五大发展理念。马健永（2017）对五个部分进行研究，指出创新应当居于核心位置，协调等四个部分为重要组成部分。

创新是生产力的驱动内核，是国家、社会、民族发展的制胜法宝。党的十九大报告中多次提到创新，对创新的重视上升到了一个新的高度。在发展海洋文化旅游时，也必须坚持创新驱动的发展战略。

海洋文化创新。祖辈流传下来的海洋文化，可以直接转化为旅游资源，但从长远考虑，海洋文化只有不断创新，才能始终保持生命力。冯年华（2009）认为，在旅游业可持续发展过程中，创新是动力源泉，特别是旅游文化的创新，将成为旅游业实现大发展大繁荣的有力武器，至少可以带来四个方面的益处：一是可以进一步优化文化资源配置，提高资源利用率；二是有利于突出各区域的海洋文化优势，打造区域海洋文化旅游品牌；三是有利于形成新的海洋文化创意产业，既获得经济效益，又获得一定的文化效益，实现两者的同步增长；四是有利于提高国家的文化软实力。鉴于海洋文化日益重要的地位，利用旅游来传承和发扬海洋文化是可行的。郭胜（2011）提出，旅游文化的创新要立足于当地的实际，脱离实际地人为塑造与本地区实际情况不相符的文化景观，不仅会造成本地旅游文化的异化，也会给旅游者留下糟糕的印象。

海洋文化产品创新。要有创造性的思维，不断培育出具有体验性、生态化、数字化的海洋文化旅游产品。要注意旅游产品的多元化，进行全方位的开发，形成海滨、海面、海底等多层次的海洋文化旅游产品系列。应充分满足旅游者的个性化需求，注重旅游产品的体验性，如开发海上漂流、荒岛探险、海底考古等旅游产品。无论是海洋物质遗产，还是海洋文化遗产（文化信仰、生活习俗等），均可创新性地推出相关旅游产品。楼筱环（2008）从旅游产品联动视角出发，对海洋文化旅游产品体系进行构建，确立品牌产品的重要地位。品牌产品为核心存在，重要产品为辅翼，配套产品则起到补缺作用，三者构成一个完整的海洋文化旅游产品体系，既可丰富海洋文化产品内涵，又可发挥强强联合效应，以优带劣，共同发展。

海洋节庆创新。旅游节庆活动能在短时间内吸引大量的旅游者，一直被视为极佳的旅游宣传。董鸿安（2008）以“中国开渔节”为例进行研究，指出从第一届“开渔节”起便不断地进行节庆旅游产品的开发创新，丰富节庆文化的内涵，甚至加进了节庆吉祥物的开发，海洋文化旅游节庆创新获得了巨大的成功，取得了良好的经济效益。

与海洋生态环境的协调。保护海洋生态环境是实现旅游业绿色发展的基础，海洋生态环境一旦被破坏，就会对海洋文化旅游经济造成严重的影响。一方面，海洋文化旅游的发展要建立在生态环境承载力的基础上；另一方面，在海洋生态环境承载能力之内实现海洋文化旅游经济最大化是我们要追求的目标。海洋文化旅游的发展必须建立在海洋生态环境可持续发展的基础上，绝不能以破坏海洋生态环境为代价来开发旅游功能。

坚持绿色发展。绿色理念与旅游关联深远，古代文人的“寄情于山水”就是绿色旅游的雏形。在海洋旅游发展中，出现了各种环境问题，如水体污染、海水入侵、生物栖息地破坏等。各级政府及相关部门应采取适当措施引导绿色旅游、绿色消费，如对海岛旅游绿色发展的贡献者（如旅游供应商）进行经济层面的奖励，使其为游客提供更多的海洋生态旅游产品和服务。总而言之，绿色发展既是对旅游开发商和供应商的要求，也是对游客和旅游地居民的要求，同时也需要旅游及相关产业所有主体的参与和努力。

（三）企业层面

党的十九大报告对文化格外重视，提出了新的发展要求，为我国旅游业的发展指明了方向。我国海洋文化旅游面临着新的变化，这就要求旅游企业必须转变思维，结合时代要求，做好战略规划，理性地对待机遇和挑战。

我们认为，旅游企业应借助网络技术及相关平台的力量，以可持续发展战略为指导，以陆海统筹为原则，通过一定的媒介（如海洋文化节庆活动等），建造游客与当地居民互动的平台，在实现自身利益的同时，兼顾各方利益（游客和原住民），从产品、营销、品牌、人才等方面着手推进旅游业的本土化发展。

1. 加快海洋文化旅游大数据平台建设

随着越来越多的游客在线预订旅游产品及服务，旅游大数据平台建设也将迎来新一波井喷式发展。一方面，该平台可为旅游消费者提供免费预订景区门票、机票、旅游产品的服务；另一方面，平台产生的游客网络点击率或在线成员规模，可吸引更多的旅游服务提供商。有效利用大数据平台，可在为游客提供便利服务的同时，实现平台自身的发展。在信息时代，对互联网的利用是提升旅游竞争力的必要条件。例如，海洋节庆平台的出现就是个典型的例子——游客只需在平台上输入自己的旅游目的地选择、交通方式选择、价格区位选择等相关信息，平台就可以根据已有数据库为其进行旅游行程安排。

2. 海洋文化旅游企业要加强国际交流与合作

构建海洋文化旅游企业综合体的目的在于推进区域间海洋文化旅游资源的合理流动和有效配置，例如，通过构建跨区域的海洋文化旅游企业，可实现区域之间的项目合作。

现阶段，我国海洋文化旅游企业尚处于发展初期，借鉴国外成熟企业的发展经验、战略规划及市场应对措施非常有必要。海洋文化具有发展性、开放性等特征，这决定了海洋文化旅游企业的发展离不开世界，必须以开放的视野走向世界，汲取发达国家海洋文化旅游企业积累下来的成熟经验和理论实践（孙鹏义 等，2016）。在“一带一路”和“海上丝绸之路”建设的大背景下，加强国际合作有助于开拓国外市场，推进本土海洋文化旅游的国际化发展。这为引进外资、技术、人才等创造了良好的条件，同时意味着我国海洋文化旅游企业也要实施“走出去”战略。

3. 实现海洋文化旅游产品本土化

实现本土化发展主要是指从产品、营销、品牌等方面，结合旅游目的地的资源禀赋和旅游者的消费偏好，打造出既满足游客偏好又符合当地资源特点的旅游产品。旅游地居民是海洋文化旅游服务的供应者，能够帮助游客更快地融入当地海洋文化，以达到文化体验的旅游诉求。例如，天津根据自身的海洋文化（制盐文化、海运文化、海防文化、海洋民俗文化等），探索出符合其区域定位的海洋文化旅游发展路径，已走出一条以海防爱国旅游品牌和陆海统筹的滨海游为特色的发展道路。

4. 塑造和谐海洋文化

塑造和谐海洋文化就是在全社会倡导一种人海和谐、海陆统筹的海洋生态文明理念。现阶段，我国仍存在一些不和谐（对海洋的破坏）的现象，如海洋污染、大肆填海、竭泽而渔等。和谐海洋文化就是要改变这些现象，最终形成人与海和谐相处的良好局面。这就要求沿海地区居民首先具有较强的海洋生态意识、公民的道德意识和遵纪守法意识，并能付诸实践，以自身行为去引导游客及潜在游客树立和谐海洋文化理念和海洋生态文明理念。应充分借助图书、报刊、影视剧、故事、游戏、博客等大众喜闻乐见、易于接受、感兴趣的流行文化文本表达出来（朱建君，2016），让海洋生态文明理念潜移默化地走进社会人群、游客、潜在游客的眼中和心中，“内化于心，外化于行”（将外在理解化为内在认同，再从内在认同转化为外在行为），并使人们参与到流行文化领域的和谐海洋文化作品（海洋生态环境、蓝色经济、绿色产业、公共健康与安全、生态伦理等）的创作中。

（四）旅游者层面

海洋文化旅游作为游客体验、感受海洋文化的全新旅游行为，也是游客参与海洋文化旅游本土化模式建立的有效方式。游客作为需求方，会对供应方提供什么样的服务和产品产生影响，进而影响供应方（旅游产业、企业）的发展模式。

加强对旅游者进行海洋文化的传播，对内有利于旅游者海洋生态文明理念的树立，保障国内海洋经济的可持续发展，对外有利于旅游者树立海洋领土意识。从海洋文化旅游发展角度来说，旅游者海洋文化知识的提升，将有效促进海洋文化旅游供应方对我国海洋文化做出新的诠释，加快海洋文化旅游的本土化，推进我国从海洋大国向海洋强国的战略转变。

通过多层次、多方位、多渠道、多平台对旅游者进行海洋文化意识宣传教育，可提升旅游者的海洋意识。例如，可将海洋文化融入主题公园、滨海乐园、海滨长廊等，通过灵活多样的形式普及海洋知识；在海洋村落，可以板报、讲座、横幅等形式传播海洋知识；各种民间艺术团体也可以采取艺术形式（如戏曲、舞台剧、舞蹈、微电影、摄影、音乐等），进一步强化海洋文化的传播。应将海洋文化融入社会，引导旅游者积极参与，促进从表面认知到内在探索乃至心理认同的转变。海洋文化的传播与游客的旅游活动息息相关。当下新媒体的兴起为海洋文化的传播提供了另一种可行之策，如旅游者利用微博、微信等新媒体形态，在话题圈、朋友圈即时分享海洋文化方面的信息，不仅可以展开深度互动、相关讨论，增进自身对海洋文化的理解，还能在一定程度上起到宣传作用，使更多的人了解海洋文化。

加大对海洋文化的保护和传承力度。以妈祖文化为例，要进一步传承，让更多的人了解妈祖文化并产生认同感，就离不开旅游者所参与的妈祖文化所衍生出来的一系列海洋文化旅游活动。旅游者参与海洋文化旅游活动，有助于对旅游目的地的海洋文化进行保护和传播。

第十二章 结论与展望

一、结论

我国海洋产业的重要支柱海洋旅游业的粗放式增长特征依然突出，产品同构、布局趋同、生态失衡、陆海失调和低质化、片面西化、建设性破坏等问题明显。故此，本书提出构建人海和谐、具有本土特色的海洋文化旅游本土化模式动力机制系统并不断进行探索与创新。

研究结论如下：

1. 在全球化语境下，提出了中国化表达的海洋文化旅游本土化模式

在全球化语境下，更需要凸显本土化。目前我国已形成基于地域民生的开发模式，包括海洋文化地图的资源保护模式、与民同乐的滨海区重构、回归真实的海洋民俗文化旅游等。基于“中国海”文化圈的开发模式主要有阴阳太极的陆海统筹模式、海纳百川的跨文化整合模式、九州龙脉的海洋文化旅游线路、沧海桑田的蓝色文化遗产廊道、福如东海的海洋家园旅游空间等；基于民族品牌的创新模式主要包括百川归海的产业集聚模式、翻江倒海的资源活化模式、画龙点睛的文化资本熔铸模式、八仙过海的传播营销模式、二龙戏珠的商品开发模式等。

2. 全方位构建了海洋文化旅游本土化模式动力机制系统

海洋文化旅游本土化模式动力机制系统以人海和谐的价值观为核心源，以内源推力机制（从海洋文化旅游主体出发）、内源拉力机制（如海洋文化遗产和非物质文化遗产等）、外源激发性动力机制（即政府促力、区域整合和外源压力）以及中源渠道性动力机制（海洋文化主题公园、海洋文化旅游节事活动等）为构成要素。就海洋文化旅游主体而言，不同利益相关者视角下的主体有着不同的利益诉求，从民生角度出发，旅游地居民在海洋文化旅游发展中发挥着积极作用。

3. 以创新驱动推动海洋文化旅游本土化模式发展

创新驱动的作用在于通过自主开发海洋文化旅游新项目或者新模式更好地推动海洋文化旅游的持续发展。本书进行了以下四个方面的探讨：一是海洋文化旅游本土化产品的创新；二是海洋文化旅游本土化服务的创新；三是海洋文化旅游本土化文化的传承和创新；四是海洋文化旅游本土化品牌营销的创新。

4. 通过案例研究验证了本土化模式的意义与内涵模型

在典型案例研究中，我们以舟山、青岛、上海、海南、盘锦等地为研究对象，深刻分析其海洋文化旅游发展的特点及其具备的本土优势，进而对其海洋文化旅游发展模式进行研究。本土化模式是未来海洋文化旅游开发的方向与趋势，是旅游目的地在探寻适合自身发展实际的海洋文化旅游发展模式的过程中不断修正、改进的过程，其最终目的是形成海洋文化与旅游结合的良好状态，进而形成可持续发展模式。在将中国海洋文化世代传承下去的同时，保护海洋、珍惜海洋生态环境是中华民族海洋文化旅游本土化的重中之重。

5. 应对海洋文化旅游本土化模式动力机制进行建设完善

对本土化模式动力机制的完善也应从内源推力机制、内源拉力机制、外源激发性动力机制、中源渠道性动力机制等方面展开。在外源激发性动力机制建设完善方面，可从突出区域海洋文化特色、整合资源做好区域联动发展、提升区域海洋文化旅游竞争力等方面展开；在中源渠道性动力机制建设完善方面，可从旅游活动营销、事件营销、文化营销、服务营销、品牌营销等方面着手，加大营销力度，提高旅游目的地的知名度。

6. 通过实证研究验证本土海洋文化旅游质量对游客满意度的影响

海洋文化旅游的游客呈现出年轻化的趋势，这些游客在进行海洋文化旅游的过程中，最主要的目的是感受海洋文化的氛围和深度参与。以海洋文化为核心的景区旅游服务质量能为游客带来最直接的感知，从而影响游客对海洋文化旅游的满意度。为此，应进一步提高海洋文化旅游景区的服务质量，使海洋文化旅游本土化模式的特色得以充分发挥。

7. 从多层面提出了海洋文化旅游本土化模式及其动力机制的实施保障

海洋文化旅游本土化模式及其动力机制的实施保障体现在政府层面、产业层面、企业层面和旅游者层面。海洋文化旅游本土化模式的动力机制离不开政府的支持，而产业的整合与旅游企业、旅游者的广泛参与，都是海洋文化旅游本土化模式建立的保障要素。从政府到消费者层面，也就是从宏观到微观的过程。在宏观层面，可推广全域旅游理念、实施“中国优质旅游”品牌战略、落实五大发展理念；在微观层面，可加快海洋文化旅游大数据平台建设、挖掘海洋文化资源、促进海洋文化资源与旅游的深层次融合。实现宏观与微观相结合，有助于推进海洋文化旅游本土化模式的发展。

由于时间和水平所限，本书研究存在以下不足：

1. 关于海洋文化民俗的纵向跟踪研究还不充分

海洋文化民俗研究应该包括横向和纵向两个层面，由于时间所限，我们对海洋文化民俗的研究主要是横向田野调查和资料的汇总分析，对其历史发展和演变的纵向跟踪研究还需要投入更多的时间和精力。

2. 国内外更多案例的比较研究和更大样本的调查还有待深入开展

本书仅选取了几个典型的海洋文化旅游目的地进行实证研究，而没有在更大范围内选取更多具有代表性和典型性的省份和城市，甚至是进行国内外相关旅游地之间的比较。

3. 对海洋文化遗产的研究有待深入

本书对海洋文化遗产没有进行深入研究。在海洋文化旅游本土化模式中，如何发挥海洋文化遗产的旅游功能应是未来研究的重点。

二、展望

对于以后的研究，提出以下展望：

1. 进一步扩大研究样本范围

应进一步扩大研究样本范围，对更多的典型案例进行比较分析，对相关旅游地海洋文化旅游发展状况和模式进行深入研究。在对海洋文化旅游及相关产业的海洋自然和人文资源进行单个研究之后，还需要探索它们之间的联系。例如，一衣带水的两座城市之间的海洋文化旅游开发有哪些不同；同是沿海地区，两个距离较远城市在海洋旅游发展方面有哪些不同。只有对我国各个城市、地区海洋文化旅游开发的不同模式进行充分了解和详细比较之后，才有可能探索出一条符合我国国情的海洋文化旅游本土化模式发展的道路。在日后的研究中，应加强对城市与城市、省份与省份，以及城市与省份的情况进行比较，以获取多层次、全方位的数据。

2. 未来可增强对海洋文化遗产等旅游资源的拓展研究

无论是海洋物质文化遗产还是非物质文化遗产，都是宝贵的海洋历史资料和文化载体，记录着人类迄今为止的各种海洋活动和重大事件。因此，应重视对本土海洋文化遗产的拓展研究。将海洋文化遗产纳入旅游活动中，不仅有助于丰富海洋文化旅游资源的种类和数量，更能够为旅游者提供非一般的海洋文化旅游体验。在未来研究中，需要对海洋文化遗产的开发和保护投入更多的精力，探索一条开发和保护并重的发展道路。值得注意的是，海洋文化遗产的旅游开发只是为了更好地保护，开发不是目的，保护才是最终目标。

二十大报告指出，“必须牢固树立和践行绿水青山就是金山银山的理念，站在人与自然和谐的高度谋划发展”。在习近平新时代中国特色社会主义思想的引领下，我们要坚定文化自信，大力推进海洋文化旅游事业的发展，贯彻人海和谐的发展理念，加大对本土海洋文化旅游产品的开发，不断满足广大民众对美好生活的向往和对海洋旅游精神层面的需求，促进中国特色海洋文化旅游产业的创新发展，提升我国旅游业在国际市场的竞争力。

参考文献

[1] 保继刚. 在理论与实践间循环并爬升：一个旅游研究者的自我民族志 [J]. 旅游导刊，2021，5（5）：12-16.

[2] 戴斌. 论城乡融合进程中的休闲共享 [J]. 中国旅游评论，2021（3）：1-6.

[3] 刘建新，范秀成. 新产品加价销售影响消费者多样化寻求的复合机制 [J]. 管理科学，2021，34（1）：100-105.

[4] 何建民. 中国旅游发展笔谈：常态化疫情防控下文化和旅游发展的新问题、新机遇与新方向 [J]. 旅游学刊，2021，36（2）：1-2.

[5] 刘德谦. 对疫情后旅游行业的几点想法 [J]. 中国旅游评论，2020（1）：5-9.

[6] 马勇，唐海燕. 交旅融合背景下高铁与旅游高质量协同发展研究 [J]. 旅游学刊，2021，36（12）：10-12.

[7] 柳青，孟旭晨，马波. 银川平原地下水天然资源量多年变化及影响因素分析 [J]. 中国资源综合利用，2021，39（12）：86-88.

[8] 吴必虎，谢冶凤，张玉钧. 自然保护地游憩和旅游：生态系统服务、法定义务与社会责任 [J]. 旅游科学，2021，35（5）：1-10.

[9] 王泓砚，谢彦君，王俊亮. 凝视性景观与互动性景观：旅游场景观类型对游客地方感的结构性影响 [J]. 旅游学刊，2021，36（11）：80-94.

[10] 张朝枝. 基于世界自然遗产地的生态旅游：社区的角色与地位 [J]. 旅游学刊，2021，36（9）：7-8.

[11] 冯学钢，梁茹. 促进我国在线新文旅市场主体建设的对策建议 [J]. 旅游学刊，2021，36（7）：1-3.

[12] 张金荟，张宏梅. 近 10 年国内旅游幸福感研究进展 [J]. 旅游研究，2021，13（5）：88-98.

[13] 叶欣梁. 打造上海邮轮经济全产业链战略思路 [J]. 科学发展，2020（8）：20-32.

[14] 陈国灿，王涛. 依海兴族：东南沿海传统海商家谱与海洋文化

[J]. 学术月刊，2016，1（48）：31-48.

[15] 陈春花，宋一晓，曹洲涛. 中国本土管理研究的回顾与展望［J］. 管理学报，2014，11（3）：321-329.

[16] 陈默. 舟山海岛民宿旅游资源的开发评价与保护策略［J］. 海洋开发与管理，2017，34（6）：23-27.

[17] 戴艳平，梁戈夫. 广西北部湾海洋文化旅游开发探究［J］. 海洋开发与管理，2017，34（2）：23-26.

[18] 董震. 我国沿海区域规划的发展历程和未来展望［J］. 海洋开发与管理，2017（5）：26-32.

[19] 叶文静，宁波. 长三角一体化之上海海洋旅游业发展研究［J］. 海洋开发与管理，2021，38（8）：67-72.

[20] 国家旅游局数据中心. 2016年中国旅游业统计公报［R］. 中华人民共和国文化和旅游部，2017.

[21] 杨德进，史银辉，陈佩瑶. 我国海洋型城市旅游竞争力评价及提升路径研究［J］. 海洋开发与管理，2022，39（3）：33-42.

[22] 韩兴勇，郭飞. 发展海洋文化旅游与培养国民海洋意识问题研究［J］. 太平洋学报，2015，6（6）：84-87.

[23] 洪刚，洪晓楠. 中国海洋文化的内在逻辑与发展取向［J］. 太平洋学报，2017，3（8）：62-72.

[24] 侯兵，黄震方. 文化旅游实施区域协同发展：现实诉求与路径选择［J］. 商业经济与管理，2015，2（11）：78-87.

[25] 黄燕玲，罗盛锋，刘永丽. 海洋战略视角下旅游管理专业人才培养探析［J］. 教育教学论坛，2015（14）：217-219.

[26] 李彬. 新文科背景下酒店管理专业人才培养的开放式创新模式研究［J］. 吉林省教育学院学报，2021，37（5）：51-54.

[27] 李红，吴小玲. 广西沿海古建筑的发展脉络及海洋文化特征［J］. 广西社会科学，2017，3（8）：32-36.

[28] 李伟，高艳波. 欧盟保护海洋文化遗产的实践与探索［J］. 海洋开发与管理，2016（7）：78-83.

[29] 李燕琴，汲忠娟. 社区生态旅游的中国本土化发展综述［J］. 商业经济与管理，2017（6）：78-86.

[30] 刘玉梅. 上海海洋文化旅游发展研究［J］. 中国农学通报，2013，29（8）：216-220.

[31] 李悦铮，李鹏升，黄丹．海岛旅游资源评价体系构建研究［J］．资源科学，2013，35（2）：318-324.

[32] 李智，马丽卿．产业融合背景下的舟山海洋文化产业新发展［J］．海洋开发与管理，2018（1）：28-32.

[33] 王玉婷，王清倩．如东海洋文化旅游发展研究［J］．国土与自然资源研究，2022（2）：63-64.

[34] 唐春花，姚琴．海岛型旅游景观质量论证：以海南三亚西岛海洋文化旅游区为例［J］．旅游纵览，2022（3）：7-10.

[35] 刘欢，杨德进，王红玉．国内外海洋旅游研究比较与未来展望［J］．资源开发与市场，2016，3（11）：1398-1403.

[36] 李守华．新区背景下舟山群岛海洋文化旅游开发研究［D］．舟山：浙江海洋大学，2017.

[37] 鲁小波，陈晓颖，等．基于矛盾论与旅游地生命周期理论的我国自然保护区生态旅游发展阶段研究［J］．干旱区资源与环境，2015，29（3）：188-192.

[38] 刘芝凤．闽台海洋民俗文化遗产资源分析与评述［J］．复旦学报（社会科学版），2014，56（3）：57-63.

[39] 李原，李萌．上海文化旅游发展战略研究［J］．上海对外经贸大学学报，2016，1（1）：60-67.

[40] 鲁欣，宋慧晶．“互联网+VR 技术”下的山西文化旅游直播互动体验平台建设研究：以“晋收眼底”项目为例［J］．现代职业教育，2017（29）：58-59.

[41] 陆娟，芦艳．服务质量与服务忠诚的多维度关系研究［J］．财贸研究，2016（6）：80-87.

[42] 麻国庆．民族村寨的保护与活化［J］．旅游学刊，2017，32（2）：5-7.

[43] 马健永．论五大发展理念的科学内涵及其逻辑关系［J］．经济与社会发展，2017，15（4）：27-31.

[44] 马志荣，林苏红．郑和下西洋视域的海洋文化旅游创新［J］．科技管理研究，2014，7（10）：239-242.

[45] 木丹，姜启军．滨海旅游开发对海洋环境的影响及对策研究［J］．海洋开发与管理，2016，6（9）：81-85.

[46] 彭榕华，魏斓．福建水产药膳的形成及特点［J］．中医药文化，2017，3（2）：53-57.

［47］齐晓丰．海洋文化与海洋经济的关系分析：兼论我国海洋经济发展的几点建议［J］．环渤海经济瞭望，2014，3（10）：3-5.

［48］祁红玲，刘继生，等．国内外旅游地生命周期理论研究进展［J］．地理科学，2018，38（2）：264-271.

［49］秦川．国内外经典度假区研究［J］．中国房地产，2015（2）：36-39.

［50］秦淮，郭学娟．城市化与威海海洋民俗文化研究［J］．城乡社会观察，2015（00）：161-173.

［51］曲金良．海洋文化旅游概论［M］．青岛：中国海洋大学出版社，2015.

［52］苏萤雪．生态旅游本土化发展方向及基于环境伦理的实证分析：以浙江省桐庐、安吉、临安三县市为例［D］．杭州：浙江大学，2014.

［53］苏勇军．浙江海洋文化产业发展报告［M］．北京：海洋出版社，2016.

［54］苏玉卿．乡村旅游社区主导型经营模式形成机理与优化策略研究［D］．福州：福建农林大学，2016.

［55］孙吉亭．海洋文化产业集聚与生态系统的互动发展机理研究［J］．广东社会科学，2017，3（4）：30-37.

［56］孙鹏义，韩立民．企业生命周期理论视角下海洋文化旅游企业发展研究［J］．中国渔业经济，2016，34（6）：96-102.

［57］孙晓玮．海洋旅游中的文化与科技融合［D］．杭州：浙江大学，2017：3-12.

［58］陶红亮．海上丝绸之路［M］．北京：海洋出版社，2017.

［59］仝二宝，冯魏．我国海洋体育发展战略研究［J］．体育文化导刊，2016（9）：5-9.

［60］白凯，于江波．在线文旅知识产权金融服务的市场机制创新［J］．旅游学刊，2021，36（7）：3-5.

［61］魏细玲，郭清霞，王艳．旅游扶贫开发的本土化发展研究［J］．湖北农业科学，2016，55（3）：788-791.

［62］王丽萍．乡村振兴下我国乡村文化旅游产业高质量发展探讨［J］．文化产业，2022（12）：148-150.

［63］安传艳，李同昇翟，洲燕．话语、资本与遗址区空间的生产：以安阳市殷墟为例［J］．旅游学刊．2021，36（7）：13-26.

[64] 吴巧红．旅游研究的国际化与本土化［J］．旅游学刊，2017，32（11）：8-10.

[65] 习近平．决胜全面建成小康社会 夺取新时代中国特色社会主义伟大胜利［M］．北京：人民出版社，2017.

[66] 肖岚．系统动力学的低碳旅游系统研究［J］．经济问题，2015（2）：126-128.

[67] 许照成．海洋文化旅游企业本土化发展的必要性分析［J］．物流工程与管理经济与管理，2016（7）：258-266.

[68] 周湘鄂．文化旅游产业的数字化建设［J］．社会科学家，2022（2）：65-70.

[69] 杨春宇，邢洋．文化旅游产业创新系统集聚研究：基于全国 31 省市的 PEF 实证分析［J］．旅游学刊，2016，31（4）：81-96.

[70] 杨帆．宁夏全域旅游发展的 SWOT 分析［J］．中国市场，2017（24）：241-242，

[71] 杨国帧. 海洋文化旅游研究与海洋文化旅游建设［C］//国家海洋局直属机关党委办公室. 中国海洋文化旅游论文选编．北京：海洋出版社，2016：55-56.

[72] 马立强．海洋文化旅游休闲产业竞争优势构建：产业集聚的视角［J］．东南大学学报（哲学社会科学版），2015，17（6）：84-91.

[73] 杨晓婷，俞金国．国内外旅游吸引物研究综述［J］．旅游论坛，2014，7（3）：63-68.

[74] 张立生．旅游地生命周期理论研究进展［J］．地理与地理信息科学，2015，31（4）：111-115.

[75] 杨友宝．东北地区旅游地域系统演化的空间效应研究［D］．长春：东北师范大学，2016：34-33.

[76] 杨振之．全域旅游的内涵及其发展阶段［J］．旅游学刊，2016（12）：1-3.

[77] 于凤，王颖．我国海洋文化事业发展现状和建设研究［J］．海洋开发与管理，2017，34（8）：116-119.

[78] 俞万源，冯亚芬，梁锦梅．基于游客满意度的客家文化旅游开发研究［J］．地理科学，2013（7）：824-830.

[79] 袁仲杰，高范，孙岳，等．基于生态足迹模型沿海旅游资源开发规模评估［J］．海洋开发与管理，2015（2）：106-110.

［80］张辉，岳燕祥．全域旅游的理性思考［J］．旅游学刊，2016（9）：15-17.

［81］张开城．海洋文化产业现状与展望［J］．海洋开发与管理，2016，33（11）：27-31.

［82］杨熊炎，叶德辉．以海洋文化为核心的北部湾旅游纪念品设计［J］．包装工程，2016，37（10）：155-158.

［83］张纾舒．中国海洋文化研究历程回顾与展望［J］．中国海洋大学学报（社会科学版），2016，1（4）：32-41.

［84］张永庆，罗航．海南省海洋旅游产业集群发展状况研究［J］．农村经济与科技，2014，4（9）：136-139.

［85］国家发展和改革委员会，自然资源部．中国海洋经济发展报告2020［M］．海洋出版社，2021.

［86］赵燕华，李文忠，申光龙．天津：海洋文化产业战略体系构建［J］．开放导报，2016（2）：33-37.

［87］郑少济，马丽卿．基于全域旅游视角探析舟山群岛海洋旅游发展［J］．海洋开发与管理，2017（12）：31-37.

［88］邹光勇，刘明宇．区域旅游一体化能实现吗?：基于Salop模型的SPNE研究［J］．旅游学刊，2013，3（12）：46-53.

［89］张允翔，周年兴，申鹏鹏，等．1996~2016年间江苏省旅游空间结构演化与影响机制研究［J］．长江流域资源与环境，2018，27（1）：107-115.

［90］《中国海洋文化》编委会．中国海洋文化：河北［M］．北京：海洋出版社，2016.

［91］钟金凤．海岛旅游开发中的社区增权研究［D］．广州：暨南大学，2013.

［92］钟士恩，张捷，李莉，等．中国主题公园发展的回顾、评价与展望［J］．旅游学刊，2015，30（8）：115-126.

［93］周大鸣．树立文化多元理念，避免民族旅游中的同质化倾向［J］．旅游学刊，2012，3（11）：16-17.

［94］朱建君．海洋文化的生态转向与话语表达［J］．太平洋学报，2016，24（10）：80-91.

［95］朱晓辉．舟山海洋旅游景区发展现状及对策［J］．特区经济，2012，8（10）：149-151.

［96］YUAN D. Coastal atmospheric characteristics and research and study travel resource planning based on geographic information system [J]. Arabian Journal of Geosciences, 2021, 14 (12): 1-14.

[97] EMERSON CLEISTER LIMA MUNIZ, GERTRUDES APARECIDA DANDOLINI, ALEXANDRE AUGUSTO BIZ, et al. Customer knowledge management and smart tourism destinations: a framework for the smart management of the tourist experience [J]. Journal of Knowledge Management, 2021, 5 (25): 1336-1361.

[98] KIM EUI-JIN, KIM YOUNGSEO, JANG SUNGHOON, et al. Tourists' preference on the combination of travel modes under Mobility-as-a-Service environment. [J]. Transportation Research Part A: Policy and Practice, 2021, 150: 236-255.

[99] BORRAJOMILLÁN FERNANDO, ALONSOALMEIDA MARÍADELMAR, ESCATCORTES MARÍA, et al. Sentiment analysis to measure quality and build sustainability in tourism destinations [J]. Sustainability, 2021, 13 (11): 6015-6015.

[100] LUO J M. Cultural Tourism and Cantonese Opera [J]. Routledge Cultural Heritage and Tourism Series, 2021, 105 (1): 14-15.

[101] PUTU DEVI ROSALINA, KARINE DUPREB, WANG Y, et al. Rural tourism: a systematic literature review on definitions and challenges [J]. Journal of Hospitality and Tourism Management, 2021, 47 (1): 134-149.

[102] LI X, ROB LAW, XIE G. Review of tourism forecasting research with internet data [J]. Tourism Management, 2021, 83 (10): 42-45.

[103] ANDERSON. An analysis of port service quality and customer satisfaction: the case of Korean container ports [J]. The Asian Journal of Shipping and Logistics, 2013, 40 (1): 34-49.

[104] ANNEBOINA R L, KUMAR K S. Economic analysis of mangrove and marine fishery linkages in India [J]. Ecosystem services, 2017, 24: 114-123.

[105] BIGGS D, HICKS C C, CINNER J E, et al. Marine tourism in the face of global change: the resilience of enterprises to crises in Thailand and Australia [J]. Ocean & Coastal Management, 2015, 105: 65-74.

[106] BRAUWER D M, HARVEYA S E, Mcilwain J L, et al. The economic contribution of the muck dive industry to tourism in Southeast Asia [J]. Marine Policy, 2017, 83: 92-99.

[107] CARLOS A JÁUREGUI. Going native [J]. Colonial Latin American

Review, 2016 (9): 335-360.

[108] CARME BELARTE, CAMAES MONRÓS. Cooking in the Iberian culture (Sixth-Second Century BC): private or public? [J]. Journal of Mediterranean Archaeology 2016, 29 (2): 173-196.

[109] CATLIN J, JONES R. Whale shark tourism at Ningaloo Marine Park: a longitudinal study of wildlife tourism [J]. Tourism Management Perspectives, 2010, 31: 386-394.

[110] CHEN T C, KU K C, YING T C, et al. A process-based collaborative model of marine tourism service system: the case of Green Island area, Taiwan [J]. Ocean & Coastal Management, 2012, 64: 37-46.

[111] CHEN X Y. Integrated development and utilization of cultural tourism resources in the Silk Road Economic Zone based on regional perspective [J]. Revista de la Facultad de Ingenieria, 2017, 32 (12): 255-262.

[112] CLAVÉ, ANTON1 SALVADOR, WILSON JULIE, et al. The evolution of coastal tourism destinations: a path plasticity perspective on tourism urbanisation [J]. Journal of Sustainable Tourism, 2017, 25 (1): 96-112.

[113] VLADIMIROV KOSYO. Factors for the development of bee tourism [J]. Journal of the Union of Scientists, 2021, 10 (3): 13-20.

[114] DAWSON J, JOHNSTON M, STEWART E, et al. The unintended consequences of regulatory complexity: the case of cruise tourism in Arctic Canada [J]. Marine Policy, 2017, 76: 71-78.

[115] DEDEKE N A. Creating sustainable tourism ventures in protected areas: an actor-network theory analysis [J]. Tourism Management, 2017, 61: 161-172.

[116] DOIRON S, WEISSENBERGER S. Sustainable dive tourism: social and environmental impacts : the case of Roatan, Honduras [J]. Tourism Management Perspectives, 2014, 10: 19-26.

[117] FLETCHER R, BAULCOMB C, HALL C, et al. Revealing marine cultural ecosystem services in the Black Sea [J]. Marine Policy, 2014 (50): 139-147.

[118] GARCIA C A, BARREIROS P. Are underwater archaeological parks good for fishes? Symbiotic relation between cultural heritage preservation and marine conservation in the Azores [J]. Regional Studies in Marine Science, 2017, 10: 1-10.

[119] GEE K, KANNEN A, ADLAM R, et al. Identifying culturally significant areas for marine spatial planning [J]. Ocean & Coastal Management, 2017 (136): 139-147.

[120] HABIB ALIPOUR. Second home tourism impact and governance: evidence from the Caspian Sea region of Iran [J]. Ocean & Coastal Management, 2017, 136: 165-176.

[121] HALIK A, VERWEIJ M. Socio-cultural diversity and public preferences for coral reef management options in Indonesia [J]. Ocean & Coastal Management, 2017, 162: 13-23.

[122] IGNATIUS S, HAAPASAARI P. Justification theory for the analysis of the socio-cultural value of fish and fisheries: the case of Baltic salmon [J]. Marine Policy, 2018, 88: 167-173.

[123] INMAN A, BROOKER E, DOLMAN S, et al. The use of marine wildlife-watching codes and their role in managing activities within marine protected areas in Scotland [J]. Ocean & Coastal Management, 2016, 132: 132-142.

[124] HASSAN T, PAPAZOV E, MIHAYLOVA L, et al. Strategic aspects of tourism development in UAE [J]. Journal of the Union of Scientists, 2021, 10 (3): 136-144.

[125] Johnson, Henry Amami. Park and island tourism: sealand and islandness at a site of simulation [J]. Tourism & Hospitality Research, 2016, 16 (1): 88-99.

[126] RAKADZHIYSKA, SVETLA. Tourism in the Bulgarian economy: analyses and evaluations [J]. Journal of the Union of Scientists, 2021, 10 (3): 44-53.

[127] LEE C C, CHANG C P. Tourism development and economic growth: a closer look at panels [J]. Tourism Management, 2008, 29 (1): 180-192.

[128] HAN J. Vacationers in the countryside: traveling for tranquility? [J]. Tourism Management, 2019, 70 (1): 299-310.

[129] LEIPER N. The framework of tourism: towards a definition of tourism, tourist and the tourist product [J]. Annals of Tourism Research, 2014, 6 (4): 390-407.

[130] ELISA BACKER. VFR travel: do visits improve or reduce our quality of life? [J]. Journal of Hospitality and Tourism Management, 2019, 38 (3):

161-167.

[131] LOPES P, PACHECO S, CLAUZET M, et al. Fisheries, tourism, and marine protected areas: conflicting or synergistic interactions? [J]. Ecosystem services, 2015, 16: 333-340.

[132] LUCREZI S, MILANESE M. Scuba diving tourism systems and sustainability: perceptions by the scuba diving industry in two marine protected areas [J]. Tourism Management, 2017, 59: 385-403.

[133] MICHELLE MACCARTHY. "More than grass skirts and feathers": negotiating culture in the Trobriand Islands [J]. International Journal of Heritage Studies, 2013, 19 (1): 62-77.

[134] MAJEWSKA, JUSTYNA. Inter - regional agglomeration effects in tourism in Poland [J]. Tourism Geographies, 2015, 17 (3): 408-436.

[135] MARTIN C L, MOMTAZ S, GASTON T, et al. A systematic quantitative review of coastal and marine cultural ecosystem services: current status and future research [J]. Marine Policy, 2016 (74): 25-32.

[136] MARYAM KHAN. Basic port service quality dimensions [J]. Scientific Journal of Maritime Research, 2012, 2 (12): 16-18.

[137] MELANIE, KAY, SMITH, et al. Tourism and wellbeing [J]. Annals of Tourism Research, 2017, 66 (5): 1-13.

[138] NAZIMI L, ROBBINS D W, SCHILDS A, et al. Comparison of industry-based data to monitor white shark cage-dive tourism [J]. Tourism Management, 2018, 66: 263-273.

[139] PAPAGEORGIOU M. Coastal and marine tourism: a challenging factor in marine spatial planning [J]. Ocean & Coastal Management, 2016, 129: 44-48.

[140] ROMERO-PADILLA, ENRIQUE, MALVÁREZ-GARCÍA, et al. The potential of international coastal mass tourism destinations to generate creative capital [J]. Journal of Sustainable Tourism, 2016, 24 (4): 574-593.

[141] ROQUES G K, JACOBSON K S, MCCLEERY, et al. Assessing contributions of volunteer tourism to ecosystem research and conservation in southern Africa [J]. Ecosystem services, 2018, 30: 382-390.

[142] WANG R X, HUANG Y. Going native on social media: the effects of social media characteristics on native adeffectiveness [J]. Journal of Interactive Ad-

vertising, 2017, 1: 41-50.

[143] NG S I, CHIA K W, HO J A, et al. Seeking tourism sustainability: a case study of Tioman island, Malaysia [J]. Tourism Management, 2017, 58: 101-107.

[144] SPALDING M, BURKE L, WOOD S A, et al. Mapping the global value and distribution of coral reef tourism [J]. Marine Policy, 2017, 82: 104-113.

[145] SROYPETCH S. The mutual gaze: host and guest perceptions of socio-cultural impacts of backpacker tourism: a case study of the Yasawa Islands, Fiji [J]. Journal of Marine and Island Cultures, 2016, 5: 133-144.

[146] HYNES STEPHEN, GHERMANDI ANDREA, NORTON DANIEL, et al. Marine recreational ecosystem service value estimation: a meta-analysis with cultural considerations [J]. Ecosystem Services, 2018, 31: 410-419.

[147] MING M, WALL G, JIN M. Island livelihoods: tourism and fishing at Long Islands, Shandong Province, China [J]. Ocean & Coastal Management, 2016, 122: 20-29.

[148] WANG S, YAMADA N, BROTHERS L. A case study: discussion of factors and challenges for urban cultural tourism development [J]. International Journal of Tourism Research, 2011, 13 (6): 553-569.

[149] WANG Y P. A study on Kinmen resident´s perception of tourism development and culture heritage impact [J]. Eurasia Journal of Mathematics, Science & Technology Education, 2016, 12: 2909-2920.

[150] WICKENS, EUGENIA1. The consumption of cultural experiences in city tourism [J]. Tourism & Hospitality Research, 2017, 17 (3): 264-271.

附录

海洋文化旅游本土服务质量与游客满意度调查问卷

尊敬的女士/先生：

您好，非常感谢您在百忙之中抽出时间填写问卷调查。该问卷用于学术研究，不记名、不公开，目的是改善和提高海洋文化旅游的服务质量，为游客提供更好的旅游体验。再次感谢您的支持！

一、基本信息（单项选择，请在所选项目编号上画“√”）

1. 您的性别：

A. 男　　B. 女

2. 您的年龄：

A. 0~18 岁　　B. 18~25 岁　　C. 26~45 岁

D. 46~60 岁　　E. 60 岁以上

3. 您的受教育程度：

A. 初中及以下　　B. 高中/中专　　C. 本科/大专

D. 硕士及以上

4. 您的职业：

A. 在校学生　　B. 企业员工　　C. 政府机构/事业单位

D. 创业/商业/服务业　　E. 离退休人员

F. 农业　　G. 军人　　H. 其他

5. 您的收入：

A. 3000 元以下　　B. 3001~5000 元　　C. 5001~8000 元

D. 8001~10000 元　　E. 10000 元以上

二、海洋文化旅游景区服务质量评价

说明：此部分旨在了解您对海洋文化旅游景区提供服务的质量评价，问题分为五个方面：服务环境、服务态度、服务内容、服务文化和服务绩效。问卷以李克特五级评分量表作为基础选项，主要体现游客对能够体现服务质量的各项服务项目的实际满意度。

请您选出适当的分数：1 分为最低评分，5 分为最高评分，分数越高，代表服务水平越高。

附表 1　舟山国际沙雕节主题

问题	选项	游客满意度
1	海洋文化旅游景区环境整洁卫生	1　2　3　4　5
2	景区内有丰富的海洋文化展览	1　2　3　4　5
3	景区内有精彩的海洋文化表演	1　2　3　4　5
4	景区内有能够体现海洋文化历史特色的电影教育片	1　2　3　4　5
5	海洋文化旅游景区工作人员穿戴整齐、形象得体	1　2　3　4　5
6	服务设施设计美观，与海洋文化旅游景区环境相协调	1　2　3　4　5
7	景区的海洋文化资源丰富，具有浓厚的人文色彩	1　2　3　4　5
8	海洋文化景观和特色保存、维护状态完好	1　2　3　4　5
9	景区内的建筑物、景观、服务设施都以海洋文化的特有方式呈现	1　2　3　4　5
10	景区内设置有完整的海洋文化旅游游览线路	1　2　3　4　5
11	海洋文化旅游景区内餐饮服务干净卫生、价格合理	1　2　3　4　5
12	通过海洋文化旅游景区指示牌、路标、地图能找到各景点和服务设施	1　2　3　4　5
13	海洋文化旅游景区为特殊游客群体（如伤残人士）提供专用通道和设施	1　2　3　4　5
14	服务设施齐全、安全可靠	1　2　3　4　5
15	服务人员能及时完成向您承诺的文化特色服务	1　2　3　4　5
16	导游、讲解员对景区海洋文化历史的讲解准确、生动	1　2　3　4　5

续表

问题	选项	游客满意度
17	景区工作人员能够正确引导游客进行海洋文化特色旅游的参观游览	1　2　3　4　5
18	海洋文化旅游景区工作人员对游客热情、友善	1　2　3　4　5
19	海洋文化旅游景区工作人员具有较高的海洋文化素养和专业的服务技巧	1　2　3　4　5
20	服务人员认真负责，言谈举止、着装能体现出海洋文化的区域特色	1　2　3　4　5
21	海洋文化旅游景区工作人员随时乐意帮助游客	1　2　3　4　5
22	海洋文化旅游景区工作人员能及时处理游客投诉	1　2　3　4　5
23	海洋文化旅游景区宣传册精美、信息丰富实用、带有海洋文化特色气息	1　2　3　4　5
24	景区内每一处展馆都有详细的海洋文化历史介绍	1　2　3　4　5
25	景区内具有海洋文化特色的纪念品丰富、种类齐全	1　2　3　4　5
26	景区内有海洋文化类的旅游体验活动，游客可参与性较强	1　2　3　4　5
27	海洋文化旅游景区的服务特色以游客利益为基础	1　2　3　4　5
28	海洋文化旅游景区的文化景观和文化特色符合游客的基础需求	1　2　3　4　5
29	游客能感受到海洋文化旅游景区的人文关怀	1　2　3　4　5
30	海洋文化旅游景区能够考虑到游客个性化要求，提供个性化服务	1　2　3　4　5
31	景区海洋文化特色的价值体现	1　2　3　4　5
32	景区内有体现海洋文化知识与海洋文化特色的旅游项目	1　2　3　4　5
33	景区服务管理具有海洋文化特色	1　2　3　4　5

重要术语索引